U0856770

本书系吉林省教育厅项目“营商环境视阈下市场主体退出制度的法制完善”（项目号：JJKH20201130SK）的研究成果

法|学|研|究|文|丛

——公司法学——

关联公司破产的法律规制

邢　丹◉著

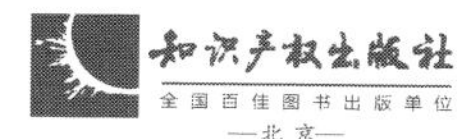

图书在版编目（CIP）数据

关联公司破产的法律规制 / 邢丹著. —北京：知识产权出版社，2022. 7
ISBN 978 - 7 - 5130 - 8187 - 0

Ⅰ. ①关…　Ⅱ. ①邢…　Ⅲ. ①破产法—研究—中国　Ⅳ. ①D922. 291. 924

中国版本图书馆 CIP 数据核字（2022）第 092390 号

责任编辑： 彭小华　　**责任校对：** 潘凤越
封面设计： 智兴设计室　　**责任印制：** 刘译文

关联公司破产的法律规制

邢丹　著

出版发行： 知识产权出版社有限责任公司　　**网　　址：** http://www.ipph.cn
社　　址： 北京市海淀区气象路 50 号院　　**邮　　编：** 100081
责编电话： 010 - 82000860 转 8115　　**责编邮箱：** huapxh@ sina. com
发行电话： 010 - 82000860 转 8101/8102　　**发行传真：** 010 - 82000893/82005070/82000270
印　　刷： 天津嘉恒印务有限公司　　**经　　销：** 新华书店、各大网上书店及相关专业书店
开　　本： 880mm × 1230mm　1/32　　**印　　张：** 8. 25
版　　次： 2022 年 7 月第 1 版　　**印　　次：** 2022 年 7 月第 1 次印刷
字　　数： 220 千字　　**定　　价：** 68. 00 元

ISBN 978 - 7 - 5130 - 8187 - 0

序

人类社会自有交易以来，就伴随着利益的获取、分配等问题，而文明的进步，又催生了规范利益的规则，进而交易的主体开始利用规则争取最大的利益。市场经济是自由选择、优胜劣汰的竞争经济，是遵从丛林法则的经济，经济主体既要消化市场不可抗力因素等自然环境带来的负面影响，还要积极对抗竞争者之间人为制造的困难。经济学家钟朋荣很早就发表过一篇名为《“小狗经济”有优势》的文章，该文很好地说明了当你实力不足以与强大的对手对抗的时候，采取结盟的策略不失为明智之举。因为“小狗经济”的核心是专业化和协作，在竞争环境中，能以交易成本低于管理成本的优势立于不败之地。在当下社会化大生产的时代背景下，越来越多的公司选择通过股权控制、人事控制等手段组成关联公司，增强市场竞争抵御力，减少税收、财务等管理成本。

关联公司在享受公司人格与有限责任所带来的福利的同时，也在利用这两项规则将公司运营的风险转移至外部债权人，通过破产程序隔离风险，由公司债权人承担不利后果。传统针对单体公司立法的破产程序是保护诚实而不幸的创业者，破产债务清理机制是被全球公认的最为公平的制度设计，但破产并非仅仅意味着剧终，也可以是通向“欣欣向荣”彼岸的一个途径。关联公司利用其便捷的关联途径，通过破产程序清理债务，将生产经营的不利益转移至破产债权人，于债权人不公、于破产债务人不公、于社会更不公。对关联公司破产进行专题研究，是当前供给侧结构性改革和营商环境提升时代背景下的重要课题。

《美国破产法》以其复杂的法律技术和鲜明的立法特色著称于世，是破产法学者研究的不二之选。邢丹博士利用留学美国的机会，运用比较研究方法，对《美国破产法》中公司集团破产规则的立法及实践进行考察，系统梳理和总结了规制关联公司破产规则的案例、学说、法律发展、规则适用条件等内容。但比较研究绝不是简单的“拿来主义”和“师夷长技”，由于中西方社会结构的基础不同、政治经济结构存在差异，“本土化”的移植才更具有生命力。作者结合我国关联公司的形成原因、外在表现进行研究，提出了具有借鉴性的建议。此外，在全球经济一体化、公司国际化、破产跨境化的时代浪潮下，本书结合了联合国国际贸易法委员会的《破产法立法指南》，尤其是第三部分“破产企业集团对待办法”的立法指导性建议，为我国关联公司破产的规制制定提出有参考价值的建议。

作者在研究关联公司破产这一特殊领域的专业性问题时，从法学基础理论角度出发，考量关联公司破产特殊性的存在原因、特殊性规制的必要性。从正义角度设计破产撤销权，指出对破产宣告后的个别清偿行为应禁止和对破产临界期间内的偏颇性清偿应撤销，对因利用关联关系取得的债权在破产程序中要居次受偿，通过司法活动中的矫正正义维护破产法的基本价值目标，体现法律的公平与正义。通过法经济学方法论证实质合并规则适用于关联公司破产的必要性，说明关联公司实质合并有助于简化破产程序、节约司法成本、提升司法效率，实现“帕累托最优”。

数据化研究是信息时代的新方法。邢丹博士利用数据库收集整理破产案例，尤其对关联公司破产的典型案例进行分析，寻找共性和差异性，以司法实践反推立法。司法的重要意义就在于它实际上是一种具有立法意义的活动，在具体案件中，法官的职责之一在于厘清文义，对不明确之处进行尝试性解决。本书将规制关联公司破产的规则区分为基础性规则和特殊性规则，这是一种尝试性划分，将破产法中的破产撤销权制度、破产无效制度和公司法中揭开公司面纱制度并列为基础性规则，并说明基础性规则在适用关联公司破产中的特别之处；将衡平居次制度和实质合并制度列为特殊性规则，特别适用于关联公司破产中，并给出具体的立法建议及有效论证。

寥寥数语为序，贺学生邢丹本书出版！

目录

CONTENTS

引　言

在我国供给侧结构性改革的时代背景下，在优化营商环境的要求下，破产作为其中的一项重要评价指标，有着决定性的影响。公司作为市场经济的主体，必须顺应市场经济规律，自由竞争、优胜劣汰，因此各主体为能更好地抵御市场经济的风险，都会选择扩大自己的实力，增强自己的免疫力和抵抗力，当扩大公司经营规模所要求的管理成本巨大时，公司便会选择联合形态——关联公司[1]，以抵御市场风险。如果公司在市场竞争中被淘汰，进入破产程序时，作为关联公司破产和单体公司破产有着巨大的差别。笔者在威科先行法律信息库中，以“关联企业破产”为关键词进行搜索，得到相关案例及文书417件，这些文书中，最高人民法院有2件，高级人民法院有32件，中级人民法院有170件，其

[1] 公司与企业在法律上的含义当然是不同的。本书在《中华人民共和国公司法》（以下简称《公司法》）、《中华人民共和国企业破产法》（以下简称《企业破产法》）领域内研究关联公司的相关问题，如非特别需要，本书将“关联公司”与“关联企业”作为同义词使用。

中江苏省以86件排在首位，浙江省以68件位居第二，山东省有48件，湖南省有40件。如果以“关联交易”“破产”为关键词进行搜索，得到相关案例及文书1793件，山东省有297件，江苏省有160件，广东省有159件，浙江省有108件，湖南省有109件，案件数量在个位数的只有天津市（5件）、陕西省（7件）和甘肃省（9件）。[1] 由此可见，越是经济发达地区，关联交易越是盛行，破产保护也比较到位。此外，从案件的发生年份看，近五年的关联公司破产案件占全部破产案件的82%，近五年涉及关联交易的破产案件占全部破产案件的88%。[2] 数据表明市场经济越发达，市场主体越喜欢通过关联的形式提升市场竞争力，规避市场风险，基于此，就需要破产法保障市场经济的资源配置功能的实现，尤其在我国供给侧结构性改革当中，破产法扮演了更重要的角色。

无论是我国的广东国投破产案还是美国的安然公司破产案，以及由美国次贷危机所引发的雷曼兄弟破产案等，乃至2021年年初我国海航公司的破产重整案，无不彰显大型公司对经济社会的超强影响力，对社会生活的震荡。当下，越来越多的公司选择关联公司的形式来追求经济效益，规避法律风险。而关联公司之间所具有的天然的剪不断、理还乱的错综复杂的财务、人事、组织机构关系，为关联集团中某一单体公司的破产带来诸多新的挑战。也让笔者困惑并试图解决两个主要问题：其一，关联公司破产与单体公司破产的不同之处是什么？关联公司破产所引发的利益冲突与单

---

[1] 威科先行法律信息库：https://law.wkinfo.com.cn/judgment-documents/list?q=%E5%85%B3%E8%81%94%E4%BC%81%E4%B8%9A%E7%A0%B4%E4%BA%A7%C7%81bodyExtend:((%22%E5%85%B3%E8%81%94%E4%BC%81%E4%B8%9A%E7%A0%B4%E4%BA%A7%22))&tip=%E5%85%B3%E8%81%94%E4%BC%81%E4%B8%9A%E7%A0%B4%E4%BA%A7，访问日期：2021年9月20日。

[2] 根据威科先行法律信息库的数据计算得出。

体公司破产所引发的利益冲突有何不同？其二，对待关联公司中某一单体公司破产或者数个公司同时破产时，破产法应该如何保护债权人的利益？如何平衡破产债权人与相关利害关系人之间的利益冲突？在关联公司破产时，是否应该制定特别的规制措施，什么样的规制措施才能够有效地保护关联公司破产时债权人的合法权益？

本书通过对案例的分析比对，发现传统的规制单体公司破产的基础理论——法人人格独立制度和有限责任制度都面临巨大的挑战，甚至成为破产公司不承担破产债务的借口、逃废债务的工具。与此同时，关联公司破产时，由于涉及的利害关系人较为复杂，既包括破产公司的债权人、债务人，还包括关联公司中非破产公司的债权人与股东，他们之间存在交织的利益冲突。

本书运用经济学中的交易成本理论解读关联交易是对节约交易成本的追求结果。20 世纪 30 年代，诺贝尔经济学奖获得者、法经济学的奠基人罗纳德·哈里·科斯（Ronald Harry Coase）提出交易成本学是关联公司的经济理论基础。交易成本理论的诞生源自企业为追求利润最大化，缩小交易成本，扩大经营收益的内在要求。同样，交易成本理论指引着关联交易的发生。与遵循市场竞争原则的独立交易相比，关联交易将独立的市场交易转变为关联公司之间的内部交易，避免一般市场上由于信息的不对称性、信息渠道的有限性、信息的不及时性和业务知识掌控的待定性等因素而导致的交易成本过高和交易风险问题。交易成本理论对关联交易的发生提供了内在的动力指引，表现为：压缩信息成本、减少谈判成本与决策成本、降低监督与执行成本。一系列对利润的追求，促使企业选择关联交易。[1]

---

[1] 张守文：“‘内部市场’及其税法规制”，载《现代法学》2001 年第 1 期，第 107 页。

本书认为可运用利益衡平性理论规制关联公司的破产。衡平作为一个法律原则，具有两层含义：一为衡平的机能在于缓和严格的法律；二为衡平系就个案通观相关情事，实现个案正义。[1] 公司破产程序会牵涉诸多的利益关系主体，由于分配资源的有限性，必须对各个关系主体的利益进行衡平性的考量，以实现法律公平与正义的要求。破产程序中的利益关系主体都努力追求自己清偿率的提高，这就难免在利益集团之间发生博弈，本书运用纳什均衡的理论，分析了破产程序中关系主体实现利益的有效措施即为合作。而衡平作为一种救济手段，可通过具体的衡平性救济规则来实现关联公司破产的矫正正义。

本书在破产法的领域内，以保护破产债权人利益为目标，通过对其他国家及地区的立法和实践的考察，系统性地将规制关联公司破产的措施归纳为两大类：基础性法律制度和特殊性法律制度。基础性法律制度包括适用于单一公司破产领域的破产撤销权制度和破产无效制度，还包括适用于公司法领域、税法领域、反不正当竞争领域的揭开公司面纱制度。特殊性法律制度主要用于规制关联公司破产，尤其在关联公司破产时可以发挥有效的规制作用的制度，包括衡平居次制度和实质合并制度。

本书通过规范分析、法经济学等方法，积极借鉴各国及地区的理论，结合我国实践，以务实原则兼顾体系化之思考方法，试图解决关联公司破产程序中的利益冲突问题。首先，以对关联公司的识别为逻辑起点，论证法律所要规制的对象。其次，以衡平关联公司破产中各利益主体之间的利益冲突为价值目标，以实现关联公司破产中矫正正义的理念，论证关联公司破产中债权人利

[1] 王泽鉴：《民法学说与判例研究（八）》，中国政法大学出版社2005年版，第23页。

益的保护问题。再次，详细阐述了规制关联公司破产的基础性法律制度和特殊性法律制度。最后，提出了我国在规制关联公司破产时应该适用的具体制度，以及制度适用时的具体要件。

第一章为“关联公司破产法律制度的规制对象”。首先，本书对关联公司破产法律规制的对象——关联公司，从经济学、法学的角度进行了分析。关联公司是指公司间相互持股，或可对对方施加重大影响，或可以直接控制其他公司的业务、人事和财务的独立公司联合形态。在此基础上，从公司自身成长的需要、公司经营者的选择和人为因素三个方面分析了关联公司形成的原因。关联公司的固有特征决定其关联交易发生的必然性，关联交易亦是关联公司中各利益主体间发生的一种极为复杂的经济现象，关联交易在关联公司间有其存在的合理性和必然性，关联公司可以通过有效的关联交易实现利益移转。其次，将关联公司破产区分为四种不同的形态，具体分析了不同形态的关联公司破产时所存在的利益冲突。最后，论述了关联公司破产对传统法律制度提出的挑战，指出：法人人格独立制度，在关联公司破产之际，成为关联公司破产债务人的“避风港”；而有限责任制度则成为关联公司破产债务人逃废债务的工具。

第二章为“关联公司破产法律制度的规制目的”。法律的作用之一就是调整利益冲突。衡平的机能在于缓和严苛的法律，当严苛的法律不能有效规制既有的利益冲突时，拥有自由裁量权的法官可以运用衡平规范予以规制，以捍卫法律之公平正义。而关联公司破产时所产生的利益冲突与单个公司破产相比较更为复杂与激烈，因此，衡平当事人之间的利益即为规制关联公司破产的目的。公平清偿是破产法的灵魂，而集体受偿原则是公平清偿的有效实现形式。破产作为一种商业制度，需要满足破产的效益最大化，没有效益的商业制度是没有生命力的，故在追求公平清偿的同时必须满足效益的原则。由于关联公司破产时涉及的利益冲突更为复杂和广泛，应在破产法多元立法目标的指引下，有效运用衡平规范解决关联公司破产程序中的利益冲突问题。

第三章为“规制关联公司破产的基础性法律制度”。基础性法律制度并非针对关联公司破产而特别设计，其适用的领域较为宽泛，对关联公司的破产规制也有一定的效果。首先为破产撤销权和破产无效制度。当关联公司之一进入破产程序时，如果在临界期间，关联公司之间存在法律规定的可撤销行为，那么可以予以撤销。如果存在绝对无效的行为，亦可宣告无效。由于破产撤销权制度临界期间的规定，以及关联公司间存在的复杂的、隐蔽的关系“外衣”，该制度的适用较为困难。其次为揭开公司面纱制度。原本具有独立人格的公司，基于特定的事件，其公司的独立人格被忽视，公司的股东应对公司的债务承担连带责任。关联公司破产原则上仍然适用单个公司破产的法律制度，只有在利用关联关系，实施不当控制或者交易，威胁到债权人利益的时候，法律才会启动揭开公司面纱制度，对其进行规制。由于揭开公司面纱制度主要规制破产公司与破产公司的控制股东之间存在的不当行为，对其他损害破产公司债权人利益的行为则无能为力，故也有其局限性。

第四章为“规制关联公司破产的特殊性法律制度”。首先为衡平居次制度，指在存在控制与从属关系的关联公司中，在控制公司对从属公司实施违反公平公正原则的不当行为时，规定在从属公司的破产清算或重整程序中，控制公司对从属公司的债权，不论其有无别除权或优先权，均应次于从属公司的其他债权人受偿。衡平居次的功能在于补救而非惩罚。其次为实质合并制度，指在关联公司同时或相继进入破产程序中，对存在高度一致性或对外作为一个整体的关联公司，归入同一破产程序，合并其资产与债务，所有关联公司的普通破产债权人适用同一比例的破产清偿程序。无论是衡平居次制度还是实质合并制度都针对关联公司的破产而设计，对关联公司破产有很好的规制效果，但由于这两种制度均为衡平性制度，赋予了破产法官较大的自由裁量权，故其适用时应相当谨慎。

第五章为“完善我国规制关联公司破产制度的建议”。虽然《公司法》中明确规定了揭开公司面纱制度，但法律规定过于原则，缺乏可操作性。本书指出当关联公司间存在资本显著不足、公司之间人格的高度混同和过度控制三种情形，并对破产子公司造成了严重的损害，当其破产时，破产管理人可以提起揭开公司面纱之诉，要求控制公司对破产子公司承担连带责任。如果控制公司对从属公司的控制并没有达到严重的程度，可以引入衡平居次制度进行规制，将其控制公司因控制关系所享有的债权进行降格处理。当控制公司与从属公司同时或相继进入破产程序时，当两者之间的财产、账务以及人事已经达到难以区分的混同程度时，或者为区分控制公司与从属公司之间的财产、账务等所花费的资金已经严重消耗破产财产时，可以引入实质合并制度，对控制公司与从属公司的资产以及债务进行合并处理，对债权人适用同一比例进行清偿。唯有如此，才能体现公平保护破产债权人合法利益的破产法立法目标。

理论研究的重要工具是适切的研究方法，用于理论研究的方法是否正确和有效对于研究工作的开展和学术成果的取得是至关重要的。“因为研究方法在很大程度上影响主体的认知兴趣，课题设计，资料的识别与取舍，逻辑推理的方法以及评价的标准，以至于决定能否完成或顺利地完成其研究任务。所谓研究方法，就是主体在认识作为客体的客观世界和事物，揭示其本质并阐明其一般规律的实践活动中所遵循的一套原则、程序和技巧。”❶ 本书运用比较研究、经济分析等方法，结合实践情况分析，力求逻辑严密与体系的科学。

没有比较的研究是狭隘的。本书的比较分析表现在两个方面：第一，比较规制关联公司破产的相关法律制度之异同，指出不同制度的不同特点，以及适用的领域和局限性。制度间的相互比较，在于区别不同制度的差异性，明确各个制度的特有价值以及具体适用的要求，目的在于更好地、更准确地适用制度。第二，比较不同国家或地区规制关联公司破产的法律制度，论述其特点，分析其差异，力图为丰富和完善我国的关联公司破产法律制度的理论和立法提供方法和途径。本书将其他国家和地区法律中规制关联公司破产的相关措施总结为：破产撤销权制度、破产无效制度、揭开公司面纱制度、衡平居次制度和实质合并制度。通过对照发现，在我国目前的法律框架内，《企业破产法》对破产撤销权制度、破产无效制度有详细的规定，揭开公司面纱制度在《公司法》中有成文法规定，而其他两项制度散见在司法判例和相关法院会议纪要中，尚需法律的认可。

在法学和社会科学各学科的联姻中，其与经济学的结合无疑是最炫目、影响最深远的。❷ 法律经济学强调成本与效益的分析，其宗旨在于实现资源配置和利润的最大化，最大限度地增加社会财富。在关联公司破产的法律规制研究中，经济分析方法主要体

---

❶ 张文显：《法哲学范畴研究》，中国政法大学出版社2001年版，第15页。

❷ William M. Landers, Richard A. Posner, The Influence of Economics on Law: A Quantitative Study, *Law & Economics*, 1993 (36): 385.

现在两个方面：第一，在关联公司的生成中，经济学中所述的交易成本理论为其提供了动力性的支持。关联公司之所以能够如此地为公司所青睐，其中很重要的原因在于节约了交易成本，提高公司的利润率。第二，在规制关联公司破产的制度框架内，本书作论证的理念、设计的制度均以破产财产利益最大化的实现为基本指向，而破产财产利益的最大化则体现为破产清偿数额的尽可能多。当破产企业的破产财产稀缺时，只有有效率的法律制度安排才能体现法律的正义性。“制度变迁的方向是交易成本的节约，即以交易成本较低的制度代替交易成本较高的制度。全部法律制度都应以有效地利用物质资源、激励人力资源，最大限度地增加社会财富为目的。法律的效率指向不仅具有规范的意义，而且效率指向在事实上支配着法律的制定和执行”。[1] 故无论是揭开公司面纱制度的设计、衡平居次制度安排还是实质合并制度的规划均以效率——破产财产利益的最大化为目标指向。

---

[1] 蔡立东：《公司自治论》，北京大学出版社2006年版，第9－10页。

CHAPTER 01 >>

第一章 关联公司破产法律制度的规制对象

第一节 关联公司破产的对象分析

自然语言的多义性和概念本身的价值性，决定了我们在进行学术讨论前，须明确所使用的关键概念。在法律意义上，“概念的作用在于特定价值之承认、共识、储藏。从而使之构成特定文化的一部分，产生减轻后来者为实现该特定价值所必须之思维及说服的工作负担”❶。据此，在运用法律概念进行思维的时候，由于概念本身不仅包括对事实的认识，更为重要的是其本身负载了立法者或解释者通过其传递的价值，所以我们在讨论一个关涉法律的问题之前，无法避免要对其概念进行说明。

---

❶ 黄茂荣：《法学方法与现代民法》，中国政法大学出版社2001年版，第52页。

一、关联公司的概念

(一) 关联公司概念的经济学分析

经济学的大部分内容是关于市场力量如何协调经济中发生的许多主体的生产和消费决策的。企业作为市场经济的主体，是典型的市场经济人。以亚当·斯密为代表的经济学家对经济人作了一般的假定，即一般经济人都具有“利己心”，理性经济人会追求财富的最大化。最大化原则不仅要求每一行为的收益超过成本，而且要求每一行为出于这样的临界点，即行为扩展的边际成本要与边际收益相当，而正是它决定了获取最大净收益行为的最佳状态。❶ 关联公司作为市场经济人，亦有追求财富最大化的目标。

20 世纪 30 年代，诺贝尔经济学奖获得者、著名的法律经济学奠基人罗纳德·哈里·科斯提出交易成本学是关联公司的经济理论基础，关联公司是企业对交易费用节约的追求结果。“所谓交易费用是指一切不直接发生在物质生产过程中的成本耗费，换句话说，我们可以把在直接生产过程之外的一系列制度费用，包括信息费用、谈判费用、拟定和实施契约的费用等，都归结为交易费用。”❷ 科斯认为，内部化的实质是通过公司这种企业组织形式来取代市场，以降低交易成本，从而实现比市场调节更高的效率。❸与遵循市场竞争原则的独立交易相比较，关联交易将独立的市场

---

❶ [美] 理查德·A. 波斯纳：《法律的经济分析（上)》，中国大百科全书出版社 1997 年版，第 14 页。

❷ 吴敬琏：《市场经济的培育和运作》，中国发展出版社 1993 年版，第 122 页。

❸ 张守文：“‘内部市场’及其税法规制”，载《现代法学》2001 年第 1 期，第 107 页。

交易转变为关联公司之间的内部交易，避免一般市场上由于信息的不对称性、信息渠道的有限性、信息的不及时性和业务知识掌控的待定性等因素而导致的交易成本过高和交易风险问题。如在关联公司中，从属公司可以牺牲自身利益为控制公司提供巨额贷款以满足控制公司的融资要求，为控制公司创造极大的经济利益；或通过转移定价的方式，根据控制公司自身整体发展的战略经营目标，在控制公司与从属公司之间、从属公司 A 与从属公司 B 之间销售产品、劳务设定一种内部价格，通过降低控制公司与从属公司的总成本，满足整体利益最大化和维护集团整体发展战略经营目标的需要；跨国公司甚至可以通过“内部化”[1] 来避免政府在税收、利润、汇率政策等方面对一般市场实施的干预，提高公司的整体经营效率。由此“内部化”是解决较高交易成本的有效措施，是企业利润和效率的保障。

美国学者钱德勒（Chandler）认为企业用有形之手部分地取代了无形之手，它是通过内部管理（计划、组织、控制等职能）的完善来实现的。[2] 依据科斯的交易理论，由于交易费用的存在，企业有一种不断将相关企业联合的倾向。控制企业总是试图把所有相关的企业都联合起来，通过股权控制纽带、人事控制办法、合同控制措施，使彼此之间保持较为密切的联系。被联合的企业表面上仍然是独立的企业法人，但又与控制企业有着密切的关联。

---

[1] “内部化”理论是由英国里丁大学的巴克利（Buckley）和卡森（Cason）提出，并由加拿大学者鲁格曼（Rugman）等加以发展的。内部化是指企业内部建立市场的过程，以企业的内部市场代替外部市场，从而解决由于市场不完整而带来的不能保证供需交换正常进行的问题。

[2] 张国平：“关联企业的法律特征及其与企业集团的关系”，载《南京师大学报》（社会科学版）2007 年第 4 期，第 35 页。

（二）关联公司概念的法学解读

法律概念是由人类的自然语言所表达的，而语言只是传达思想的符号。[1] 但立法者要通过符号表达立法价值，必须经过一个价值达成共识的过程。通过价值讨论，达成价值共识，将为人所期望的价值负载上去。经过这个过程，符号才有负载价值意义的能力。法学家 E. 博登海默对概念的形成有过如下评论："概念乃是解决法律问题所必须的和必不可少的工具。没有限定严格的专门概念，我们便不能清楚地和理性地思考法律问题。"[2]

在我国，"关联企业"的概念首见于 1991 年颁布实施的《中华人民共和国外商投资企业和外国企业所得税法实施细则》[3] 第 52 条，之后在 1992 年颁布、2016 年最后一次修订的《中华人民共和国税收征收管理法实施细则》第 51 条第 1 款将关联企业界定为："有下列关系之一的公司、企业和其他经济组织：（一）在资金、经营、购销等方面，存在直接或者间接的拥有或者控制关系；（二）直接或者间接地同为第三者所拥有或者控制；（三）在利益上具有相关联的其他关系。"目前，立法中"关联企业"的概念仅见于税法和财会法中，关注的是关联企业之间的税收管理。在关联交易普遍存在，尤其是上市公司的关联交易已经严重侵害广大中小股东和债权人利益时，《公司法》中却缺少规制关联公司的规定实属遗憾。虽然《公司法》中有关联关系的认定，也有学者曾

---

[1] ［英］哈特：《法律的概念》，张文显、郑成良、杜景义等译，中国大百科全书出版社 1996 年版，第 14 页。

[2] ［美］E. 博登海默：《法理学：法律哲学与法律方法》，邓正来译，中国政法大学出版社 1999 年版，第 486 页。

[3] 该细则现已废止。

经谏言增设公司集团[1]专章，但也因为我国的经验不足，不敢贸然规定等而被搁置。

在法学界，比较一致的共识是，关联公司目前尚不是一个严谨的法律概念。施天涛教授在其专著中将关联企业定义为：企业之间为达到特定经济目的通过特定手段而形成的企业之间的联合。特定经济目的，是指企业之间为了追求更大的规模效益而形成的控制关系；特定手段，是指股权参与或者资本渗透、合同机制或者其他手段，如人事连锁或者表决权协议等方法。[2] 笔者认为，这一定义仅是对构成关联企业的经济现象予以客观描述，并没有能够揭示关联公司的特质。

关联企业就是任何两个具有关联关系的企业。而只有企业之间的关系达到一企业能对另一企业实施控制或重大影响的程度，才认为两个企业间构成关联关系，两个企业才彼此互为关联企业。[3] 笔者认为，这个概念在界定个别案例时是有效果的，但却不能解释关联企业的特征，无法满足定义对划明界限的要求。

联合国国际贸易法委员会出版的《破产法立法指南第三部分：破产企业集团对待办法》（以下简称《破产企业集团对待办法》），

---

[1] 公司集团通常是指以资本为联结纽带所形成的，以集团章程为共同行为规范的由一个母公司和多个子公司共同组成的具有一定规模的公司法人联合体。该联合体必须能在统一战略下协调行动，在经济管理上表现为一种组织形式，在法律意义上，其本质是公司间的一种特殊关系，即母子公司关系。许多情况下，关联公司就是构成公司集团的成员公司，公司集团就是由若干关联公司组成的公司联合体或公司系统。集团的成员公司之间以不同的形式相互联结，从而形成不同特点的关联公司。虽然不能说所有的关联公司都必然构成公司集团，但可以说，所有的公司集团都必然是由关联公司组成的。本书主要讨论关联公司，但有一些公司集团的表述，主要是为了论证关联公司。

[2] 施天涛：《关联企业法律问题研究》，法律出版社 1998 年版，第 6－14 页。

[3] 周友苏、李君临：“关联企业的基本解说与法律规制”，载《经济体制改革》2005 年第 5 期，第 28 页。

术语表中对“企业集团”进行了界定，是指以控制权或举足轻重的所有权而相互连接的两个或多个企业。控制权是指直接或间接决定企业经营和财务政策的能力。对企业集团的成员有控制权的实体称为“母公司”，“受控集团成员”指受母公司控制的成员。“集团成员”一词是母公司和受控集团成员的统称。❶ 虽然指南中使用了“企业集团”的表述方式，但从实质内容上看依然是从控制公司和受控公司的角度进行描述的，视为关联公司的同义解读。

著名法学家江平教授在20世纪就对关联公司予以关注，将关联公司分为广义的关联公司和狭义的关联公司。狭义的关联公司，仅指被其他公司持有股份但并未达到控制界限的公司。广义的关联公司，是指任何两个以上独立存在而相互间具有业务关系或者投资关系之一的集合体。❷ 笔者认为，这一定义稍显狭隘，因为很多公司之间并不是因为业务往来或者投资关系而形成关联，还有因为人事关联或者契约关系而形成关联。

时建中教授认为，关联企业是与单一企业或独立企业相对应的概念，有广义和狭义之分。广义的关联企业，泛指一切与其他企业之间具有控制关系、投资关系、业务关系、人事关系、财务关系以及长期业务关系等利益关系的企业。狭义的关联企业，则是指与其他企业之间存在直接或间接控制关系或重大影响关系的企业。❸ 显然时建中教授对关联企业的定义也受到了江平教授的影响，但笔者认为狭义关联公司的定义更为科学、准确。在狭义的关联公司中，直接或间接控制关系是指由于控股或契约关系所形

---

❶ 联合国贸易法委员会：《破产法立法指南第三部分：破产企业集团对待办法》，联合国维也纳办事处英文、出版和图书馆科2012年版，第2-3页。

❷ 江平：《新编公司法教程》，法律出版社1994年版，第216页。

❸ 时建中：“论关联企业的识别与债权人法律救济”，载《政法论坛》2003年第5期，第55页。

成；而重大影响关系则指由于人事关系的联结而形成的关联。广义的关联公司泛指一切与其他企业有业务关系的公司，但这一定义过于宽泛。在现在的市场经济中，公司不可能孤立存在，与其他公司之间或多或少都会有业务往来，但这种业务往来并不具有稳定性，也不能够满足关联公司的其他特质要求。因此，在法学范畴内，狭义的关联公司概念应该更为可取。

孙向齐在其博士学位论文《关联企业破产法律问题研究》中将关联企业界定为："相互之间存在股权、契约或其他控制关系或具有施加重大影响的能力，或被同一企业所控制，具有独立法律地位的企业联合形态。"❶ 笔者认为，这一概念规定得最为全面，对关联企业的联结纽带和关联企业个体的独立性特征均作出了很好的归纳。

上述定义虽然各有特色，但也存在规定过于宽泛或者过于严格的问题。对于概念的界定，维特根斯坦（Wittgenstein）曾说："如果我们想要理解我们的概念，就必须在它们'工作'时对其进行思考，而不是在它们'闲着'或者'休假'的时候。"❷ 关联公司的实质为控制公司和从属公司的关系或者为兄弟公司（也称姊妹公司）之间的关系。由于本书仅在《公司法》《企业破产法》范围内进行探讨，因此将关联公司定义为，公司间相互持股，或可对对方施加重大影响，或可以直接控制其他公司的业务、人事和财务的独立公司联合形态。关联公司的概念中应涵摄下列要素：其一，关联公司是一种具有独立法人人格的公司之间的联合体。

❶ 孙向齐：《关联企业破产法律问题研究》，中国人民大学法学院2008年博士学位论文，第13页。

❷ 转引自［德］鲁道夫·冯·耶林：《法学的概念天国》，柯伟才、于庆生译，中国法制出版社2009年版，第27－28页。

关联公司是对现象的一种外在描述，构成这一联合体的成员本身是参与市场经济运作的独立的法人。其二，关联公司是由多种联系纽带联结而成的企业群体。关联公司既可以是由于股权参与而形成的母子公司、控制公司与从属公司、参股公司等关联公司的形式；也可以是通过契约方式形成的关联公司；还可以通过当事人的身份联结成立关联公司。其三，关联公司的形成是基于一定的经济目的。关联公司形成的经济目的可能是增加企业集团的竞争力或垄断市场，还可能是逃避税收等。

二、关联公司产生的原因

关联公司并非与生俱来，是公司主体市场化运行过程中，由某种因素结合而来。

（一）公司自身成长的需要

1. 扩大公司经营规模

公司生产单一产品市场范围有限，如果发展多种不同的产品可以增加营业收益，甚至可以争取外地市场，公司需扩大生产经营规模，关联公司是其首选的模式。依不同类型的产品，成立不同的关联公司，一来可以避免单一公司经营设立新部门发展不顺利有被拖累的危险，降低经营的风险；二来成立新的关联公司后，触角延伸至周边之产业，使原来的单一公司呈多元化成长。一旦试验结果成功，关联公司就如同滚雪球一样愈来愈大、愈来愈多。典型的表现模式为横向一体化关联公司，横向关联表现为有许多兄弟关联公司，他们往往有高度的交叉所有权，业务涉及特定过程的同一层面。横向一体化是为提供公司竞争优势、增强公司实力而与同业公司进行联合的一种战略，实质是资本在同一产业和部分内的集中。国际化经营是横向一体化的一种形式。如海尔集团创立于 1984 年，旗下子公司曾先后兼并原青岛空调器厂、青岛冰柜厂、武汉希岛制冷设备公司、红星电器公司等十多家大中型企业，对外投资 75 家，股权比例均在 50% 以上，控股企业多达 246 家，拥有 3 家上市公司，子公司海尔智家被列为《财富》世界 500 强，拥有七大全球化高端品牌，孵化 5 家独角兽企业和 37 家瞪羚企业。❶

2. 加强公司竞争力

市场经济就是竞争经济，必须遵循优胜劣汰的规则，要想使公司在市场中立于不败之地，必须加强公司自身的竞争力。公司必须有充分的财力、物力以及优势技术才能保证其优势地位。如果采用关联公司的形式，可以使公司适当地扩大规模，发挥经济效益，达到生产、营销及财务的综合效果，增加公司的市场竞争力，增强公司抵御风险的能力。纵向关联是指以控制公司或母公司为首形成的层层级别，逐级下至为子公司、孙公司或者其他类型的附属公司，纵向一体化通常发生在一个单独的产业，把原材料—制造—分销—销售各个环节构成一个纵向生产销售链，对其实施全过程控制，以增加各个业务活动阶段的利润。如吉林森工工业集团有限责任公司（以下简称吉林森工集团），实行母子公司体制，由集团母公司、子公司和生产基地三个层级组成，包括各林业局在内的全资、控股企业 34 家。形成以林木加工、森林矿产、森林保健食品、森林生态旅游和现代服务业为主的纵向产业链。❷

---

❶ 海尔集团网站和海尔智家网站：https：//www. haier. com/about - haier/intro/? spm = net. 31740 _ pc. header _ 128848 _ 20200630. 1，http：//smart - home. haier. com/cn/gsgk/? spm = inverstor. 31575_pc. irheader_20200506_1. 1，访问日期：2021 年 9 月 2 日。

❷ 中国吉林森工集团官网，http：//www. jlsgjt. com/second? folderID = 86，访问日期：2021 年 9 月 2 日。

（二）公司经营者的选择

1. 公司管理的方便

单一公司成长达一定规模，员工人数众多，会给管理者的管理带来诸多不便，管理上的协调和沟通也较为困难。公司管理者从其自身管理需要的角度，选择分散部门独立营业，设立新的公司，将原来的巨人公司分散成关联公司，通过交叉董事会模式对关联公司进行高效管理，在业务目标、活动和财务方面实现一致。

2. 公司融资的需要

数个具有独立法律人格的独立公司，结合成关联公司之后，业务规模也会不断扩大，商誉随之不断提升，无论是吸收民间存款抑或是向金融机构融资取得贷款，各个企业凭其一己之力，其能量远不及关联公司。因为关联公司之间可以互为担保进行融资，相互之间也可以进行财务调度，既可以增加融资机会，还可以提高融资额度，有效解决个别企业的资金困境，与此同时还可以隔离金融风险。

3. 吸收投资的需要

一个企业产品是多样化的，如果新投资人只对其中某一产品有兴趣，而新投资额对该公司又极具吸引力，迫切渴望该资金的投入，此时即可选择与新投资人设立新公司（实为原公司的关联公司），并将该产品移入新企业生产。此外，如果原有公司对新投资人的投资计划有不同的意见，无法达成一致意见时，主张扩充计划的股东在无法获得其他股东支持时，可以考虑另行设立新公司，但是仍与原有公司保持联系。关联公司之间还可以在贷款时交叉担保，增加单体公司贷款的便利度，但会给进入破产程序的关联公司带来很多麻烦。

4. 经营者作风使然

经营者个人的作风往往决定公司成长的未来走向。有的企业家作风保守，为规避风险，选择成立关联公司，分散风险；有的企业家为了提高知名度，以关联公司宣传其经营的成就；更有公司相互投资，虚有其登记资本，实则与单一公司几乎没有区别。上述行为仅取决于经营者个人的作风。

经营者选择关联公司的做法在家族企业中表现尤为明显。由于中国传统的家族观念，“肥水不流外人田”，一旦创业有所成就，为使经营成果能够得以延续，使晚辈或本族亲戚有磨炼创业的机会，并考虑法人企业独立人格的性质，就会成立子公司或关联公司。万一经营不善，不致拖累母公司或原来成立已经壮大的老公司。此外，家族企业中普遍存在所有权与管理权的高度统一，由于所有者（管理者）之间的亲戚关系，公司之间的财务调度、资金周转及管理都不可避免地出现关联交易。此亦关联公司之常态。

（三）人为因素的公司联合

1. 董事、高级管理人员的兼职

董事的义务主要有忠实义务和注意义务两个方面。[1] 高级管理人员亦可参照。其中，忠实义务又涵摄竞业禁止义务、禁止自我交易的义务和禁止篡夺公司机会的义务。虽然《公司法》明文规定，未经股东会或者股东大会同意，董事、高级管理人员不得自营或者为他人经营与所任职公司同类的业务。在所有的违反忠实义务的案例中，自我交易占有的比重最大。如一个公司拥有另一

[1] 学术界偏向于使用“注意义务”概念。修订后的《公司法》第147条采用了“勤勉”概念。一般认为，这里的勤勉义务就是指注意义务。目前，主要的商法、公司法教科书仍然沿用注意义务这一概念。为此，本书将“注意”与“勤勉”作为同义词使用。

个公司的多数股票从而任命了该公司的董事，即使这些董事不是母公司的董事，依照董事的忠实义务，母子公司间的交易也要适用同样的规则。这种董事经常被称为“傀儡董事”。美国的布里斯特（Brister）法官曾论述董事的忠实义务：“董事是公司生意和财产的受托人，服务于股东整体。他们受制于有关信托和受托人的一般规则，即他们在使用信托财产进行交易的时候，不得利用他们与信托的管理来谋取私利。他们有义务为全体股东的共同福利经营公司事务，以最好的谨慎、技术和判断，完全为公司的利益管理公司生意。如果董事因为个人私利而不能为他们所代表的那些人的最佳利益做事，他们就违反了义务。”[1] 由于人类本能的自私物欲，董事、监事、高级管理人员在其他公司的兼职虽然违反了竞业禁止义务，但事实上在某些公司还存在，也是关联公司形成的重要原因。

2. 表决权代理

《公司法》第106条规定：“股东可以委托代理人出席股东大会会议，代理人应当向公司提交股东授权委托书，并在授权范围内行使表决权。”中国证券监督管理委员会颁布的《上市公司章程指引》（2019年修订）对表决权代理也仅有第78条第1款的规定。《公司法》对表决权代理的规定过于原则，虽然规定了股东可以委托代理人出席股东大会，但是对于代理的条件、程序等均无明文规定。表决权代理制度下表决权与股份的分离主义，使得个别股东乃至股东外的第三人有机会借表决权行使操纵公司决策权，从而达到控制公司的目的。经济学家张维迎教授曾指出：“公司控制权主要表现为投票权，拥有了投票权，也就拥有了契约中没有说

---

[1] Dixmoor Golf Club, Inc. v. Evans, 325Ill. 612, 156N. E. 785 (1927).

明事情的决策权。”[1] 通过代理方式获得表决权的公司因为股份比例的优势可以有效控制股份所代表的公司，从而使股份公司成了表决权公司的傀儡。股东表决权的客体化倾向使表决权行使的方式出现了变化，如代理权征集制度，并不是股东主动地行使表决权，而是成为征集的对象。这使得股东表决权从传统的主动行使变为被动接受，是民法代理制度在商法中的新发展。[2] 无论哪种方式，都不违反《公司法》的规定，但却是形成关联关系的有效手段。

除此之外，规避税赋也是管理者选择成立关联公司的重要原因。

三、关联公司的外在表现：关联交易

（一）“关联交易”的法律文件表述

关联交易的概念在既有法律文献中并不多见。我国上海证券交易所于2020年12月31日修订的《上海证券交易所股票上市规则》第十章专门规定了关联交易和关联人，其中第10.1.1条规定：“上市公司的关联交易，是指上市公司或者其控股子公司与上市公司关联人之间发生的转移资源或者义务的事项，包括以下交易：（一）第9.1条规定的交易事项；（二）购买原材料、燃料、动力；（三）销售产品、商品；（四）提供或者接受劳务；（五）委托或者受托销售；（六）在关联人财务公司存贷款；（七）与关联人共同投资；（八）其他通过约定可能引致资源或者义务转移的事项。”

---

[1] 张维迎：“所有制、治理结构及委托—代理关系——兼评崔之元和周其仁的一些观点”，载《经济研究》1996年第9期，第11－12页。

[2] 张宗卿：“论公司控制权争夺的法律对策——基于股东表决权的剖析”，载《福建农林大学学报》（哲学社会科学版）2011年第5期，第83－84页。

其中第 9.1 条规定的交易事项包括："（一）购买或者出售资产；（二）对外投资（含委托理财、委托贷款等）；（三）提供财务资助；（四）提供担保；（五）租入或者租出资产；（六）委托或者受托管理资产和业务；（七）赠与或者受赠资产；（八）债权、债务重组；（九）签订许可使用协议；（十）转让或者受让研究与开发项目；（十一）本所认定的其他交易。上述购买或出售资产，不包括购买原材料、燃料和动力，以及出售产品、商品等与日常经营相关的资产购买或销售行为，但资产置换中涉及的此类资产购买或销售行为，仍包括在内。"该立法对关联交易的规定较具体，说明了关联交易的形态。但列举式的法律规定难免挂一漏万，当有新的关联交易的形式出现，法律又没有规定时，就容易造成法律的漏洞。

以中国银保监会发布的《保险公司关联交易管理办法》为代表的行业规章，对关联交易也有所认定，该管理办法要求的前提是实质大于形式。该办法第 10 条规定，"保险公司的关联交易，是指保险公司与关联方之间发生的转移资源或者义务的事项"，并具体列举了投资入股类、资金运用类、利益转移类、保险业务类、提供货物或服务类等关联交易认定的标准。但《保险公司关联交易管理办法》是针对保险公司的特殊行业性质所作的特别规定，推广至所有关联交易的认定还不合时宜，但分类标准的认定对日后关联交易的立法还是具有借鉴意义的。

地方性立法的代表文本是 2019 年 5 月 21 日颁布的《深圳市中级人民法院关于妥善审理涉关联交易纠纷案件的通知》，该通知第 2 条规定了关联交易的主体和关联交易行为的类型，关联交易行为具体包括公司关联人之间进行的资产转让行为，购买或销售商品、提供或接受服务、事务代理的行为，关联人之间提供资金或提供担保的行为，拥有控制权的公司或股东无偿占有从属公司资产的行为，资产租赁中的关联交易行为，管理合同，研究与开发项目的转移及许可使用，支付关键管理人员报酬等。该通知第3条区分了合法的关联交易和违法的关联交易，重点考察程序、是否违反法律法规、交易目的、交易价格和商业习惯。虽然是地方性立法文件，但其对关联交易从主体、行为、原因关系到赔偿责任的规定，非常具有参考意义。

(二)"关联交易"的要素分析

通过对我国既有法律文件的分析，本书对关联交易采用归纳式定义方法，将关联交易的概念界定为，公司与其关联人之间发生的一切转移资源或业务的法律行为。

美国公司法学者克拉克（Clark）教授提出关联交易的本质特征在于控制权人通过其决策控制力而同时影响该相关公司及其交易对方，交易表面上发生在两个或两个以上当事方之间，实际上却只由一方决定。一项关联交易的构成，至少要具备三个条件：❶

第一，在相关公司（或公共投资人）与第三方之间存在交易。这里的"相关公司"或"投资人"仅指利益受到威胁的公司或股东。"相对人"就是广义上的关联人，包括关联人及其利益关系人(类关联人)，既可以是自然人也可以是法人或合伙企业等。

第二，某一个人（或其群体）对相关公司或投资人群体采取的行动具有决策影响力。这个有影响力的人通常是公司董事、高级管理人员或控制股东等，通常可称为经理或公司内部人员。

---

❶ ［美］罗伯特·C. 克拉克：《公司法则》，胡平等译，工商出版社1999年版，第118－120页。

第三，对这个有影响力的个人（或其群体）而言，如果交易或交易的附带结果对第三方而非对公司或投资人更有利，那么这些内部人就会从第三方的收益中获取更大的私人利益。

根据多数国家的商法、经济法和商业信用的要求，多数类型的关联交易实际上只有在商主体间或者公司之间进行才是适当的和无障碍的。这就决定了控制权人及其关联人所拥有控制权的附属公司或企业成了关联交易的最基本工具，它们是关联关系法律控制中最重要的关联方。关联交易的核心在于控制交易方通过对关联关系的有效利用，解决一般市场上由于信息的不对称性、信息渠道的有限性、信息的不及时性和业务知识掌控的待定性等因素而导致的交易成本过高和交易风险问题，最大化实现企业的利润。

（三）关联公司与关联交易的关系

关联交易是关联公司各种利益主体之间产生的一种较为复杂的经济现象，关联公司之间的关联交易有其存在的必然性和合理性，关联公司可以通过有效的关联交易实现利益移转。本书以控制公司为分析的切入点，将关联交易区分为利益输入型关联交易和利益输出型关联交易。

1. 利益输入型关联交易：从属公司利益转移至控制公司

利益输入型关联交易以控制公司利用其控制地位，将从属公司的利益转移至控制公司为典型代表。实务中，直接的利益输入型关联交易并不多见，此种形式过于简单、明显，赤裸裸的利润移转很容易引发监管部门的注意，给自己带来不必要的麻烦。最为典型的利益输入型关联交易是上市公司为所属的控制公司圈钱。利益输入型关联交易更多的会以利润的反向输出为表现，即利润由控制公司输入至从属的上市公司，但控制公司这种利润的反向输出仅仅是一种手段，最终目的是使从属的上市公司保持再融资能力，通过配股、增发等途径进一步融资，以便将来能够更多地从上市公司抽取利益，实质上仍为利益输入型关联交易。目前，此种关联交易在上市公司中表现得最为明显（见表 1－1）。

表 1－1　2017—2021 年上市公司年报中披露的关联交易的分析统计

年份	上市公司数/家	关联交易数量/笔
2017	3 485	41 108
2018	3 545	51 852
2019	3 777	58 960
2020	4 140	65 609
2021	4 493	64 014

注：本表是笔者根据东方财富网 http：//www. data. eastmoney. com 和中国证监会网站的公开数据汇总而成，截止计算日期为 2021 年 9 月 18 日，访问日期：2021 年 9 月 19 日。

从关联交易的数量看，几乎所有的上市公司均涉及关联交易的问题，早在 21 世纪初上市公司关联交易占上市公司的比例就高达 90% 以上。以浙商中拓为例，自 2017 年以来涉及关联交易一共 96 笔，仅在 2021 年 9 月 18 日一天公报就有 11 笔关联交易，涉及的关联交易相对方包括其兄弟公司、控股股东、[1] 控股子公司、参股子公司等，主要关联交易事项为购买商品和销售商品。由此可见，关联交易是上市公司的必备技能、属常规化操作。

本书以猴王集团破产案说明利益输入型关联交易的形态。1992

[1] 东方财富网网站，http：//www. data. eastmoney. com，访问日期：2021 年 9 月 19 日。

年8月湖北省宜昌市猴王焊接公司通过股份制改造，成立了猴王股份有限公司（以下简称猴王股份），并于1993年11月30日在深圳证券交易所上市，向社会公开发行3 000万股社会公众股。公司原有的4 256万股国家股由宜昌市国有资产管理局持有，持股比例达到了37.84%，是猴王股份名副其实的第一大股东。[1] 1995年湖北省政府批准猴王集团成为国有资产授权投资主体，宜昌市国有资产管理局遂将猴王股份的国家股授权给猴王集团经营和管理。彼时，猴王股份已经成为猴王集团的子公司。

从1995年至2000年，猴王集团为了满足配股条件，每年都付给猴王股份资金使用费3 000万元至4 000万元不等，其总额约为1.9亿元。猴王股份1994—1996年的年报显示，该公司三年的证券投资收益额高达5 200万元。2000年经宜昌市政府的审计调查发现，猴王股份公布的5 200万元的投资收益为虚构投资利润，其目的是满足证券监管机构规定的配股条件。此外，猴王股份在1997年经营滑坡时，为了满足增发B股的条件，把自己的两处房产（价值不过350万元）租给猴王集团，每年的租金高达2 000万元，其受益远远超出市场价格。所有这些粉饰猴王股份利润的行为，并不是猴王集团公司真正的意思表示，其对猴王股份的所有“投资”行为，其目的只有一个——圈钱。猴王股份从1997年开始，陆续以自己的名义为猴王集团向银行借款提供担保，与猴王集团进行其他的相关关联交易。截至2000年6月15日，猴王股份公布的一份报告显示，猴王股份对猴王集团的应收款至少有8.9亿元，为猴王集团提供贷款担保至少3亿元。两项合计远远超过了猴王股

[1] “猴王股份有限公司股票上市公告书”，载《中国证券报》1993年11月30日，第7版。

份从证券市场上募集的资金总量[1]。2001 年，猴王股份为猴王集团以及其他子公司贷款的数额高达 5.9 亿元，贷款担保的总额也超过了 4.59 亿元，这些数额已经远远超出猴王股份自身的承受能力，而如此行为绝非猴王股份之本意，乃猴王集团之伎俩。猴王集团从上市公司圈钱的主要手法是：直接从猴王股份借款；冒用猴王股份名义贷款（约 3.3 亿元）；操纵猴王股份为其提供贷款担保（不少于 3 亿元），等等。这些关联交易从表面上看，控制公司猴王集团最初向子公司猴王股份注入了大量的资金，输出了利润，但利润输出行为仅仅是手段、伎俩，其真正的目的仍为利润输入。正如夷陵国资董事长陈某远后来接受记者采访时说："猴王股份和猴王集团本来就是一家人，无所谓抽血，只是左口袋的钱放进了右口袋。"[2]

另外，较为复杂的德隆系案件，控制公司德隆集团掏空上市从属公司合金股份、湘火炬和新疆屯河利润的行为也属于利益输入型的关联交易。

2. 利益输出型关联交易：控制公司利益移转至从属公司

较为典型的利益输出型关联交易为董事、高级管理人员的自我交易。此种案例不胜枚举，本书以顾某军率领的格林柯尔系之间的关联交易作为解读对象，剖析利益输入型关联交易利益移转的模式。格林柯尔系股权的结构[3]详见图 1－1。

---

[1] 猴王股份在 1993 年年底以 3.8 元的发行价发行 3000 万股新股，除去发行费用，实际募集资金 1.1 亿元。1994 年，猴王股份推出配股方案，于 1995 年实施配股，配股价为 3.975 元，从市场上募集 1.3 亿元。两次募集资金共计 2.4 亿元。参见卢晓利："ST 猴王：弄虚作假'集大成'"，载《证券时报》2001 年 3 月 28 日，第 4 版。

[2] 郎朗："是谁将 ST 猴王推向绝境"，载《上海证券报》2001 年 3 月 24 日。

[3] 刘建民：《上市公司非公平关联交易产生的背景和原因》，经济管理出版社 2008 年版，第 166－169 页。

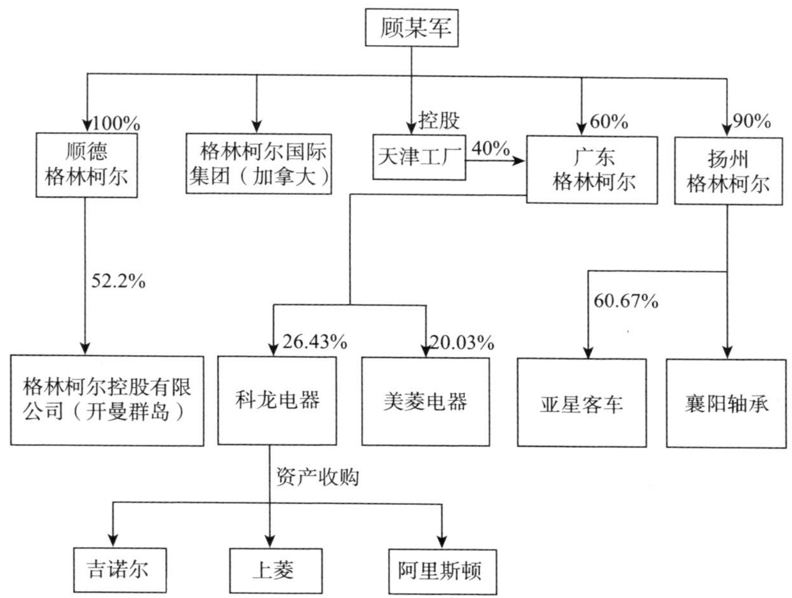

图 1-1 格林柯尔系股权结构

顾某军为收购广东科龙电器股份有限公司（以下简称科龙电器）法人股，成立了注册资本为 12 亿元的顺德格林柯尔企业发展有限公司（以下简称顺德格林柯尔），而其中无形资产的出资竟达到了 7 亿元。2001 年 10 月 29 日，当时国内冰箱产业四巨头之一但深受财务危机困扰的科龙电器公告称其大股东容声集团与顺德格林柯尔达成股权转让协议，将 20 447. 5755 万股法人股以 3. 48 亿元[❶]的价格转让给顾某军全资所有的顺德格林柯尔，即顺

❶ 容声集团对科龙电器欠款达 12. 60 亿元。这成为顾某军收购科龙电器讨价还价的砝码。最后，通过关联交易，科龙电器免除容声集团的巨额资金占用费，而顾某军将收购价格从 5. 6 亿元降至 3. 48 亿元，收购款交给已控制的科龙电器，代容声集团偿还所欠关联欠款。

德格林柯尔收购了科龙电器20.6%的股权。2001年11月2日，公告显示顾某军提早入主科龙电器董事会，至2004年10月顺德格林柯尔占科龙电器股份数为28.43%。取得科龙电器的大股东身份，顾某军随后以各种欺骗性手法在资本市场上以科龙电器为平台，一步一步地进行他的收购计划，收购和直接投资的资金累计近10亿元，拥有37家控股子公司、参股公司和28家分公司。同时，科龙电器还成为顾某军的融资平台，通过在各地注册的格林柯尔企业，收购了美菱电器、亚星客车、襄阳轴承等其他3家上市公司和境内外一批企业，打造了资本市场上广受关注的“格林柯尔系”。从此，没有实际履约能力的格林柯尔通过关联交易从科龙电器中吸取17 560.912万元的销售款，同时强买强卖，以其他公司的名义强行出售顺德格林柯尔的制冷剂给科龙电器，诈骗货款4 080万元。顾某军还利用关联交易诈骗科龙电器财产累计2.278亿元。做法很简单，就是顺德格林柯尔向一中间商销售货物，然后该中间商再将货物卖给科龙电器，从而把科龙电器的资金转手至顺德格林柯尔的账户，有的这类交易就发生在同一天。[1] 鉴于本书分析需要，格林柯尔系的其他相关问题在此不予详细论述。

从格林柯尔系的股权结构图（图1-1）中可以清晰地看到，顺德格林柯尔实际上为顾某军的全资所有公司，天津工厂生产的制冷剂卖给顺德格林柯尔，然后顺德格林柯尔再通过强买强卖的方式将制冷剂转让给科龙电器。据科龙电器的员工反映，科龙电器从顺德格林柯尔高价采购的格林柯尔制冷剂，恐怕10年都会

---

[1] 刘建民：《上市公司非公平关联交易产生的背景和原因》，经济管理出版社2008年版，第166-169页。

用不完。从股权结构中可以看出，顾某军在科龙电器中虽然是大股东，但也仅仅享有26.43%的股权，而他却同时享有顺德格林柯尔的100%股权。即科龙电器与顺德格林柯尔同时有1000万元利润的时候，在科龙电器，顾某军仅能得到264.3万元，而在顺德格林柯尔他却享有1 000万元。由此在顾某军所代表的科龙电器的利益与顾某军本人的利益发生冲突时，一个经济人往往会倾向于后者，满足个人的最大利益。这即是典型的利益输出型关联交易，将公司利益输出，以满足董事、高级管理人员个人的利益需求。

《公司法》第21条明确规制的就是自我交易行为。[1] 但自我交易必须发生损害公司利益的后果才为法律所禁止，也即只有非公允性的输出型关联交易才为我国公司法所禁止。

除去上述的基本自我交易为输出型关联交易外，还有一种输出型关联交易表现为控制公司“金蝉脱壳”的做法。即控制公司由于经营不善以至走到破产的边缘，控制公司为减少自身的损失，将优良资产转移至其控股的从属公司中，留下空壳的控制公司进入破产程序。这种转移财产的行为严重侵害了控制公司债权人的利益，控制公司债权人可以通过行使破产撤销权或破产中的无效制度来捍卫自己的合法权益。

第二节　关联公司破产的利益冲突分析

正如上文所述，连接关联公司的纽带有多种，在进行破产中

---

[1] 美国的克拉克教授曾在其《公司法则》中论述了利益冲突的四种模型，自我交易是其中一种较为典型的关联交易。

的利益分析时，本书主要以控制公司与从属公司[1]作为关联公司的典型代表进行分析。

一、从属公司破产，控制公司未破产时的利益冲突

从属公司破产，控制公司未破产的现象最为常见，表现为控制公司股东的利益与从属公司债权人与少数股东利益的冲突。

在关联公司运行过程中，虽然从属公司依照法律规定具有独立的人格，有权利能力，依法独立享受权利、负担义务，但实际上受控制公司指挥支配，为了调和整体关联公司的利益，从属公司全部或部分丧失其自主性，往往以牺牲从属公司的权利或利益为手段，造就控制公司或整个关联公司的利益。其结果为从属公司似乎已不具完全的法人格，而是受制于他人或其他公司的一个分子公司，是控制公司或企业集团实现经济利益最大化这盘棋中的一枚棋子。然而，在法律上从属公司仍然不失其为公司，具有人格，因此，从属公司的利益与控制公司的利益之间的移转，在从属公司破产时，必然造成从属公司债权人与少数股东与控制公司股东之间的利益冲突。

如春都集团的从属公司“春都 A”在股市融资 4 亿多元，却被其控制公司春都集团和其他从属公司占用了 80% 以上的资金。当春都集团负债累累时，春都 A 不得不带上了 ST 的帽子。[2] 再如上文所述的猴王股份也仅是猴王集团的提款机。

控制公司股东与从属公司债权人的利益冲突可以用图 1－2 来表示。

---

[1] 母子公司为控制公司与从属公司的典型代表，但法律对母子公司的要求更为严格，法律设定在控制公司与从属公司之间关系方面的义务性规范完全适用于母子公司，除此之外，法律还特别要求母公司的财务报表应当合并子公司的财务状况以全面反映母公司的经营业绩。

[2] 张琪：“严打逃债，不敢乐观”，载《商务周刊》2001 年第 13 期。

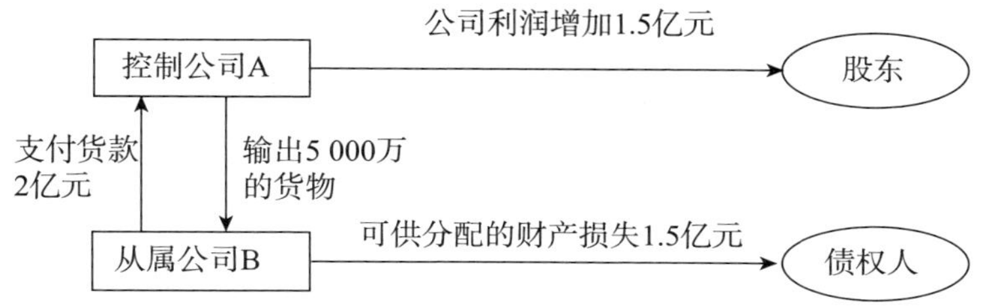

图1－2　控制公司股东与从属公司债权人的利益冲突

如图1－2所示，控制公司A以明显高于市场的价格转让资产，因此一项关联交易就将从属公司B的1.5亿元的利润转移至控制公司A中。当从属公司B破产时，B公司的债权人可以分配的财产蛋糕就无形中小了很多，每一个债权人的利益都会受到不同程度的损失。而同一关联交易，带给A公司的却是福音，股东可以分红的利润因此增加了1.5亿元。而A公司股东的利润恰恰是B公司债权人的损失，如果没有该关联交易，就不会有这样的利益移转。由此，在从属公司B破产，而控制公司A未破产的情形下，二者的利益冲突就发生在控制公司A的股东利益与从属公司B的债权人利益之间。

在现实的经济生活中，控制公司A通常采取关联交易、关联担保等方式进行不正当利益转移，在从属公司B破产之前即将从属公司B的有效资产转移到控制公司A，进行破产欺诈。实践中，控制公司A从从属公司B获取利益的通常表现方式为：控制公司以高于市场价的价格向从属公司提供原材料，而又以较低的价格买断或包销从属公司的产品，利用原材料供应渠道和产品销售渠道掏空从属公司的利润；或者从属公司以提供劳动、咨询、无形资产、定点管理与项目的方式，向控制公司支付不合理价款，以达到转移资金的目的；或者控制公司利用资产重组，通过收购、置换、转让等方式，要求重组的从属公司“贱卖”其固定资产、无形资产、设备、股权等资产，或“贵买”控制公司的设备、技术等。公司资产的市场价格有时具有极大的弹性，在不同时期，由不同评估机构估算的价格悬殊，使得控制公司通过资产转让和受让进行利益转移，具有极大的隐蔽性，不易被发现和查证；或者从属公司向控制公司提供担保。当从属公司濒临破产时，为控制公司的债权提供担保，或者对无清偿能力的控制公司的债务提供担保。在承担担保责任之后，不积极向控制公司追偿，甚至不追偿，以致形成呆死账。约翰逊（Johnson）等学者将此种行为称为“隧道挖掘”。[1] 可见，控制公司利用其控制地位，在从属公司破产之前所从事的上述行为，可能隐含着消极的、不合法的、损人利己的目的，对破产程序所追求的公平清偿目标构成了严重的威胁。破产法要对同一顺位的债权人一视同仁，然而控制公司利用关联关系不正当地将从属公司的财产转移，此行为严重侵害了从属公司债权人的利益，实质为控制公司股东或债权人侵占了从属公司债权人和少数股东的合法利益。

二、控制公司破产，从属公司未破产时的利益冲突

控制公司因经营不善，将优质资产通过不正当的关联交易转移至从属公司后申请破产，然后金蝉脱壳，改头换面，东山再起，

[1] 隧道挖掘是 Johnson、La Porta、Lopez - de - Silanes 和 Shleifer（JLLS）在 2000 年提出的一个概念，指公司控股股东或大股东利用其拥有的绝对股权或控股地位，采取一些不合法的手段，转移所属公司资产或利润，甚至掏空从属公司的行为。由于这种行为往往是利用一些见不得人的手段，或者是通过见不得阳光的“地下隧道”来进行挖掘的，所以被形象地称为“隧道挖掘”。See Johnson, S., R., La Porta, F., Lopez - de - Silanes, A., Shleifer, Tunneling, *American Economic Review*, 2000, vol. 90, pp. 22 - 27.

从而损害债权人利益的情形时有出现。其所谓“大船搁浅，舢板逃生”，有时还冠以“盘活国有资产”的美名。此时，就表现为控制公司债权人与从属公司股东之间的利益冲突，如图1－3所示。

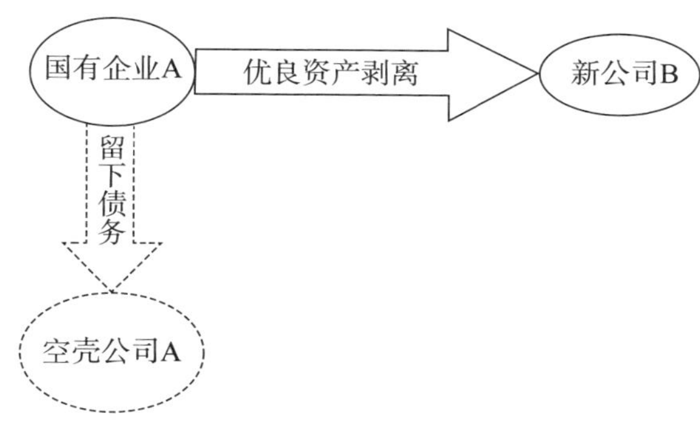

图1－3　控制公司债权人与从属公司股东之间的利益冲突

一案例可以说明此种模式的利益冲突。一家使用简单的技术制造电子零配件的某企业，拥有大约200名职工，向法院申请破产保护。该企业破产前声称状况一直良好，处于盈利状态。1994年它向一家国有商业银行进行巨额贷款，以重建和翻修厂房及办公楼。1996年，该企业向当地法院提出破产申请，申请对企业进行“重整”。法庭批准了该项重整，破产企业成为一个新的法人实体，新的法人实体为股份合作制公司，其股东主要为原企业的职工以及投资人，并对原企业的资产和大部分职工进行整体接收。在重整过程中，破产清算组没有组织竞争性投标，直接决定由原企业的内部人员变为新公司的大股东。由于原企业有近40%的职工拒绝加入新的公司，从而被辞退，新的股份合作制公司决定对他们以现金分期付款的方式予以安置。但新公司没有对这部分职工给予现金补偿，而是用股权替代安置费，给予原职工股权，原职工并没有因此获得现金利益；此外，新公司还发行了

"强制股"，强令每位入股的职工必须以 4 000 元人民币现金购买。发行强制股所得的资金主要用于支付与破产有关的费用和部分下岗职工的安置费；还有五位内部及外部投资人购买了新公司发行的"自由股"。原企业的总经理，也购买了自由股，而且还得到了相当于安置费的股份，还购买了强制股份，由此该总经理以相对较少的现金投资成为新公司最大的股东。他既是新成立的股份合作制公司的董事长，又是该公司的总经理。重整后的新公司由于解除了债务利息负担，以及职工人数的减少，使新公司的生产成本下降，虽然一如既往地使用同一条生产线，但公司已经扭亏为盈，其生产的全部产品均销售获利。在重整期间，新公司承诺支付原破产企业欠缴的社会保险金，并偿还原企业的债务。但是，直到破产案件终结时，银行和其他债权人没有得到任何的偿付。对原企业贷款的商业银行认为这一破产程序是为了股东的独有利益而逃避债务的伎俩，该公司应该而且能够偿还至少部分欠款。[1]

这种"母体裂变，悬空债务"的现象与前述现象刚好相反。控制公司为了逃废债务，将已经濒临破产公司中的优良资产进行移转（在我国已有的案例中通常是在政府的主导下完成的），将财产合法地转移到从属公司。在上一案例中，利益冲突清晰地发生在新的股份合作制公司的股东与原国有企业的债权人——银行之间。

在理论层面上分析，控制公司的资产如果以正常方式输送到从属公司，从属公司的利润增加，其控制公司对从属公司的股权价值也会随之增长。即使控制公司申请破产，由于其股权价值的

---

[1] 世界银行、东亚太平洋地区私营部门发展局：《中国国有企业的破产研究——改革破产制度的必要性和途径》，2001 年 1 月，第 30 页。

增加，其债权人的利益只会增加不会减少，对其债权人而言是有利的。但实际上，控制公司对从属公司的控制关系可以有股权控制，人事控制或协议控制几种模式。在人事控制或协议控制的情形下，控制公司资产输送到从属公司之后，控制公司的控制股权价值并不会因从属公司股权的升值而升值，那么控制公司对从属公司输送利益的行为结果就是直接导致控制公司债权人的利益受损，而从属公司由于控制公司利益的输送而额外获益，其利益冲突就表现在控制公司的债权人与从属公司的股东之间。

而如果控制公司对从属公司是股权控制，那么上述行为也不可一概而论。从目的来看，可以分为善意和恶意。如果控制公司对从属公司的投资行为是善意的，其投资行为不会减损债权人的利益。因为控制公司在破产之前以适当的价格购入从属公司的股份，该股份仍然属于控制公司的破产财产，债权人仍然可以就此项财产权利请求分配，对债权人只有利益，没有损失。但如果控制公司购入从属公司的股份价格偏高，尤其是在控制公司已经拥有从属公司的绝对控制权的情况下，对经营能力以及经营业绩一般的从属公司又额外增加持股时，则有画蛇添足的嫌疑，很有可能隐藏着进行不当利益转移的目的。如果股权变动行为是善意的，那么股权的变动通常引发控制公司管理权的变动，其结果为管理层的更换，企业的决策和经营状况改变。然而此时控制公司已经拥有了绝对的控制权，还要继续增持股份，实在让人费解！此外，如果控制公司对从属公司的投资行为是恶意的，那么从属公司股权转让的目的即为转移控制公司的财产和资金。因此，不正当的利益移转必然会造成利益的冲突。

三、从属公司与控制公司均告破产时的利益冲突

在我国的司法实践中，曾发生过所谓“连带破产”，即在一个破产案件中同时宣告控制公司和从属公司同时破产的做法。“连带破产”并不是一个严格的法律概念，它仅仅是实务中的一个习惯称呼，通常指一个公司破产导致另一个或另几个公司同时陷于破产境地的现象，而破产的两个公司并不一定是具有关联关系的公司，也可能是由于另一个公司应收账款无法回笼，导致资金链断裂而最终破产的情况。通常情况下，两个公司具有关联关系的可能性最大，法院对于两起破产案件应当分别立案处理，而不能并案处理。根据我国《最高人民法院关于审理企业破产案件若干问题的规定》第 79 条的规定，“债务人开办的全资企业，以及由其参股、控股的企业不能清偿到期债务，需要进行破产还债的，应当另行提出破产申请”。可见我国法院对控制公司和从属公司的破产是采取分案处理的。

在现实生活中，对于关联公司的控制公司和从属公司的破产不能一概而论，应依具体事实区别对待：其一，如果关联公司的经营实际是一体的，其人格混同、财务混同的现象非常严重，彼此之间关系极度错综复杂，使关联公司以外的人误以为二者实质为同一法人，以致将它们的财务状况分开是非常困难的。那么仍坚持将控制公司和从属公司分别破产，必将损害债权人的利益，并使破产清算程序更为复杂，甚至用于清理二者之间关系的费用将严重消耗公司的破产财产，徒增破产费用。针对这种情况，美国法官根据衡平法规制，创造出了一种公平分配破产财产的救济措施——实质合并制度。该制度要求将控制公司与从属公司的所有财产予以合并，对其享有的债权也进行合并，然后在扣除破产费用之外，对所有两个公司的无担保债权人适用同一比例进行清

偿，其意义在于维护破产法的公平清偿原则，保护债权人的利益。其二，如果控制公司与从属公司之间虽然存在着关联关系，但二者的财产混同、人格混同的程度并不十分严重，对二者的区分也相对容易，那么就不应该对二者的破产进行合并，应仍然尊重公司法的基石原则——公司法人人格独立原则和有限责任原则，对控制公司与从属公司分别进行破产清偿。

安然公司的破产即属此类破产。20 世纪 90 年代中期以后，曾经在美国 500 强中排名第七，连续六年被美国《财富》杂志评为“最有创新精神”的安然公司，不断地使用和完善金融重组技巧，建立复杂的公司体系，其各类子公司和合伙公司数量超过 3 000 家。安然系的做法就是利用“金字塔”式多层控股链，A 公司控制 B 公司 51% 的股份，而 B 公司又控制 C 公司 51% 的股份，尽管 A 公司实际只控制 C 公司 26% 的股份，但 A 公司还是对 C 公司有控制权。安然公司就是以此方式实现了用最少的资金控制了 3 000 多家公司的目标。因为利用关联公司的金字塔控制结构，安然公司需要投入的资金可以不是太多，但是它控制的资产可以很多，控制更多的项目和更多的企业。[1] 安然公司利用关联基金企业为其作金融担保，其中与 LJM 资本管理公司就 LJM 二号基金签订了金额面值高达 21 亿美元的金融担保协议。[2]

---

[1] 陈志武、周年洋：《安然：华尔街完美案例》，中国城市出版社 2002 年版，第6－39 页。

[2] 其中 2000 年中期，安然公司财务长建议要求关联公司 LJM 二号为安然公司的宽带业务等资产的价值提供担保。安然公司与 LJM 二号签订的交换合约的内容公司为：①如果安然公司的这些不动产升值，LJM 二号获得升值中的一部分；②如果安然公司的相应资产贬值，LJM 二号必须弥补安然公司贬值部分；③安然公司先得到 12 亿美元的贷款；④如果 LJM 二号因资金不够而发生清偿危机，安然公司将打入价值为 12 亿美元的安然公司股票或现金。参见陈志武、周年洋：《安然：华尔街完美案例》，中国城市出版社 2002 年版，第 11－12 页。

安然公司为了扩张企业家族，需要融资，但又不想增发股票或增加更多负债。结果安然公司选择了利用关联公司来隐藏债务，变相增加公司杠杆率。2001 年 11 月 8 日安然公司宣布在 1997—2000 年利用关联交易共虚报了 5.52 亿美元的盈利。由于太多地使用股票提供担保，安然公司更加有动机铤而走险，想方设法制造利润，以推动股价。在能源市场波动太大时，这些因金融杠杆而扩大的系统风险迫使各条款相继触发，要求安然公司在恰恰没有资金时以现金清偿巨额债务，最终引发清偿危机。[1]

四、受统一控制的两个（或多个）关联公司同时破产时的利益冲突

受同一企业控制的两个或多个关联公司主要是兄弟、姐妹公司之间的关系。如图 1－4 所示。

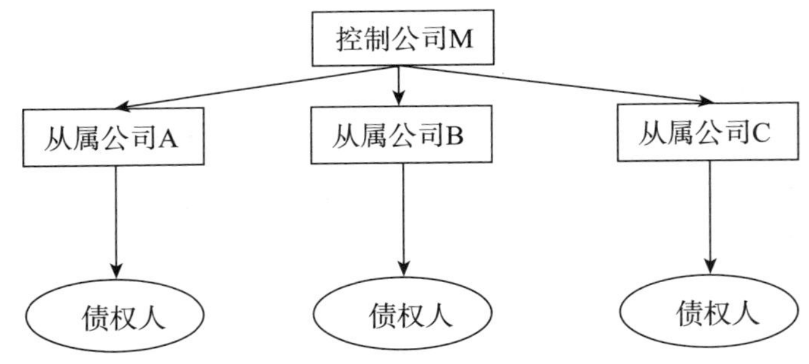

图 1－4　关联公司的关系

假设 A 公司属钢铁产业，B 公司属汽车生产产业，C 公司属房地产产业。从表象上看，A、B、C 三家公司之间没有任何财产、

---

[1] 陈志武、周年洋：《安然：华尔街完美案例》，中国城市出版社 2002 年版，第 14－20 页。

人事方面的控制与影响，甚至处于不同的行业领域，也不发生交易，没有业务往来。但是，由于 A、B、C 三家公司的控股股东或者实际控制人为同一主体 M 公司，在 M 公司的协调下，A、B、C 三家公司可以表现出超乎寻常的协同效力和牺牲精神。因此，受同一公司控制的两个（或多个）公司就像左手和右手一样，貌似独立而本质上血肉相连。

受同一公司控制的两个（或多个）关联公司破产的情形也很复杂，可以分为以下四种情况：第一，A、B、C 三家从属公司均破产，而控制公司 M 未破产，应与上述分析的第一种情况相同；第二，控制公司 M 破产，而 A、B、C 三家从属公司未破产，与上述第二种情况相同；第三，控制公司 M 与从属公司 A、B、C 共四家公司均破产，与上述第三种情况相同；第四，A、B、C 三家从属公司中的一家或两家破产，其他公司未破产。此种情形相对较为复杂，现予以举例说明。房地产产业不景气，在控制公司 M 的授意下，从属公司 C 将大量捂盘惜售的房产以明显低于市场价的价格卖给从属公司 B，同时又用明显高于建筑施工时采购钢材的价格来偿还建筑房屋时在从属公司 A 购买的钢材。两项交易致使 C 公司付出了很多不应有的付出。按照法律的规定在资不抵债的情形下应向人民法院申请破产程序，由此 C 公司申请破产，那么 C 公司的债权人权利将因为上述关联交易而受到不应有的损害，此损害又转化为 A 公司和 B 公司股东的额外利润。当 C 公司单独申请破产时，C 公司完全具备与单体公司极其相似的外部特征，某种程度上掩盖了其与 A 公司、B 公司有关联关系的本质，在破产程序中被非法利用的迷惑性更强。对于 A、B、C 三家公司之间的关联关系是否应该在 C 公司申请破产时进行认定，如何认定在学界还存在不同的声音。2018 年修订后的《公司法》不再从外部特征来确认关联关系的存在，而是以“可能导致利益转移”[1] 为标准，这样，A、B、C 三家公司之间存在关联关系已不存在疑问。在 C 公司破产的情形下，控制公司 M 利用其特殊地位，将面临破产的 C 公司之财产转移到 A 公司或 B 公司，或者幕后操纵 A、B、C 三家公司进行不公平交易，使债务人财产外流的行为也可以受到法律的规制。C 公司债权人与 A 公司、B 公司股东之间的利益冲突也可以得到有效解决。

第三节 关联公司破产对传统法律制度的挑战

现代公司两个核心要素就是独立人格和有限责任。独立人格理论与有限责任理论是在不同历史时期形成的两个概念。公司的独立人格理论始于中世纪欧洲，当时公司需要通过皇家或者国家特许才能获得独立的人格，使公司的权利义务独立于公司股东的权利与义务。有限责任最初的模糊表达在中世纪航运发展的一种新形式——康孟达，发展于 19 世纪初工业革命催生下的运行大型项目的公司，他们对资本有着大量需求，只有分离股东风险与公司风险，才能更好地募集资金。直到 20 世纪，公司被允许拥有其他公司的股份时，公司才出现法人股东。独立人格传递的债权人保护与有限责任传递的债权人保护是一个硬币的两个方面。独立人格保护公司财产不受公司股东的债权人追索；而股东有限责任

[1] 《公司法》第 216 条第 4 款规定，关联关系，是指公司控股股东、实际控制人、董事、监事、高级管理人员与其直接或者间接控制的企业之间的关系，以及可能导致公司利益转移的其他关系。但是，国家控股的企业之间不仅因为同受国家控股而具有关联关系。

原则保护的是股东财产免于被公司的债权人追索。强式的法律人格强化了公司的稳定性与可信度，加之股东有限责任原则的作用，更使公司的财产价值与股东个人的经济状况相互隔离，从而使得公司股权的自由转让成为可能。[1] 在公司独立人格与有限责任的庇护下，公司以令人难以置信的效率生产商品和服务，从而以越来越低的成本增加人类的福利。[2]

美国破产法专家托马斯·杰克逊（Thomas Jackson）曾说，因为“单独的债权人赔偿要求会因为不合时宜地抽走必要的经营资产而导致债务人企业遭到一次次的瓦解，设立一个债权人集体行动体制的最突出理由是，要确保债权人在要求他们各自的赔偿时不要在实际上损害那些将用于向他们进行赔偿的资产的总价值。破产法就其核心来说，是一个汇集债务的法律，其中心意图是解决债权人的集体行动的问题”。[3] 关联公司破产，其破产子公司的债权人利益受到损害，主要原因在于破产子公司必须遵循传统公司法的基石性制度——公司法人人格独立制度和有限责任制度。法人人格独立制度和有限责任制度使得公司与股东的财产相分离，股东的个人财产为股东债权人提供担保，公司财产为公司债权人提供担保，使股东的投资风险锁定在投资的限额内，而不至于殃及股东的个人财产。因此公司的独立人格与股东的有限责任制度，具有分散投资、鼓励投资、减少和转移风险、促使投资与经营管

---

[1] ［美］莱纳·克拉克曼、［英］保罗·戴维斯、［美］亨利·汉斯曼等：《公司法剖析：比较与功能的视角》，刘俊海、徐海燕等译，北京大学出版社 2007 年版，第 9 页。

[2] ［美］斯蒂芬·M. 班步里奇、M. 托德·亨德森：《有限责任：法律与经济分析》，李诗鸿译，上海人民出版社 2019 年版，第 11 页。

[3] Thomas H. Jackson, *The Logic and Limits of Bankruptcy Law*, New York: Harvard University Press, 1986, p. 3.

理相分离、实现管理现代化的功能，从而提高公司的运营效率。关联公司中一个公司或者多个公司破产时，在公司法人人格独立制度和有限责任制度的要求下，破产子公司的债权人只能对破产子公司的破产财产享有请求权，这也为控制公司等不法行为者逃避债务留下了制度上的空间，成为控制公司谋取法外利益的庇护伞，故传统的股东有限责任制度和公司法律人格独立制度受到严重的冲击。

一、法人人格独立制度——关联公司破产债务人的“避风港”

人格学说始于罗马法，罗马法认为自然人本身和人格是相互分离的。虽然这一学说是针对自然人而言的，但却对法人制度的创建奠定了坚实的基础。罗马法有关法人人格的理念主要体现在“团体”之类的组织中，“为了形成一个真正的团体，即具有法律人格的团体，必然有数个（至少为三人）为同一合法目标而联合并意图建立单一主体的人”。[1] 罗马法中对“团体”之法律人格的赋予，被认为是民法理论研究和制度设计中最富想象力和技术性的创造。作为法人，人格是其天生具有的品质。法律人格的本质特征就是：权利义务均由作为一个整体的团体承担，并将成员个人完全排除在外。“如果什么东西应给付团体，它不应付给团体所属的个人，个人也不应偿还团体所欠之债。个人作为团体成员有另一种身份，而且，即使该团体只剩下他一人，该身份也不同其人格相混淆”。[2]

---

[1] ［意］彼德罗·彭梵得：《罗马法教科书》，黄风译，中国政法大学出版社1992年版，第52－53页。

[2] ［意］彼德罗·彭梵得：《罗马法教科书》，黄风译，中国政法大学出版社1992年版，第52页。

虽然公司没有真正的物理存在——它实际上只是法律所创造的一个标签——尽管如此，但它仍然被视为一个法律上不同的“人”。[❶] 公司作为法律的创制物，只存在于法律的想象之中，法律将公司视为一个独立的法律实体，赋予其独立的人格，使公司形成有别于股东的意思表示，才能真正有公司自己的权利能力和行为能力，有自己的财产，并以自己的名义从事各种与其身份相适应的活动，并在其中享有权利和承担义务。有学者认为“公司人格的基本特征在于，公司是区别于其成员的法人实体。因此，公司才享有不同于其成员的权利，承担不同于其成员的义务。换言之，它拥有‘法律人格’，而且这经常被描述为公司是迥然相异于人类（自然人）的拟制的人。”[❷] 正因为法人人格独立制度成功地分离了公司与股东个人的财产，才使得公司的融资成为可能，使大规模经营成为可能，为经济社会的迅速发展提供了有效力的工具。对法人人格独立制度在英美法系中还有一个形象的比喻，即公司面纱。所谓公司面纱，即公司作为法人必须以其全部出资独立地对其法律行为和债务承担责任，公司的股东以其出资额为限对公司债务承担有限责任。公司与其股东具有相互独立的人格，当公司资产不足以偿付其债务时，法律不能透过公司这层“面纱”要求股东承担责任。[❸]

一般认为，有限责任公司应该具有以下特征：独立人格；有限责任；股份的自由转让和投资者的所有权。因此，独立人格是

---

❶ ［美］斯蒂芬·M. 班步里奇、M. 托德·亨德森：《有限责任：法律与经济分析》，李诗鸿译，上海人民出版社 2019 年版，第 15 页。

❷ ［英］保罗·戴维斯、莎拉·沃辛顿：《现代公司法原理》（第 9 版上册），罗培新等译，法律出版社 2016 年版，第 34 页。

❸ 沈四宝、王俊：“试论英美法‘刺破公司面纱’的法律原则”，载《经济贸易大学学报》1992 年第 4 期，第 25 页。

公司之所以成为公司的首要特征。公司主要是解决出现在筹措巨额资本过程中的一些问题的方法。[1] 公司拥有独立人格是保证公司能够有效发挥筹资作用的基础。公司独立人格的核心要素为“财产独立”。公司不仅有能力拥有独立于投资者个人的公司财产，而且可以自由使用、处分公司财产；更重要的，公司可以将其财产担保给债权人。公司的独立人格有两个方面的优势：第一，公司的全部财产是公司债权的当然担保，即公司的债权人优先于公司股东个人的债权就公司财产获得清偿。这种优先受偿规则的效果将提高公司履行合同债务的信用度。第二，当公司进入清算状态时，公司的任何投资者都不得随意向公司退股，股东个人的债权人更无权随意取回股东在公司中的财产份额。此种规则有效地保护了公司债权人的利益。因此，赋予公司法人人格乃是为了使法律关系单纯化，而由法律所认许的一项法律技术规则。“法人与其说是一件事物，毋宁说更近于一种方法”。[2] “其目的就是在法律规范或法律范型中占主导地位的个人主义想象空间内为团体法律关系的划一处理寻找到一个支点”。[3] 强式的法律人格制度使得公司财产免于被股东个人的债权人追索，强化了公司的稳定性与可信度，使得公司的财产价值与股东个人的经济状况相互隔离，从而使公司股权的自由转让成为可能。

独立的人格制度无疑为单一公司的成长提供了良好的保证，尤其是保证公司财产的稳定性。依据其稳定的经济基础，公司可以独立行使自己的意志，即使股东不亲自参与公司的经营管理

---

[1] ［美］理查德·A. 波斯纳：《法律的经济分析（下）》，中国大百科全书出版社1997年版，第514页。

[2] Henn，Alexander，*Law of Corporations*，p. 345.

[3] 陈现杰：“公司人格否认法理述评”，载《外国法译评》1996年第3期，第16页。

（将公司的经营管理权交给董事或经理），股东仍可以通过股东会对公司行使投票权以进行必要的监督。

在进入20世纪以后，公司的发展证实了恩格斯的“从量变到质变”的规律，公司规模不断地发展壮大，表现为经济时代的公司联合体。据美国的一家金融期刊报道说，有一家公司联合体控制了这个国家95%的自行车制造业，另一家公司联合体垄断了这个国家头层皮革制品总量的85%，而第三家公司联合体将把全国所有的冰冻食品公司置于它的控制之下。[1] 此时公司的人格作为公司法的核心概念，对实现它的目标已不再起作用。如在关联公司中，从属公司的董事会既要顾及从属公司本身利润的增长，还要接受来自于控制公司的命令，处于一仆二主的境遇，其传统意义上公司的独立地位已经大打折扣，不能独立地表达公司的意志。因为，从逻辑角度上讲，从属公司服从集团整体的利益安排也无可厚非。在集团的资本积累过程中，必然要牺牲一些个体（从属公司）的利益，个体（从属公司）利益的牺牲目的是换回更大的利益回报。但由于集团中的个体是由一个具有独立人格的公司来扮演的，而从属公司的独立人格在整个过程中根本无法实现，每当公司个体利益与集团整体利益出现冲突时，从属公司的董事会实际上对公司的经营事项无法做主，其经营管理权部分地或全部地丧失了独立性。[2] 实际上，在关联公司的整体运作中，所有的从属公司都只是控制公司的一枚棋子，完全服从于控制公司或集团的整体利益，其独立的法律人格已经荡然无存。

独立的法人人格还要求公司具有独立的法人财产权。法人人

---

[1] ［美］伯纳德·施瓦茨：《美国法律史》，王军、洪德、杨静辉译，法律出版社2018年版，第184－185页。

[2] 朱慈蕴：《公司法人格否认法理研究》，法律出版社1998年版，第269页。

格“以拥有财产为绝对要件”，独立财产是法人人格的根本性要素。[1] 在关联公司中，从属公司与控制公司除了在人格上发生混同之外，另一个重要的表现就是财产混同。股东将资产投入拥有独立法律人格的公司，就意味着该股东放弃了投资的所有权，取而代之的是股权，其投资者的身份也变为股东，股东只能通过在股东会上行使表决权，将自己的意志间接地作用于公司的财产，股东对实物财产的支配变成了对价值财产的支配，即对股票价值的支配。而公司则享有由股东投资形成的法人财产权，从而有效地实现了股东财产和公司财产的分离，阻却了股东与公司之间的连带责任关系。而在关联公司中，从属公司的财产可以依据控制公司的需要随时进行调配，长期借贷、无息借贷、挪用财产、转移财产等都是控制公司支配从属公司财产的常用伎俩。除此之外，控制公司还可以通过同业经营的办法控制从属公司的财产。从属公司与控制公司之间从事雷同的业务，二者之间交易行为来自同一控制公司的指挥和支配，公司间的资产调配、资产整合、资产流动、资产置换等均以整体利益为核心，其交易方式和交易价格等也均以控制公司的利益需要为准，资金由此在关联公司间自由流动。这种经营方式从关联公司的角度来看，整体的协调经营不仅能减少内部的竞争、降低交易的社会成本，同时还可增加集团的整体利润，提高关联公司自身的市场竞争力。但随之而来的便是从属公司将会为这种整体利益而牺牲自我利益，在经济上严重受损。由于公司独立法律人格的法律规定，从属公司的债权人将为此付出沉重的代价。

有独立的财产才能独立承担法律责任，独立财产是责任承担

---

[1] 江平主编：《法人制度论》，中国政法大学出版社1994年版，第13页、第32页。

的保证。从属公司在关联交易中已然丧失了独立的人格和独立的财产，然而却依旧披着“独立”的外衣，在无法清偿到期债务时，独立对其债权人以“独立”的财产承担责任，乃滑天下之大稽，是对法律公平、正义理念的一种严重亵渎。因此，在关联公司破产时，控制公司可以躲在独立的法律人格制度的港口里，借从属公司“独立”之名，行掠夺、侵害从属公司债权人利益之实。法人人格独立制度为关联公司破产提供了庇护的港湾。

二、有限责任制度——关联公司破产债务人逃废债务的工具

责任的限制是针对股东而言，而非公司自身。《公司法》第3条明确规定股东对公司债务的责任仅限于他对公司的投资；公司的债权人只能就公司的财产请求偿还，不得向公司的股东请求偿付。即使公司破产，公司的资产不足以清偿全部债务，股东也不用对剩余未清偿的债务负责。对于有限责任制度，哥伦比亚大学原校长尼古拉斯·默里（Nicholas Murray）在1911年的讲话中如此描述有限责任的核心重要性：“我字斟句酌地认为，有限责任公司是现代社会最伟大的发明……即使是蒸汽机和电力的发明也不如有限责任公司重要，如果没有它，它们就会变得无能为力。”[1]

（一）有限责任制度的积极效应

有限责任制度的设立将投资者的责任限制在投资的范围内，即公司的债权人只能针对公司的财产行使债权，而无权针对股东或经营者的财产行使债权。有限责任制度给投资者——股东提供了一种确定的预期，即投资者能够预先知道其投资的最大风险仅

---

[1] 转引自［美］斯蒂芬·M. 班步里奇、M. 托德·亨德森：《有限责任——法律与经济分析》，李诗鸿译，上海人民出版社2019年版，第12页。

限于其投资的损失，这也给予了投资者一种保障，从而刺激了一般公众投资的欲望，有利于鼓励投资。社会经济的发展需要靠投资推动，但鼓励投资应通过良好的法律形式实现，只有当立法者为资本设计出有限责任这种特殊形式时，投资者才能通过此形式自由地扩大其权利。

在有限责任制度的框架下，股东以其投资额为限承担公司经营失败的法律责任，而公司经营失败风险的另一个承担者即是公司的债权人（此处指交易债权人、自愿债权人，也可称为积极债权人[1]）。股东在向公司出资时，是以放弃对自己出资财产的直接支配权和控制权为代价，才换取有限责任的惠泽；而债权人则以放弃直接向出资者追索债务的便利和承担公司经营失败的风险为代价而换取了与公司集中进行经济交往而节省大量交易费用，获取更高利息率的经济目的。[2] 有限责任并不是一种消除企业失败风险的手段，它只是将风险从个人投资者转移到了公司自愿或非自愿的债权人身上——使他们承担了公司违约的风险。[3] 通过把公司的经营风险由股东转向债权人，有限责任原则把债权人变成了公司经营者的监督者。公司的债权人比股权高度分散的股东们更有监督能力。[4] 即使资深股东拥有监督的能力，但也缺乏监督的激励，因为监督成本虽由股东个人支付，而所获得的收益却是根据

[1] 因契约而生的债权人可以称为交易债权人、自愿债权人或积极债权人，与此相对应，由侵权之债而产生的债权人称为非自愿债权人或消极债权人，在公司的风险分担中与股东无异，相比较由于合同关系而产生的自愿债权人而言，没有任何分担风险的优势。

[2] 张民安、蔡元庆：《公司法》，中山大学出版社2003年版，第94页。

[3] ［美］理查德·A. 博斯纳：《法律的经济分析（下）》，中国大百科全书出版社1997年版，第516页。

[4] Henry Hansmann and Reinier Kraakman, The Essential Role of Organizational Law, *Yale Law Journal*, 2000, vol. 110, p. 387.

股东持股比例与其他股东分享。相反，债权人从自己监督行为中会获得更大的收益，因为在同一投资领域内的债权人较少。当同一投资领域内的债权人较多并且债务是长期的时候，针对“搭便车”问题的应对策略就是合同信托。当债权人付出的协调成本和信息成本比股东低时，有限责任制度就拥有明显的优势。因为在有限责任制度下，债权人由于承担了更多经营失败的风险，他们更有动力去运用专业知识监督公司运作。❶

布莱恩·R. 柴芬斯（Brian R. Cheffins）将有限责任制度的积极意义归结为三点：有限责任有助于证券市场的运作；有限责任可以起到分配企业失败风险的作用；有限责任有助于解决投资者的担心。❷

---

❶ ［美］弗兰克·伊斯特布鲁克、丹尼尔·费希尔：《公司法的经济结构》，张建伟、罗培新译，北京大学出版社2014年版，第53页。

❷ 第一，有限责任有助于证券市场的运作。它强调由于有限责任在剥离了出资者对资产的控制权和支配权的同时又赋予其随时赎回投资的权利，因此对于投资者而言拥有一个多样化的股票包是一个合理的较少风险的选择。如果要求股东对公司的债务承担连带责任，那么拥有越多的股票就意味着风险越高，投资于多家公司将是不明智的选择。投资者对公司的关注及选择将极大地活跃证券市场。第二，有限责任可以起到分配企业失败风险的作用。有限责任可以有助于将风险从弱风险承担者分配到有较强承担能力的人身上。与公司的股东相比，债权人是更有优势的风险承担者。首先，债权人更有能力估计风险。以银行为例，银行评估风险的成本要比股东评估风险的成本低，因为股东可能很少知道或全然不知道他投资的企业的情况，并且可能面临着很高的发现情况的信息成本。其次，银行可以通过多样化的投资组合抵消公司遭受的任何风险，因此作为债权人的公司可以比股东有更强的抵御风险的能力。当交易双方都厌恶风险时，最理想的契约安排，应是双方都承担风险。有限责任就是这样一种风险分担的制度安排，这种制度安排下，股东和债权人都要承担投资失败的风险；而在无限责任制度下，几乎所有风险都由股东来承担了。第三，有限责任有助于解决投资者的担心，因为他们知道，在没有特殊的情况时，他们无需用个人资产清偿公司对外所负的债务，公司的债权人也不可能穿透公司而向公司的投资者进行追偿。［加］布莱恩·R. 柴芬斯：《公司法：理论、结构和运作》，林华伟、魏旻译，法律出版社2001年版，第535－540页。

美国学者弗兰克·伊斯特布鲁克（Frank Easterbrook）将有限责任制度的作用表述为：有限责任降低了监督代理人的必要性；降低了监督其他股东的成本；促进股份的自由转让，有限责任能够使经理更加有效率地管理公司；有限责任使股票的市场价格有可能反应更多的关于公司价值的其他信息；有限责任可以提高多元化投资的效率；有限责任能够让投资者更易作出最优的投资决策。❶

朱锦清老师将有限责任的优点归结为：能够吸引个人投资者，聚集大量社会闲置资金，形成生产力，从而推动社会经济的发展；便于股东将经营管理权交给懂经营善管理的专业人才，从而形成一个职业经理阶层和职业经理市场，促进了社会的专业化分工；从社会整体角度，减少了监督成本；促进了股份流通和股票市场的形成；便利投资者投资多样化；尤其重要的是鼓励商业冒险和企业家精神。❷ 尽管这些特点不一定在所有公司里全部表现出来，尤其是一个较小的有限责任公司，但并不影响有限责任的功能发挥。

还有诸多学者对有限责任的优势进行阐释，但几乎都集中在以下几个方面：首先，有限责任保护了股东财产利益，提升了公司融资的便利度；其次，因为有限责任带来的所有权与经营权分离，引入了较为专业的职业经理人，提升了公司的管理水平，降低了监督成本；再次，有限责任中蕴含的公司财产独立性，使得公司股份的价值只与公司利润有关，也提升了股权流动的便捷性；最后，有限责任优化了投资者的投资策略。

有限责任公司产生以后，以其惊人的魅力，在世界各国发展

---

❶ ［美］弗兰克·伊斯特布鲁克等：《公司法的逻辑》，黄辉编译，法律出版社 2016 年版，第 274－278 页。

❷ 朱锦清：《公司法学（上）》，清华大学出版社 2017 年版，第 169－170 页。

起来了，数百年来为人类商业文明的发展起到了举足轻重的作用，对各国的经济发展发挥了巨大的作用。

（二）有限责任的消极效应

有限责任提高了资产不足以清偿债权人请求权的可能性，公司股东获取了风险活动的所有收益，却无须承担所有成本，其中部分成本由债权人承担。有限责任的批评者们非常关注此种道德风险——有限责任创造了将风险活动的成本转嫁给债权人的激励。[1]

首先，股权和债权的本质区别导致了股东与债权人之间的利益冲突。“除非双方重新协商，不管公司业绩如何，贷款人的回报不会变化。这是债务的一个标准特点：一个债务人的回报不随公司财富的变化而变化，这点与股东不同”。因此，股东有用债权人的资金进行赌博的动力。高风险、高回报的冒险就是“正面我们赢，反面债权人输的现象。”[2] 股东冒险投资的结果只有成功和失败两种情况。如果冒险成功，由于股东享有剩余财产请求权，即股权的剩余本质，股东在公司经营取得营利时便会取得最大利益的回报。而如果冒险投资失败，公司对债权人违约的风险就会大大提高，由于股东仅对公司债务承担以投资额为限的责任，故股东不会失去比他们投资所付出的金额更多的资金。由此，有限责任制度下潜藏着难以消除的道德风险因素，即公司可能将经营风险过度地转移到公司外部——债权人那里。在法律对公司股东缺乏有效的约束机制时，这种诱因将会导致股东出资不足、抽逃资

---

[1] ［美］弗兰克·伊斯特布鲁克、丹尼尔·费希尔：《公司法的经济结构》，张建伟、罗培新译，北京大学出版社2014年版，第49页。

[2] ［加］布莱恩·R. 柴芬斯：《公司法：理论、结构和运作》，林华伟、魏旻译，法律出版社2001年版，第84页。

金、逃避法律义务或契约义务等侵害债权人利益的行为。

其次，虽然有限责任制度将公司的风险由弱风险承担者（股东）转移至相对较强的风险承担者（债权人）那里，但强与弱之分也是相对的。债权人可以分为以下四种：[1] 第一，交易债权人。他们为公司提供商品和服务但并不要求公司立刻付款从而取得债权；第二，机构贷款人。银行是这种类型中最重要的金融提供者；第三，持有公司发出的付款证明的人。具有代表性的就是债券持有者；第四，非自愿债权人。由于公司的侵权行为对第三人造成的权利侵害使第三人成为公司的债权人。前三种债权人可以统称为公司的积极债权人，而第四种债权人被称为消极债权人。在这四种债权人中，实力最强或者承担风险能力最强的债权人应该为机构贷款人，因为他们可以通过跟多个债务人进行多样化交易、要求债务人提供担保、提高利率或者进行债权保险等手段来增强自己的风险抵抗能力，但这一部分债权人在所有债权人中所占的比例是相对较小的。另外两种积极债权人就很难通过上述手段来保护自己。在有限责任的框架下，虽然公司的积极债权人可以通过与股东利益配置的方法保护自己，使其权利受侵害的风险相对降低，可仍然无法避免利益的损失。与之相比，那些由于意外因素而被动地成了公司债权人的消极债权人，他们的利益损失风险则更大。

（三）关联公司对有限责任提出的挑战

"制度约束力具有扩散性和消散性，在开始实施时，制度约束力很强，缺陷不明显，能够很好地实施既定目标；但是随着时间

---

[1] ［加］布莱恩·R. 柴芬斯：《公司法：理论、结构和运作》，林华伟、魏旻译，法律出版社2001年版，第72－73页。但布莱恩·R. 柴芬斯对公司债权人只进行了前三种分类。

的推移，由于前提和条件发生变化，制度的适用性就会受到挑战。”❶ 在有限责任制度的指引下，公司为了获得信用可以将其从事的不同经营活动隔离起来。股东可以通过分别设立从事不同行业经营活动的子公司，使与每家公司相关的资产非常便捷地转化为与每家公司从事交易活动的债权人的担保财产。在通常情况下，这些债权人均可轻松地监督与跟踪债务人公司的资产变动状况，而要监督其他关联公司的资产变动状况则心有余而力不足。因此，有限责任制度使得股东设立公司及子公司的活动成为股东与具备风险负担能力的公司交易伙伴共担交易风险的手段。❷

随着经济的发展，关联公司的出现使得有限责任制度成为股东、特别是控股股东牟取法外利益的工具，成为控股股东（通常是控制公司）掩盖非法利益的合法手段，从属公司债权人利益保障的“瓶颈”。有限责任制度之创设目的在于区分股东财产和公司的资产，使股东不至于因投资失败而遭受灭顶之灾。因为，如果公司失败又有大量债务，对企业债务负责的个人投资者在财务上就会被摧毁。❸ 然而，在关联公司出现之后，有限责任制度却成为控制公司逃避债务的有效法律手段。有限责任惠泽不经营业务的终极投资者，在关联公司中主要表现为参与企业经营管理的控制公司，而该控制公司没有放弃投资的所有权，又怎能享受有限责任的待遇呢？由于有限责任制度设计的前提和基础在关联公司中

---

❶ 徐向艺、孙召永：“论母子公司制条件下有限责任制度”，载《东岳论丛》2002年第1期，第16页。

❷ ［美］莱纳·克拉克曼、［英］保罗·戴维斯、［美］亨利·汉斯曼等：《公司法剖析：比较与功能的视角》，刘俊海、徐海燕等译，北京大学出版社2007年版，第11页。

❸ ［加］布莱恩·R. 柴芬斯：《公司法：理论、结构和运作》，林华伟、魏旻译，法律出版社2001年版，第536页。

受到颠覆性的影响，其制度功能也受到前所未有的挑战。

在关联公司经营模式下，从属公司的内部权力系统的独立性已经遭到破坏，其结果必然直接害及本公司的债权人。企业集团对成员公司利益的侵害来源于“集团的商业目标和特定公司的商业目标之间的固有冲突”。❶ 关联公司集团如果要实现利润的最大化，并不直接等于集团内所有公司的利润都能实现最大化，甚至个别公司还会有利益受损的情况。因为关联公司集团内部的公司必须服从集团利益的整体安排。所以，关联公司往往利用有限责任制度的庇护，以达到逃避债务等非法目的。正因为如此，有限责任制度在关联公司中的滥用遭到了许多学者的批评，有学者指出，有限责任制度起初是为保护自然人依法设立的公司股东创造的。当公司股东结构由单纯的自然人结构进化到自然人与法人并存的复合型结构时，有限责任制度所赖以构建的原始基础已大打折扣。兰德（Lander）教授也认为：“有限责任从来都没有意图保护一个母公司以避免其对子公司的债务负责。”❷

综上所述，在关联公司模式下，法人人格独立制度和有限责任制度的产生前提条件已经遭到破坏，那么该制度设计之初保护投资者利益这一目标也必然要受到挑战，应该对其重新进行评价和检讨。因此，当关联公司破产时，法人人格独立制度和有限责任制度就不能简单地适用。当满足特定的条件，可以通过司法程序重新配置债权人之间的权利义务，运用衡平手段实现个案中的个别公平和正义。为了实现该目标，我国必须完善关联公司破产债权人的法律保护制度。

---

❶ 施天涛：《关联企业法律问题研究》，法律出版社 1998 年版，第 29 页。

❷ Jonathan M. Camder, *A Unified Approach to Parent, Subsidiary, and Affiliate Questions in Bankruptcy*, NewYork: Harvard University Press, 1986, p. 619.

CHAPTER 02 >>

第二章 关联公司破产法律制度的规制目的

第一节 规制关联公司破产利益冲突的制度性质：衡平性

衡平作为一个法律原则，具有两层意义：一为衡平的机能在于缓和严格的法律；二为衡平系就个案通观相关情事，个别化地实现个案正义。[1] 衡平的基本原则是按照“真正的正义”或“理想的正义”的要求不严格地遵守规则。特别是在非常情况下，正义原则可能要求违反严格的规则。而平衡在法律理论的不同语境下有着不同的含义。在博弈论中，平衡常常指“纳什均衡”，“非合作博弈”中一个稳定的点或参与者策略结合导致的一种状态，在此种状态下，没有参与者可以通过改变自己的策略而提

[1] 王泽鉴：《民法学说与判例研究（八）》，中国政法大学出版社2005年版，第23页。

高自己的地位。平衡在通常用语中的使用和博弈论中的使用一样，都不是指一个稳定的结果。[1]由此，平衡是一种状态，一种最佳状态的结合点；而衡平主要是一种手段，通过该种手段实现矫正正义。因此本书选择使用“衡平”一词，用于解读在关联公司破产中，对被个别当事人扭曲的利益失衡结果予以修正的状况。

一、衡平性的解读

至14世纪末，英国皇家法院的诸多判决都因为证人受贿、诉讼程序的作弄或对手的政治影响而备受质疑。实体法律制度的过于教条和不完善，程序法律制度的过于原始和形式化，往往使得败诉一方对法律充满了怀疑，他们向国王提出请求，请求国王依据道德以及良心评判，而非依据法律评判，同时要求对方也根据道德和良心的要求行事。国王常常把这种请求交给他的最高行政官员——大法官来处理。因为大法官被认为是“国王良心的维护者”，早期的大法官多为神职人员，断案多凭良心上的公平，不受普通法的拘束，诉讼程序不具有正式的形式。正因为大法官是依自己的良心就个案而判决，故时常发生矛盾冲突，造成所谓“衡平依大法官的脚之长短而异”。[2] 最终，大法官在无数次的处理相关案件的过程中，总结普通法上没有的规则制度，就具体案件的实际情况，通过判决发展起来一套复杂的特别规则，这些规则就是自15世纪至今一直称作“衡平法”的规则。

在15世纪，大法官在某种程度上是根据自己认为合适的方式

---

[1] ［美］布赖恩·H. 比克斯：《牛津法律理论词典》，邱昭继、马得华、刘叶深等译，法律出版社2007年版，第66页。

[2] 王泽鉴：《民法学说与判例研究（八）》，中国政法大学出版社2005年版，第19页。

处理案件；裁决结果带有当时担任此职的僧侣个人很强的倾向性。但从1529年托马斯·莫尔（Thomas More）作为第一任世俗大法官担任此职后，衡平法审判逐渐仿照普通法的模式发展出一套自己的规则和学说，当类似的事实情节出现时，大法官便求助于这些规则和学说。起初，这些规则和学说很不稳定。到16世纪末，大法官的判决开始定期公布，随后不久，他便感到差不多像普通法法院那样受自己先例的约束。大法官的活动越来越被视为具有司法的性质，他的办事机构变成了独立的衡平法法院。起初，大法官是独任法官，但从1730年开始，他便由他的直接下属即衡平法院案卷主事官扶助。毫无疑问，在18世纪，像普通法规则一样，衡平法法院适用的规则即“衡平法”，也是通过判例确立的并变成技术性的法律规则。❶ 1873—1875年英国的司法改革废除了普通法法院与衡平法法院不同的管辖，重组英国法院体系，使当事人得在同一法院、对同一诉讼主张普通法与衡平法上的救济。

衡平法不是独立自足的法律体系，而是普通法的补充和诠释，以普通法的存在为前提，补充普通法的不足，给予新的救济方法，尤其是可以缓和普通法的严格性。❷ 梅特兰在其《衡平法》一书中曾这样评价过衡平法：“我们不应认为普通法与衡平法的关系是两种矛盾制度之间的关系，而应把两者看作是法典与法典补充条款之间的关系、正文与注释之间的关系。我们应进一步记住，衡平法不是一种自立的制度——它几乎根本不是一种制度——而是一些补充性规则的集合。我们可以认为，普通法是一种完整的制度，

---

❶ ［德］K. 茨威格特、H. 克茨：《比较法总论》，潘汉典、米健、高鸿钧等译，法律出版社2003年版，第281－282页。

❷ 王泽鉴：《民法学说与判例研究（八）》，中国政法大学出版社2005年版，第19页。

如果衡平法法院的衡平审判权被撤销，仍有法律适用于每个案件，尽管这种法律可能有些粗糙，它不能完全适应我们时代的需要，但我们对每个案件毕竟有法律可适用。与此相反，如果废除了普通法，衡平法必定不复存在，因为它在每一点上都以庞大的普通法本体的存在为前提。”❶

由此，衡平法规范是依托于普通法规范而存在的，离开普通法，衡平法规范没有任何意义；而衡平法规范的存在则辅助普通法规范更好地实现法律的公平、正义与效率的要求。

二、相互冲突利益调整之工具

日本学者大隅健一郎认为：“无论是在理念上还是在现实上，股份公司都是股东利益、公司债权人利益、社会公共利益等各种利益的错综物，不仅这些利益本身屡有矛盾对立，而且各利益内部也还包括了利益抗争的可能性……在这样的矛盾对立中努力寻求真实的形式，乃是股份公司立法的任务。”❷

英国学者彭宁顿（Pennington）提出：“当一个人作为另一个人的代表行事时，如果在他接受委托时，或在事后他担任了第三人的代表或与之有重大的个人利益，而这种利益的存在可能产生这样一种实质性的危险，即他可能不为他所代表人的最大利益服务，在这种情况下，他就处在一种利益冲突的位置。”❸

在单体公司中利益的冲突是无处不在的，在关联公司破产时，

---

❶ ［德］K. 茨威格特、H. 克茨：《比较法总论》，潘汉典、米健、高鸿钧等译，法律出版社2003年版，第285页。

❷ 转引自梁上上：“股份公司发起人的责任”，载《法学研究》1997年第6期，第89页。

❸ 柳经纬、黄伟、鄢青：《上市公司关联交易的法律问题研究》，厦门大学出版社2001年版，第12页。

就像上一章所分析的利益冲突表现得更为复杂和激烈。法律的主要作用之一就是调整上述种种相互冲突的利益，以及对它们的先后顺序予以安排。庞德认为，法官应当了解其责任的性质并应当在他所能得到的最佳信息的基础上尽全力完成其职责，而其最终目的，便是尽可能多地满足一些利益，同时使摩擦降低到最小限度。法律除了可以运用黑白分明的做法明确保护一方的合法权利，同时否定另一方的权利，还可以运用相对平和的手段。在英美衡平法中，当事人各方相应的地位并不是简单明了的对或错；双方当事人可能都是部分对部分错，因此采取一种妥协或相互调整的形式可能要比“二者取其一”的方法更为可取。

在关联公司破产中，较为典型的情形是从属公司破产，而控制公司未破产。如若严格依其法律规定，那么必须尊重独立的法人人格制度和有限责任制度，不管控制公司与从属公司之间存在多少正当的、非正当的关联交易，法律都必须视而不见，因为在法律上控制公司与从属公司都分别具有自己独立的人格，二者是独立的。由此，在一方当事人（从属公司）破产时，并不会牵涉到拥有关联关系的另一方当事人（控制公司）。虽然控制公司已经通过种种关联交易的手段转移了从属公司的财产，但从属公司的债权人在法律面前却无法找到捍卫自己权力的武器。这样的法律规定难讲公平、正义。而衡平规范的出现，则有效缓解了刚性法律的严苛。当然，衡平规范也不会十分严苛地要求关联公司必须一并破产，而是根据不同情况，由法院来衡平双方当事人之间是否真的存在有不当的利益移转的行为；是否存在有一方当事人受益，而另一方当事人遭受损失的情况；受损失的结果与受益的行为之间是否有关联等因素。最终作出与其存在着关联关系的控制公司是否应该对从属公司的债务承担责任或者控制公司是否必须劣于从属公司的债权人而受偿债权的决定。

第二节　规制关联公司破产利益冲突的价值取向：公平兼顾效率

效率是以自由而公平的竞争为前提的，市场经济条件下各主体之间只有以平等的资格，被赋予尽可能广泛地追求利益的自由，才能在平等条件下公平竞争，才能激发和保证持续的效率。[1] 法律的基本任务是在不影响基本社会公平的基础上协调不同主体的利益冲突。而不同主体利益的协调问题，也就是效率与公平的协调问题。[2]

一、正义原则要求的利益平衡

（一）正义原则的阐释

在中文里，正义即公正、公平、公道。[3] 现实生活中，言及正义多在道德层面上，用人们头脑中的正义、公平观来评判某一事件，故每个人在生活中都有自己的正义观。对道德上正义观的经典陈述为：同样情况同样对待。道德方面对正义的评判基本上可与好和坏相雷同。而在法律层面上，公平即为正义的实质内涵。同时，正义有着一张普洛透斯似的脸，变幻无常、随时可呈现不

---

❶ 张文显主编：《法理学》，高等教育出版社、北京大学出版社 1999 年版，第 247 页。

❷ 孙国华主编：《法理学教程》，中国人民大学出版社 1994 年版，第 109－110 页。

❸ 张文显主编：《法理学》，高等教育出版社、北京大学出版社 1999 年版，第 251 页。本书使用的正义和公平概念同义。

同形状并具有极不相同的面貌。[1] 由此，各国的法学家对正义都有过精彩的论述。

查士丁尼《民法大全》提出的并被认为是古罗马法学家乌尔比安（Ulpian）首创的一个著名的正义定义，其表述为“正义乃是使每个人获得其应得的东西的永恒不变的意志”。[2] 圣·托马斯·阿奎那把正义描述为“一种习惯，依据这种习惯，一个人以一种永恒不变的意志使每个人获得其应得的东西”。[3] 上述两个正义的概念均是从主观角度出发，是一种善意的正义，是追求正义社会的目标，可以理解为一种正义的理想状态。

比利时的法哲学及道德哲学家佩雷尔曼（Perelman）将正义的思想归结为：正义意味着平等处理所有事物，只要他们在一定的观点上相同。正义是一种行为原则，据此，必须以相同的方式处理属于同一事物范畴的事物。佩雷尔曼的正义概念仅对正义的外在形式进行了归结，并没有指正正义的实质性内涵，就连其自己在后期也对此概念提出异议：“作为实现正义之前提要件的价值及规范，其究竟能够作为合理的深入研究的课题，或者只是吾人欲望或利益的表达？应如何说明此等价值、规范的依据？如何以概念来掌握实践理性的理念？”在其后的文章中，他再一次论述了正义：因为正义的形式原则要求相同的处理方式，它可以保障可预见性及安定性。它使得“法秩序可以前后一贯的、稳定的发挥功能。如是实现的秩序本身也必须是正当的”。由此，拉伦茨总结

[1] ［美］E. 博登海默：《法理学：法律哲学与法律方法》，邓正来译，中国政法大学出版社 1999 年版，第 252 页。

[2] ［美］E. 博登海默：《法理学：法律哲学与法律方法》，邓正来译，中国政法大学出版社 1999 年版，第 264 页。

[3] 转引自［美］E. 博登海默：《法理学：法律哲学与法律方法》，邓正来译，中国政法大学出版社 1999 年版，第 265 页。

道：佩雷尔曼的贡献主要在于使“正义”概念的讨论，再度成为一项应当严肃面对的学术课题。[1]

哈特认为应该在以下两种语境中论述公平：一是当我们关注的不是单个人的行为，而是个人组成的阶层被对待的方式时，以及当某种负担或利益在他们中间分配时。所以，典型意义的公平或不公平就是“份额”。二是某种程度的侵害由人作出从而补偿或赔偿请求被提出来的时候。[2] 即哈特将正义等同于公平，并且将其分为分配正义和矫正正义。在分配正义中，哈特强调原则上同等情况同等对待，但也可以因为具有明显理由而实施差别对待。而矫正正义的运用是为了恢复强者无视道德并利用自己的力量伤害他人所破坏的平衡或平等秩序。即当一条分配正义的规范被一个社会成员违反时，矫正正义才开始发挥作用，因为在这种情况下，要求对过失作出赔偿或剥夺一方当事人的不当得利，就势在必行了。矫正正义通常是由法院或其他被赋予了司法或准司法权力的机关执行的。

罗尔斯指出，一个社会无论效率多高，如果它缺乏公平，则我们不能认为它就比效率低但比较公平的社会更理想。在约翰·罗尔斯的《正义论》中提出了“公平的正义”的观点。“公平的正义”这种表述并不意味着“公平”和“正义”这两个词是等同的，实际上他的主张是正义原则是在一个“公平”的原初状态（人们在不知道自己与生俱来的特征、社会地位以及持有什么样的关于善的观念的情况下）下人们通过同意产生的。原初状态的公平性

---

[1] ［德］卡尔·拉伦茨：《法学方法论》，陈爱娥译，商务印书馆2003年版，第51－53页。

[2] ［英］哈特：《法律的概念》，张文显、郑成良、杜景义等译，中国大百科全书出版社2003年版，第156页。

在于交易者们不具有任何扭曲他们决定、使其偏向于自己特殊状况的信息。罗尔斯进一步解释到正义的对象是社会的基本结构——用来分配公民的基本权利和义务、划分由社会合作产生的利益和负担的主要制度。罗尔斯进一步给出了正义的两个原则：第一，每个人对与其他人所拥有的最广泛的基本自由体系相容的类似自由体系都应有一种平等的权利；第二，社会的和经济的不平等应这样安排，使他们被合理的期望适合于每一个人的利益；并且依系于地位和职务向所有人开放。[1] 其中第一个原则强调的是社会公平，公平要求所有人是一律平等的，因为一个正义社会中的公民拥有同样的基本权利；而第二个原则强调的是分配正义，适用于收入和财富的分配。虽然收入和财富的分配无法做到平等，但它必须合乎每个人的利益，同时，权力地位和领导性职务也必须是所有人都能进入的。正义原则要通过调节主要的社会制度，来从全社会的角度处理这种出发点方面的不平等，尽量排除社会历史和自然方面的偶然因素对于人民生活前景的影响。

另一位美国哲学家诺齐克（Nozick）则提出持有正义的权利理论。所谓持有正义是指一个人的财务持有的来源是正当的，就是“起点公平”，凡是通过剥夺、欺诈得来的持有都是不合法的，只要持有的来源或在任何一个环节上是不正义的，那么这个持有就是不正义的，因此要追溯既往。[2]

社会正义之所以成为首要之正义，乃是因为它相对于其他领域或层面的一切正义具有实质性，且相对于法律形式上的分配正

---

[1] ［美］约翰·罗尔斯：《正义论》，何怀宏等译，中国社会科学出版社2006年版，第60页。

[2] ［美］罗伯特·诺齐克：《无政府、国家与乌托邦》，姚大志译，中国社会科学出版社1991年版，转引自吴敬琏：《当代中国经济改革》，上海远东出版社2000年版，第397页。

义具有母体性。[1]

（二）正义（公平）原则——破产法的基本原则

破产清算制度旨在利用法律规定的方法，强制将债务人的全部财产以一定程序变价及公平分配，以便一次性了结债务人的全部债务。其功能重在合理分配债务人的破产财产，目的是实现对全体债权人的公平保护。虽然有人认为公平原则是破产法的基本原则[2]，但也有人表示反对[3]。但对破产法需要坚持公平原则，所有人都没有异议，各国破产立法及国际破产法规则中均一致认同破产的主要目的是公平的清偿债务。本书亦持公平原则为破产法的基本原则的观点。当企业陷于破产窘境时，有限的破产财产与众多权利主张之间的矛盾是最基本的、最突出的矛盾，由于不可能全部满足所有的权利主张，因此如何在债权人之间进行公平的破产财产分配便是破产法最重要的事情了。

美国破产制度发展经历了从单纯保护债权人的利益，再到债权人与债务人的利益并重，最终到债权人、债务人与其他利益相关人的利益均衡保护的过程。1978 年《美国破产法》改革，将重组加入破产法典，是对破产立法目标的最充分体现。破产法上多元立法目标的设定或许在眼前有损于特定案件中的债权人利益，但从维持经济的整体繁荣、社会的动态稳定、信用的良性循环等长期效用考虑，会使社会上所有的债权人受益。[4]

---

[1] 张文显主编：《法理学》，高等教育出版社、北京大学出版社 1999 年版，第 254 页。

[2] 郑远民：《破产法律制度比较研究》，湖南大学出版社 2002 年版，第 25 页。

[3] 齐树洁主编：《破产法研究》，厦门大学出版社 2005 年版，第 66 - 67 页。

[4] 韩长印：“企业破产立法目标的争论及其评价”，载《中国法学》2004 年第 5 期，第 80 - 83 页。

在英国，一部良好的现代破产法的目标应当是：第一，承认破产法所产生的影响并不局限在破产者与其债权人之间的私权利益范围内，它对社会及其他社会组织也将产生较大的影响，因而对这些利益也应给予承认和保护；第二，为保存那些能够为国家的经济发展做出贡献且有盈利能力的企业提供法律上的措施。❶

1979年前后，意大利曾对国有大企业以及国家基金资助的大企业制定了一个特殊的由政府监控的处理程序，宗旨就在于不惜一切代价以避免企业被清算，不论这种代价是落在私人头上还是落在国家头上。❷

《法国商法典》第620－1条规定："为使企业得以保护，企业的活动及就业得以维持，企业的债务得以清偿，设立司法重整程序。司法重整在观察期结束后按照司法判决裁定的方案实施。该方案或规定企业继续生存，或规定该企业实施转让。企业已停止一切活动或重整已明显不可能时，得不经观察期宣布进行司法清算。"❸ 为达到这个目的，该法将一切问题的决定权全部交由法院行使，由法院来决定破产程序是继续还是终结，抑或将破产程序转换为重整程序。

2002年5月31日生效的《欧盟理事会破产程序规则》第21条规定，在共同体内有惯常居所、住所或者登记办事机构的每个债权人，均应有权在每一个共同体内部正在进行的涉及债务人资产的破产程序中申报债权。该规定应适用于税务机关和社会保险

---

❶ ［美］大卫·G. 爱泼斯坦、史蒂夫·H. 尼克勒斯、詹姆斯·J. 怀特：《美国破产法》，韩长印等译，中国政法大学出版社2003年版，第19页。

❷ 李飞主编：《当代外国破产法》，中国法制出版社2006年版，第86页。

❸ 李飞主编：《当代外国破产法》，中国法制出版社2006年版，第358页。

机构。然而，为确保对债权人的平等对待，对收益的分配必须是同等的。每个债权人应能够保有其在破产程序中获得的财产，但应只有在同样地位的债权人获得其债权的同样比例分配的情况下，才有资格参与另一破产程序的资产分配。❶

世界银行在《有效的破产和债权人权利制度的原则和指南》规则6解释中指出："关于管理董事和高级职员对其在企业处于财务困境或破产清算下作出有害于债权人的决定承担责任的法律规制，将有助于增进有责任感的公司行为并培育理性的风险决策。"❷

在联合国国际贸易法委员会编著的《破产法立法指南》中，列举了有效力和高效率破产法的关键目标中第4项规定，确保对处境相近的债权人给予公平待遇；该指南第5项规定："及时、高效并公正地解决破产事务。"该指南第6项规定："保全破产财产以便公平分配给债权人。"❸

破产监管人国际协会发布的报告中也明确指出："破产程序提供了一次绝无仅有的良机，以检验破产的公司是否存在欺诈或者有违管理职责的情况，以便将作奸犯科者绳之以法。"

破产清算程序的核心即集中公平清算债务，因此，许多制度的设计目的都是保证破产程序的公平进行。如对破产宣告后的个别清偿行为的禁止和对破产临界期间内的偏颇性清偿的撤销；破产财产统一由破产管理人集中管理；破产财产通常情况下通过变

---

❶ 《欧盟理事会破产程序规则》，贺丹译，载《环球法律评论》2008年第1期，第120页。

❷ The World Bank, Principles and Guidelines for Effective Insolvency and Creditor Rights Systems, 2001, Principle 6.

❸ 联合国国际贸易法委员会：《破产法立法指南》，联合国国际贸易法委员会纽约办事处2006年版，第11-12页。

卖进而按比例对债权人进行公平清偿；破产抵消权行使的两项相互抵消的债权只能发生于破产宣告之前[1]；破产的清算工作应该在

[1] 上海法院曾经审理过一个破产抵消权争议案件，具有非常典型的意义。1998年，上海证券报与中信实业银行上海分行（以下简称上海中信）签订借款合同，由上市企业上海东方博览中心有限公司（以下简称博览中心）提供其位于华能大厦的房产作为抵押，并办理公证与抵押登记。银行依约发放贷款3 000万元。2000年1月，博览中心申请破产，法院裁定宣告破产。2000年8月，因上海证券报未归还贷款，博览中心提供的抵押房产被转让，累计还贷款1 840万元。博览中心因此取得对上海证券报1 840万元的债权。上海证券报申报的破产债权共为4 100万元。上海证券报对其中1 840万元主张抵消权，要求以2 260万元参加破产分配。浦东新区人民法院认为，1 840万元债权形成于博览中心破产宣告后，不符合破产抵消权的规定，裁定对上海证券报所欠博览中心的1 840万元与博览中心原欠上海证券报的债务不予抵消。该案在审理过程中，对于是否准予抵消发生争议。争议的焦点在于对《最高人民法院关于审理企业破产案件若干问题的规定》第60条的理解。一种意见认为，尽管博览中心对上海证券报的追索权形成在破产宣告后，但博览中心在破产前已经将房产设置抵押，应当允许上海证券报行使抵消权，理由是：(1) 破产人用于抵押的财产不属于破产财产，允许追索权被抵消不损害其他债权人的利益；(2) 博览中心在破产前已经将其房产为上海证券报设定抵押，意味着博览中心对上海证券报的追索权必然随抵押权的实现而产生，因此博览中心对上海证券报的追索权在破产前已经有了产生原因；(3) 破产法允许保证人在债务人破产情况下以将来可能承担的保证债务在破产程序中申报债权，即意味着破产程序将或然债务视为现实债务。上海证券报对于博览中心负担的在抵押权实现后受追偿的或然债务也可以在博览中心破产情况下视为现实债务，从而认为在破产前已经发生，可以与博览中心破产前所欠的债务抵消；(4) 从担保债务的设置看，必然具有时滞性特点，因担保产生追索债权的情况应作为破产抵消权有关自动债权与被动债权均应当产生于破产宣告前条件的例外。另一种意见认为，上海证券报主张抵消的申请并不符合抵消权构成要件。理由是：(1) 破产人以自己财产为他人设置担保后的追索债权构成破产财产，是否被抵消、放弃将影响其他破产债权人的利益；(2) 抵押人对债务人的追索权产生在抵押权实现之后，并且追索权的数额也取决于保证人、抵押人、质押人所清偿的债的数额，所以，设定抵押不是追索权产生的原因；(3) 允许对破产债务人破产宣告后获得的债权进行抵消将损害其他债权人的利益，容易导致债务人逃避债务和产生破产债权不公平受偿的后果。尽管案件的裁判结论早已经作出，但两种观点之间的争议显然是有意义的。抵消权是为了债权人、债务人之间的利益平衡而确立的，无论是自动债权（主动债权）或是受动债权（被动债权）都应当在破产宣告前发生才能被认为是适格的债权。破产抵消权的适用对于

法院的监督下完成，等等。一切制度的设计目的均在于保证破产法的实体公正。

破产法的实体公正还需要破产的程序公正予以配合才能真正实现。因为，程序的功能不仅在于实现实体法内容，其本身就具有重要的意义，这就是通过程序实现正当化，即程序过程本身能够发挥正当性的重要作用。这样的作用包含两个方面："一是在程序进行后蒙受不利结果的当事者由于程序正当而接受不利结果；二是对社会整体产生正当化效果。为实现程序正义，程序应该确保利害关系者参加，程序应该具备保证利害关系者实质性参与的所有要素，程序参加的结果应当公示。"[1]破产法中同样设计了诸多制度以实现破产法的程序正义。如破产法中的债权申报制度；债权人会议的召开；破产管理人的选定制度等无不体现对利益相关者实质性参与的保障，均体现了程序的透明、公正。

公平清偿是破产法的灵魂，而集体受偿原则是公平清偿的有效实现形式。即在管理债务人资产和处理债权人请求时，不必考虑资产取得和债务发生的时间顺序。破产法运行的进一步特点则

（接上页）破产债务人而言并不导致利益的增减，但对于其他破产债权人而言，是否允许抵消将产生直接的影响。法律为什么规定受动债权必须是在破产宣告前发生呢？实际上，除抵消权、取回权、别除权以外，所有破产的破产财产都在严格的破产程序内进行。破产宣告后发生的债务通常纳入破产共益费用范畴，在清算过程中即时清偿。也就是说，破产宣告后，破产人不可能因为自己代为清偿行为而产生新的追索债权（仅指合意债权，非合意债权除外）。假定清算组的行为是正当的，那么，破产人追索债权的债务人的债务就具有正当性，而利用自己的债权对正当的债务予以抵消也就具有合理性。从理论上分析，债发生的原因是否在破产宣告以前、导致债发生的主体是否是破产人（而不是破产管理人）同样是考虑是否准予抵消权行使的重要理由。

[1] ［日］谷口安平：《程序的正义与诉讼》，王亚新、刘荣军译，中国政法大学出版社1996年版，第8页。

是它旨在体现道德正当性的独特理念，这种道德正当性贯穿在债权人与他们的无力偿债的债务人的关系中，也贯穿在作为一个群体的债权人当中。公司法律人格的独立性是以其经济上的独立性为基础的。对于关联公司破产的情形，子公司的法人资格被滥用，已然成为关联交易的工具，如果集体受偿原则仍然限于各个具有独立人格的成员公司自身范围，那么，集体受偿原则所追求的公平和正义是不可能得到实现的。因此，对于关联公司破产的情形，集体受偿原则的“集体”范围应扩大至关联公司债权人的集合。

单体公司破产清算必须遵守公平原则，以实现同一顺位债权人同等对待的公平要求。在关联公司破产情形下，首先破产的单体公司（从属公司或控制公司）本身应遵循公平清偿原则，此意应理解为正义要求中的分配正义。一旦通过揭开公司面纱原则及其他相关制度，要求控制公司对从属公司的债务承担连带责任时，则应理解为是正义的第二层含义，即矫正正义。通过实施矫正正义的司法机关——法院，来矫正已经失衡的相关当事人的合法利益，使其恢复到原初的平衡状态。

二、效率原则要求的利益平衡

（一）效率原则释义

经济学家更热衷于对效率原则的讨论，对效率原则的表述通常体现为帕累托更优。此种效率观以意大利经济学家和社会学家维弗烈度·帕累托的著作为根据。帕累托更优的交易是指它至少使世界上的一人境况更好而无一人因此而境况更糟。帕累托优势准则是所有相关的人都一致同意的。这样的效率概念要求较为苛刻，它要求交易的双方必须是自愿的，而且不能够对第三方产生影响。

这样的交易在现实生活中是较少存在的。因此，在此基础之上，又提出了卡尔多－希克斯（Kaldor－Hicks）标准。该概念是以剑桥学派经济学家约翰·理查德·希克斯（John Richard Hicks）和尼可拉斯·卡尔多（Nicholas Kaldor）的名字命名的，是指在不作重大的人际比较的情况下（如A获得的价值要大于B损失的价值），可以对一些人情况变好、另外一些人情况变坏的境况作出比较。举例说明：如果A将木刻品定价为5美元，而B将其定价为12美元，由此10美元销售价的交易就创造了7美元的收益（A多获得了5美元，得到了5美元的境遇改善；而B少支付了2美元，也得到了2美元的境遇改善）。假定这次交易对第三方造成了损害，只要第三方的损失不超过7美元，这就是一次有效率的交易。❶ 卡尔多－希克斯标准也被称为潜帕累托优势：赢利者可以对损失者进行补偿，不论他们实际上是否这样做。卡尔多－希克斯标准并不是要求无人因资源配置之改变而变糟，而是要求增加的价值足够大，因此变糟者可以得到完全的赔偿。卡尔多－希克斯概念受到了很多批评，甚至包括经济学家，都因为它没有保证效用会最大化。事实上，大多数经济学家在作福利判断时，说的都是帕累托更优，而用的都是卡尔多－希克斯标准。❷

效率可被定义为从一个给定的投入量中获得最大的产出，即以最少的资源消耗取得同样多的效果，或以同样的资源消耗取得最大的效果。也就是经济学上所说的“价值最大化”。❸ 英国学者

---

❶ ［美］理查德·A. 波斯纳：《法律的经济分析（上）》，蒋兆康译，中国大百科全书出版社1997年版，第16－17页。

❷ ［美］理查德·A. 波斯纳：《正义/司法的经济学》，朱苏力译，元照出版公司2002年版，第90－91页。

❸ 张文显主编：《法理学》，高等教育出版社、北京大学出版社1999年版，第243页。

拉斐尔指出：效益是一个普遍承认的价值，依据效益原则分配财富是“值得的”，如果资源是稀缺的，就应该分配给最能够使有限资源值最大化者。❶

效率原则还可应用于社会基本结构。对于社会基本结构中某种权利义务的安排来说，只要不可能把规范改变成、把权利义务方案重订成能提高某些代表人（至少一个）的期望而不同时降低另一些代表人（至少一个）的期望，这种安排就是有效率的。❷

（二）破产法的效率目标

破产本身是一种商业制度，需要满足破产效益最大化，没有效益的商业制度是没有生命力的；破产本身是一种利益分配制度，必然需要在破产制度的整体安排中，就如何解决效益问题作出制度设计，要让法律能够最经济、最便利实施，人们普遍运用法律保护自己的权益。❸

破产法是兼顾实体规则与程序规则的法律。对程序规则的关注，必然侧重于民事主体（债务人）在“死亡”的过程中所涉及的当事人的诉讼权利的保障问题，这种关注除了要保证破产债权人的公平受偿，还要考虑破产程序的效率问题。破产程序的效率需要依靠法律的稳定性和可操作性才能有效实现。因为，法律具有稳定性，其效益才能被实现，法律才能被尊重，法律秩序才能得到维护；法律具备可操作性，法律的效益才能被测量，人们才

---

❶ D. D. Raphael, *Justice and liberty*, Athloner press, 1980, p. 95. 转引自张文显：《二十一世纪西方法哲学思潮研究》，法律出版社 1996 年版，第 604 页。

❷ ［美］约翰·罗尔斯：《正义论》，何怀宏等译，中国社会科学出版社 2001 年版，第 70 页。

❸ 李晓安、曾敬：“法律效益探析”，载《中国法学》1994 年第 6 期，第 50 页。

能具有遵守法律的内在动力。

联合国国际贸易法委员会编著的《破产法立法指南》中，列举了高效率破产法的关键目标中第5项指出，破产程序的参与者在实现资产价值最大化上应该是具有高度积极性的，因为这样做有助于提高对全体债权人的分配额，减轻破产造成的负担。为实现这一目标而通常采取的做法是平衡兼顾破产程序所涉当事方之间的风险。例如，对以前交易的处理的撤销权规定可以确保公平对待债权人，并通过为所有债权人的利益追回价值而提高债务人资产的价值。与此同时，对这些交易的处理也会危及作为投资决定关键之所在的合同关系的可预测性，造成破产制度不同目标之间的对立。同样，必须兼顾下述多重方面：一方面是迅速清算，另一方面是作出长期努力，重整企业，从而可能会给债权人创造更多价值；一方面是为保持或提高资产价值而需要进行新的投资，另一方面则是这种新投资对现有的利益当事人造成的代价；一方面是赋予不同的利益当事人不同的权利，尤其是赋予破产管理人自由裁量权，另一方面则是债权人为保证程序和确保价值最大化而对行使自由裁量权加以监督。[1]

欧盟也为达成提高有跨境影响的破产程序的效率的目标，将关于司法管辖、判决认可以及在破产程序中应适用的法律等内容的条款纳入在成员国内有约束力并直接适用的共同体法律规范中，由此形成了《欧盟理事会破产程序规则》。

在单体公司破产时，效率作为其指导原则无可厚非，体现为实体规则的设计，如破产中的财产抵消权制度。对效率原则的体现更多的是诸多程序规则的设计。最为典型的程序制度为重整制

---

[1] 联合国国际贸易法委员会：《破产法立法指南》，联合国国际贸易法委员会纽约办事处2006年版，第10页。

度，重整制度使用的前提就是假定公司维持的财产价值要大于财产清算的价值；再如债务的集中处理程序，破产程序本身也是为了减少单个权利人分别行动、分别处理的成本，在财产清查、债权调查、债务执行等许多方面的程序简化都体现了节省成本的考虑。

在关联公司破产情形下效率原则具体的体现，本书以广东国际信托投资公司（以下简称广东国投）破产案为例进行说明。该案在审理过程中不断面临新的问题，“进入司法程序之前，就遇到广东国投2万多名自然人存款能否先行兑付和九个证券营业部如何处理两个棘手问题。进入破产程序之后，遇到对四个破产案件的债权人申报的467亿债权如何审查确认；对广东国投29家全资子公司如何处置；九家证券营业部8万多股民保证金是否认定为破产财产；母子公司破产财产如何界定；对广东国投对外债权189亿元如何追收；破产程序终结后，追加的破产财产如何分配问题，等等”[1]。但在广东国投进行破产时，广东国投申报全资以及控股公司108家，实际查实为240家，其中全资子公司为29家，最后对于该企业集团下属的广信企业发展公司、广东国际租赁公司、广东国投深圳公司也采取关闭破产措施。对于该三家全资子公司受理破产的主要理由是具有金融业经营范围，而“其他无金融业经营范围的全资子公司不列入破产范围”。[2] 当然，广东国投仅仅对符合破产原因的三家子公司宣告破产，而对其他全资子公司的处理，明确坚持承认子公司的法人独立原则，严格区分投资权益与子公司财产间的差异，由清算组设法收回在全资子公司的投资权益，列入破产财产的范围，表现出基于效益原则的司法谨慎。2002

[1] 吕伯涛主编：《公正树丰碑》，人民法院出版社2005年版，第4页。

[2] 吕伯涛主编：《公正树丰碑》，人民法院出版社2005年版，序言。

年9月1日最高人民法院出台的《关于审理企业破产案件若干问题的规定》中的很多条款，就吸收了广东国投破产案件的司法实践经验。[1] 在破产程序的进行过程中，也充分贯彻破产程序的效率原则。例如，在涉及广东国投的2万多个人储户的5.9亿元存款问题，由于涉及人员广泛，难以通过债权申报、参加债权人会议、债权受偿方式解决，并且面临着一个重要矛盾：如果比照《中华人民共和国商业银行法》的规定对自然人的存款给予优先受偿权，可能引发争议，因为广东国投本身不属于商业银行，无法适用商业银行法的规定，而且广东国投吸收公众存款本身就是违规行为（该存款为高息揽存）；如果否定自然人存款的优先受偿权，将引发严重的社会稳定问题。最后的解决方案是在破产宣告前，由广东省财政先行垫付5.9亿元资金，然后委托中国银行广东分行收购广东国投该资产，中国银行广东分行收购该资产后兑付存款，并在破产程序中申报债权，作为普通债权申报并受偿。既避免了法律冲突，又避免了适合矛盾的激化。又如在破产债权申报登记工作中，由于《中华人民共和国企业破产法（试行）》（以下简称《企业破产法（试行）》）[2] 规定债权人应当向法院申报债权，而实际上由于债权分散，申报登记工作难以由法院完成。最后的做法是将已经进行过有关行政清算工作并办理行政清算债权登记的清算托管组指定为破产清算组，并委托清算组对申报的债权进行登

---

[1] 如《关于审理企业破产案件若干问题的规定》第77条规定，债务人在其开办的全资企业的投资权益应当予以追收，全资企业资不抵债的，清算组停止追收。广东国投破产案件处理过程中，破产清算组组成非破产企业管理办公室对全资子公司进行监管，采取不同方法收回投资权益。

[2] 广东国投破产案件的办理依据的是1995年《企业破产法（试行）》，现行《企业破产法》当时尚未颁布。

记，破产清算组按照法院要求进行债权登记工作。尽管现行破产法规定破产债权申报应向管理人提出，但在当时，这种处理方式上显然是富有创造性的。广东国投破产案中采取的一系列措施，均体现了破产法的效率目标，最有效率地实现债权人利益的最大化。

CHAPTER 03 >>

第三章 规制关联公司破产的基础性法律制度

基础性法律制度是指这些法律制度并非仅仅能够规制关联公司破产，即在非破产法领域、非关联公司破产的场合，这些制度也可以适用。基础性制度主要包括破产撤销权制度、破产无效制度和揭开公司面纱制度。破产撤销权制度与破产无效制度虽然属破产法领域，但其主要适用于单体公司破产，其目的在于平等保护破产债权人的利益。虽在关联公司存在有可撤销的行为时，破产撤销权制度亦可行使，但其功能不足以有效保护破产公司债权人的利益。揭开公司面纱制度并不专属于破产法领域，该制度更多地运用于公司法领域、反不正当竞争法领域、税法领域等，目的在于对滥用公司法律人格的行为予以惩罚，滥用者（股东）要对其行为付出代价，与公司一同承担连带责任。如果关联公司中的控制公司存在有滥用从属公司独立人格的行为，在从属公司进入破产程序时，承办破产案件的法院即可援引该项制度，保护破产从属公司债权人的合法利益。

第一节　破产撤销权制度和破产无效制度

一、破产撤销权制度的理论内涵

破产撤销权制度是破产法中的一项重要制度，它是指破产人在破产宣告前的临界期间内，实施有害于债权人团体利益的行为，破产管理人请求法院撤销该行为、并使因该行为转让的财产或者利益回归破产财团的权利。[1] 一般认为债权人撤销权起源于罗马法上的保罗诉权，因罗马法官保罗（Paulus）所创设的概念而得名，也有人将其译为“保利安之诉”。[2] 后来许多法律都继受了它，有的将其规定在民法典中，如《法国民法典》将其称为“废罢诉权”。日本也将其规定在民法典中，而在德国的民法典和破产法中对其也有规定。现在发展至规定在各国破产法中，只是名称不同而已，如《日本破产法》将其称为否认权[3]，用来区别民法中的撤销权。德国

---

[1] 该定义仅仅代表我国理论界对于破产撤销权的理解，但并不全面。如根据《德国破产法》的规定，破产人和临时管理人作出的有害于债权人利益的行为均可被撤销；《美国破产法》也规定，在不同的程序中，破产撤销权或由破产受托人行使，或由债务人行使；在日本破产法立法和学理上，通常将破产撤销权称为否认权。本书之所以采用此概念，因为在世界各国的破产法关于破产撤销权的定义几乎都涵盖了破产撤销权的行使主体——破产管理人和破产撤销权的行使对象——债权人所为的可撤销行为。参见邹海林：《破产程序和破产法实体制度比较研究》，法律出版社1998年版，第277页。

[2] ［意］彼得罗·彭梵得：《罗马法教科书》，黄风译，中国政法大学出版社1992年版，第407页。

[3] ［日］石川明：《日本破产法》，何勤华、周桂秋译，中国法制出版社2003年版，第175－176页。

称为取消权，在我国和美国都将其称为撤销权。不管名称如何，破产法中的撤销权都意在撤销债务人在破产宣告之前的特定期限内转让财产而损害债权人利益的行为，最大限度地保护一般债权人公平受偿权利的实现。

联合国国际贸易法委员会制定的《破产法立法指南》第148条规定："破产程序（清算和重整）可能在债务人首次意识到此种后果不可避免后，经过很长时间才开始。在此间隔期内，债务人可以有许多机会设法背着债权人隐匿资产，产生人为的债务，向亲友作出捐赠或送礼，或向某些债权人付款而将其他债权人排除在外。债权人也有一些机会主动采取战略行动使自己处于优势地位。从最终的破产程序角度看，此类活动的结果一般不利于无担保债权人，他们不是此类行动的当事方而且得不到担保权的保护。"[1] 债务人在处于破产状态或者预期将处于破产状态的情况下从事的使破产财产不当减少或者不公平清偿的交易，具有恶化债务人的资产和信用，损害多数债权人和其他利益相关者利益的作用。许多破产法都载有从某一特定日期（如破产程序申请或启动之日）开始在一规定期限（通常称为嫌疑期）内具有追溯效力的规定，其目的在于推翻破产债务人过去作为当事一方参加的交易或涉及在债务人的财产中具有某种效力的以往交易。这些效力包括减少了债务人净值（例如，通过赠与其资产或以低于公平商业价值的价格转让或出售资产），扰乱了同等级债权人之间平等分配的原则（例如，通过向无担保的债权人偿付债务，或向其他无担保的债权人给予担保）。许多破产法以外的法律也论及这些对破产范围之外的债权人有害的交易。在某些情况下，破产管理人除了

---

[1] 联合国国际贸易法委员会：《破产法立法指南》，联合国国际贸易法委员会纽约办事处2006年版，第122页。

适用破产法的规定之外还能适用这些破产法以外的法律。❶

《美国破产法》在第五章“债权人、债务人及破产财团”中用了大量的篇幅介绍了托管人的撤销权。《美国破产法》规定，债务人破产前的财产转让行为和破产后的财产转让行为可以予以撤销，破产托管人或者在重整案件中代替托管人行事的经管债务人，一般要对这些为破产财团利益而实施的撤销和财产的追还行为负首要责任。关于这样的主要法律规定一般通称为托管人的撤销权。《美国破产法》对于撤销的规定其内容之详尽，范围之具体，逻辑之严谨均为各国法律之典范。其中《美国破产法》第544条规定的“强臂条款”被认为是破产托管人拥有的最有利的武器，其使用率极高；此外，《美国破产法》第547条有关优先权的否认规则，已被认为是破产托管人最微妙、最富有趣味的武器之一。❷

破产撤销权制度的规定对破产法是至关重要的，因为根据该规定，破产管理人可以为债权人追回资产或其价值，并且因为这种性质的规定有助于建立一套公正的商业行为守则，对在破产期间即将谋求个别救济的债权人起到威慑作用，因为他们知道在程序启动时这些救济可能会被撤销而失去效力。破产撤销权的该种效力在关联公司破产中依然可以有效地遏制控制公司利用其控制地位，提前获得清偿或者为其债务设定担保的行为，充分保障破产子公司所有债权人能够得到公平清偿的待遇；防止破产子公司赶在进入破产程序之前给公司实体造成巨大的价值损失，减少不当处理破产财产行为的发生。

---

❶ 联合国国际贸易法委员会：《破产法立法指南》，联合国国际贸易法委员会纽约办事处2006年版，第122－123页。

❷ Jame J. White, *Bankruptcy and Creditors' Rights*, New York, West Publishing co. 1985, p. 222.

二、破产撤销权的追诉对象

各个国和地区对破产撤销权追诉对象的规定不尽一致。本书仅以美国为例，介绍《美国破产法》中规定的可撤销行为类型，具体分为偏颇性清偿和欺诈性转让两种。

（一）偏颇性清偿

偏颇性清偿是撤销权适用中最重要的一部分，《美国破产法》第 547 条对偏颇性清偿作了详细的规定，但没有对偏颇性清偿的概念加以界定。有学者认为偏颇性清偿是指“在破产前夕为了清偿旧债务而对债务人的财产进行的转让。”[1]《美国破产法》第 547 条（b）规定了偏颇性清偿的基本构成要件，这些规定是客观的标准，不考虑行为人的主观过错。除了例外规定以外，如果一项转让只要同时满足了各个要件的规定，就构成偏颇性清偿。

1. 转让的标的

《美国破产法》第 547 条（b）规定托管人可以撤销满足构成要件的债务人的转让财产或财产利益的行为。

2. 清偿的目的

《美国破产法》第 547 条（b）（1）规定，转让是对债权人或者为了债权人的利益作出的。破产债务人的财产转让行为如果是直接针对某一债权人作出的，那么只要符合第 547 条的其他要件，很显然就是偏颇性清偿行为，而如果破产债务人财产转让行为的对方不是债权人而是第三人，或者破产债务人的债务人直接把本应用于清偿破产债务人的财产直接偿还给破产债务人的债权人则

---

[1] Orelup, Elizabeth A. Avoidance of Preferential Transfers Under the Bankruptcy Reform Act of 1978, *Iowa. L. Rev.* 1979, vol. 65, p. 209.

为间接性清偿行为，此时，就要仔细考察该转让行为的性质和目的，如果是基于债权人的利益而作出的，那么就符合偏颇性清偿的要求，托管人可以依据第547条（b）的授权对其进行撤销。

3. 清偿的对象

《美国破产法》第547条（b）（2）规定，转让是为了或者基于债务人先前存在的债务。该构成要件重点强调的是，转让是基于债务人先前存在的债务而产生。

如果不考虑破产法的规定，这些清偿本身是无可挑剔的，而《美国破产法》之所以禁止这种清偿，主要是因为这些清偿从效果上造成个别债权人由于先于其他债权人一步而在破产清算程序中获得了更多的清偿。为了保证破产法公平对待债权人的立法目的，该优先获得清偿债权人的行为应当予以撤销。

4. 清偿时债务人的客观状况

《美国破产法》第547条（b）（3）规定，转让时债务人须处于无力清偿状态。《美国破产法》第101条规定，无力清偿意味着债务人的经济状况是债务总额超过了按公平价值计算的财产总额。[1] 也就是说破产债务人的全部资产已不足清偿全部债务。

5. 清偿行为的临界期间

《美国破产法》第547条（b）（4）规定，转让发生在破产申请前90日内，如果债权人是关系人，转让的发生则在破产申请前一年内。《美国破产法》所涉及的具有偏颇性后果的转让，是限定在债务人经济状况“渐渐陷入破产”期间内的转让，这个渐渐陷入破产的期间被推定为破产申请前90日。如果受让人是关系人，

---

[1] 在乔弗林稀有货币公司破产（In re Joe Flynn Rare Coins, Inc）案中法院对“公平价值”进行了解释：财产的公平价值不是将财产置于最坏或者最好的环境时的价值，而应是财产置于债务人在合理时间清偿债务和出售财产环境中的价值。

此期间就延长为破产申请前 1 年。“对关系人规定更长追索期的目的，是为了平衡作为关系人的债权人比非关系人的债权人在获得偏颇性清偿方面具有的更强能力。”❶

6. 清偿行为的后果

《美国破产法》第 547 条（b）（5）规定，转让使债权人获得的清偿多于没有转让时债权人依据第 7 章所能获得的破产财产分配。简单地说就是，对转让后债权人所收到的清偿额与转让撤销后债权人除去转让费用所能得到的清偿额进行比较，如果第一个数字高于第二个数字，那么受让人的地位就得到了提高。

（二）欺诈性转让

在《美国破产法》中赋予了托管人两种对待欺诈性转让的工具，一种是允许托管人依据《美国破产法》第 544 条（b）对州法中所规定的欺诈性转让进行撤销，另外一种就是《美国破产法》第 548 条用（a）（b）两款分别规定的，对实际欺诈和推定欺诈两种欺诈性转让的行为，赋予托管人撤销权，托管人可以撤销发生在破产申请前 1 年之内的、对债务人财产的欺诈性转让行为或者由债务人设定的欺诈性义务。由于典型的州欺诈转让法的内容与《美国破产法》中第 548 条的规定大体上相似，因此本书仅对《美国破产法》中的第 548 条进行阐述。

1. 实际欺诈

实际欺诈要求债务人主观上有欺诈、阻碍或者迟延债权转让的目的。托管人若撤销债务人的实际欺诈性转让，必须证明债务人有实际欺诈意图且需要有直接的证据，并且必须达到明确令人

---

❶ Orelup, Elizabeth A. Avoidance of Preferential Transfers Under the Bankruptcy Reform Act of 1978, *Iowa. L. Rev.* 1979, vol. 65, p. 219.

信服的标准。

2. 推定欺诈

依据《美国破产法》第548条（a）（2）的规定，推定欺诈行为应当包含以下两个要件：第一，债务人转让财产时或者转让结果发生时，债务人处于实际的、法定的无力清偿状态。对该要件的证明，托管人可以使用回溯程序进行，即证明在转让行为发生之前或者之后的某个时间段内债务人是无力清偿的，并且在这个时间段内债务人的经济状况无实质性变化，据此推断出转让时债务人处于无力清偿状态。第二，债务人的转让行为与收到的对价是不合理的。合理的对价要求债务人在转让财产的同时有经济利益的回报。

（三）其他相关规定

《美国破产法》第547条和第548条规定的偏颇性清偿行为和欺诈性转让行为并不能涵盖所有的侵犯债权人利益的行为。因此，《美国破产法》通过列举的方式补充了几种特殊的损害债权人利益的行为，同时也赋予了托管人以撤销权。

1. 强臂条款

《美国破产法》第544条（a）规定了强臂条款，法律赋予托管人以拟制的担保债权人或者买受人的身份。第544条（a）款赋予了破产托管人可以撤销任何一种在非破产法上享有优先权和担保权的债权人可以撤销的转让或者是不动产的善意购买人可以撤销的转让，不管这个债权人或者善意购买人是否真实的存在。这样在某些财产上的利益尤其是未完善的担保利益，依据州法的规定常常要劣后于其后产生的担保债权人或者善意购买人（托管人）的债权，托管人就可以依据第544条（a）的规定行使撤销权。

2. 对法定担保的撤销

《美国破产法》第 545 条明确授予托管人对以下四种法定担保以撤销的权利，具体如下。❶

（1）在规定时间内生效的担保。第一，当债务人的破产案件开始时；第二，当破产法典以外的无力清偿程序开始时；第三，当托管人已经占有或将被任命和授权占有债务人财产时；第四，当债务人陷入无力清偿时；第五，当债务人的经济状况恶化到低于规定标准时；第六，法定担保权人以外的实体基于扣押对债务人的财产进行执行时。

（2）不完善的担保。在案件开始时对于当时购买该财产的善意购买人来说是未完善的或者不可执行的担保，无论这种购买人是否实际存在。

（3）为租金设立的担保。该项担保如果想要撤销，托管人的唯一依据就是《美国破产法》第 545 条的规定。因此该款规定也使得第 545 条真正独立于第 544 条强臂权的规定和第 547 条（b）偏颇性清偿的规定。

（4）因欠交租金产生的扣押担保。此种担保实质上并不是法定担保，纳入该款主要是将其视为或者推定为一种法定担保。

美国属于典型的英美法系国家，它的法律大多是判例法。《美国破产法》对撤销权的规定既保持了英美法系判例法的风格对可撤销行为进行类型化规定，同时也吸收了大陆法系传统的概括式立法模式，规定可撤销行为的一般构成要件，使托管人行使撤销权时不仅具有较强的可操作性，还能给法官留有较大的自由裁量

---

❶ ［美］大卫·G. 爱波斯坦、史蒂夫·H. 尼克勒斯、詹姆斯·J. 怀特：《美国破产法》，韩长印等译，中国政法大学出版社 2003 年版，第 404 页。

空间，发挥破产撤销权的最大功效，最优保护债权人的合法权益。

三、破产无效制度的理论内涵和追诉对象

破产无效制度是指债务人在破产程序开始前所为有害债权人一般利益的行为，依破产法的特别规定而构成无效的制度，其转让的财产或让渡的利益重新回归破产财产，供债权人公平受偿。[1]基于破产无效行为转让的财产或者权利，应收归破产财产，供全体债权人公平分配。民事无效行为制度的根本宗旨在于平衡私法自治和社会利益之间可能出现的矛盾，限制的根本目的不是否定私法自治，而是给私法自治提供安全保障，否定可能破坏私法自治规则的行为，进而维护社会利益、行为人利益、相对人利益和第三人利益。破产无效制度源于民事无效行为制度，对有害于社会利益的破产债务人自行处置破产财产行为进行干预，如果财产处置的行为已经严重危害债权人利益，可对其进行绝对无效的宣告。

破产无效行为的宣告后果较为严重，故各国破产法对无效行为制度规定的适用要件都比可撤销行为制度的适用要件严格得多。2004 年 5 月修订的《法国商法典》第六卷“困境企业”分别规定了破产无效制度和破产撤销权制度。其中第 621 – 107 条第 I 款规定破产无效制度如下：在停止支付后，债务人任何无偿转让动产和不动产的行为、清偿未到期债务的行为、为先前设定的债务提供抵押及质押的行为、自身义务明显超过另一方当事人义务的行为均无效。[2]第 621 – 107 条第 II 款规定破产撤销权制度如下：对停止支付前六

[1] 邹海林：《破产程序和破产法实体制度比较研究》，法律出版社 1998 年版，第 264 页。

[2] 李飞主编：《当代外国破产法》，中国法制出版社 2006 年版，第 393 页。

个月内的无偿转让行为，可以撤销。债务人在停止支付后清偿到期债务，如果受偿人知道停止支付事实的，可以撤销。[1] 法国对于在临界期内的部分行为直接规定为无效，体现出了法国破产法对相关行为的评价要较其他国家更为严厉，这方面的规定也印证了相关学者对法国破产法的评价：即国家管制色彩浓厚，在某些情况下甚至允许法官作出严重抵触合同法和公司法的裁决。[2] 我国破产无效制度也存在国家管制的色彩，但制度所针对的对象，则是隐匿转移财产和虚构承认债务的行为，这些行为即使没有企业的破产状态，依然会对债权人利益、社会利益造成损害，其危害性远大于可撤销的行为，故我国企业破产法中没有规定相关的追溯期间，这是我国破产无效制度的独特性所在。

四、破产撤销权制度和破产无效制度在关联公司破产中的适用

破产撤销权制度和破产无效制度的目的都在于规制债务人进入破产程序时，为保障债务人的破产财产以及债权人的公平受偿，防止不公平行为或欺诈行为发生。联合国国际贸易法委员会编著的《破产法立法指南》中对撤销权进行了如下描述：“破产法的一项公认原则是，集体行动在最大限度扩大债权人可获得的资产方面比允许债权人自行谋求个别救济的制度更有效率，而且，集体行动要求所有类似债权人得到类似待遇。关于撤销权的规定旨在支持这些集体目标，确保债权人按照既定的偿付优先顺序获得破

---

[1] 李飞主编：《当代外国破产法》，中国法制出版社2006年版，第393－394页。

[2] 《法国商法典》第六卷“困境企业”第621－19条甚至作出规定，法官可以不管任何相反的法律或条例的规定，从有关机构和人员那里获取一切能使其准确了解企业经济和财务状况的情报。参见胡健：“破产立法研究资料——法国破产法律制度”，载北大法律网，http：//article. chinalawinfo. com/Article_Detail. asp? Article ID = 31480，访问日期：2009年3月15日。

产债务人资产的公正分配，以及维护破产财产的完整。撤销规定也具有威慑效果，可防止债权人在即将破产期间谋求个别救济，因为他们知道在程序启动时这些救济可能会被撤销或失去效力。出于这些理由，在破产时交易一般可予撤销，以防止欺诈（例如，为了债务人今后的利益而隐匿资产或为了使债务人实体的高级职员、所有人或董事获益而进行的交易）；坚持全面执行债权人的权利；防止偏袒，即防止债务人希望使某些债权人得利而牺牲其他债权人的利益，以确保所有债权人得到公平待遇；防止赶在实行破产程序监督之前造成企业实体的价值突然损失；以及在某些国家建立一个鼓励庭外解决的框架——债权人将会知道资产在最后时刻的交易或扣押可被宣告无效，因此将更可能与债务人合作，以便在法院不介入的情况下达成可行的解决方案。”❶

（一）在规制关联公司破产时的积极性

关联公司破产中，控制公司利用其对从属公司的控制关系和影响，其实施无偿转让财产、非正当关联交易和提供不当担保等行为与单体公司相比较，要容易得多，而且往往表现出规模性、复杂性和隐蔽性。但只要控制公司实施上述法律规定的行为，实现了关联公司之间的利益转移，这些不当行为的形式与单体公司破产违法行为没有本质上的区别。因此，一般情况下，关联公司破产中发生的这种违法行为，破产管理人可以通过行使破产撤销权或者无效行为制度来阻却其发生效力，收回被处分的财产或者恢复被处分的权利。

在关联公司破产中，对破产撤销权制度和破产无效制度的行

❶ 联合国国际贸易法委员会：《破产法立法指南》，联合国国际贸易法委员会纽约办事处2006年版，第123页。

使，各个国家都存在明确的法律规定，只要破产的从属公司从事了法律规定的行为，法院就可以依据法律规定，要么对其行为宣告无效，要么对其行为宣告撤销。对于关联公司的破产管理人而言，有明确法律规定的权利是最容易行使的，而且也是最行之有效的公平保护破产债权人的措施。对于破产债权人而言，只要发现破产债务人从事了法律规定的可撤销行为或者无效行为，毋庸置疑这是取回破产财产最便捷、最有效的方式。对于受理破产案件的法院而言，明确的法律规定使承办法官只需严格遵守法律规定进行执法，而无须再考量相关利益者的利益衡平，也无须启动法官的自由裁量权就可以很好地调节利益相关者的利益冲突，回复利益的衡平状态。因此，破产撤销权制度与破产无效制度是规制关联公司破产的简便、易行、有效的制度。

（二）在规制关联公司破产时的局限性

对于破产撤销权的行使，各国立法均规定了可撤销行为临界期间的具体长度。有的国家规定的可撤销临界期间较短，如《美国破产法》规定，与一般人进行的某些可撤销行为，可追溯撤销的期间为破产申请前 90 天内；若该行为是与债务人的内部人或亲属等进行的，可追溯撤销的期间则为自破产申请之日前 1 年。有的国家对可撤销行为的撤销期限规定较长，如德国于 2004 年年底修改《德国支付不能法》时，将撤销权消灭时效修改为自破产程序启动后、债务人行为被发现时开始起算前 3 年。在关联公司破产的情况下，由于从属公司的意志和行为发生了扭曲，债务人公司的利益一开始就存在被侵蚀的可能。在从属公司正常营业的情况下，这种利益的侵蚀是自愿和无害的，但如果从属公司发生了经营危机，可能导致破产时，原有的不对等交易就可能损害破产债权人的利益。与单体公司破产不同的是，控制公司与破产从属公司的非正当交易行为可能发生在一个相当漫长的过程中，有时甚至是控制公司有目的地促成从属公司的破产来规避债务，甚至刻意逃避破产撤销权行使期间的规定。对于这种明显出于恶意的诈害行为，无论破产撤销权行使的期间如何规定，都不能有效地规制其行为。因为，如果临界期间过长，就使得债权人在与债务人进行交易时产生过多的顾虑，影响债务人的正常经营，也与目前民法侧重保护动态交易安全的宗旨不相吻合。当然，如果临界期间规定太短也不宜于保护债权人的利益。故法律不能对关联公司间发生的可撤销行为予以一个特别的临界期间的规定，由此在规制关联公司破产时尚显乏力。

另外，关联公司破产中，各种违法行为的表现十分复杂，违法行为的主体呈现多元化的特征，某些针对债务人财产的违法行为可能并非由债务人作出，而是由控制公司作出。从撤销权的行使来看，关联公司破产违法行为具有隐蔽性。通过破产撤销权和破产无效制度打击破产违法行为需要具备两个前提条件：一是破产违法行为被发现；二是要有合适的主体对违法行为向法院提出撤销或者宣布无效的申请。这两项制度是针对单体公司破产而设计的。在关联公司破产时，关联子公司的人格独立性饱受质疑，破产撤销权与破产无效制度对其债权人利益保护的力度已经大打折扣，而且所有可撤销与无效的行为均是由破产债务人行使的。而在关联公司中，很多损害子公司债权人利益的行为并非子公司的本意行为，是在母公司的操纵下完成的，并不具备破产撤销权制度以及破产无效制度的要件，子公司的债权人也没有办法适用破产撤销权制度以及破产无效制度来维护自己的合法权益。故在关联公司破产中，由于关联交易所涉及的对象数量众多，关联交易的形式多种多样，特别是关联公司之间关系特殊，配合默契，不正当交易根本就无法被发现，或者难以查实，无法将破产撤销权制度以及破产无效制度落实到实处。另外，破产管理人行使破产撤销权以及破产无效制度还需要强有力的证据，这在关联公司的状态下，很难保证证据被充分、有效的收集，也增加了这两项制度行使的难度。

第二节　揭开公司面纱制度

一、揭开公司面纱制度的理论内涵

对该制度，理论界有学者称为“揭开公司面纱”，有学者称为“刺破公司面纱”，还有学者称为“公司法人格否认”[1]。我国《公司法》第 20 条第 3 款规定：“公司股东滥用公司法人独立地位和股东有限责任，逃避债务，严重损害公司债权人利益的，应当对公司债务承担连带责任。”该条款被认为是《公司法》修订时正式引入了“公司法人格否认”制度。在我国理论界，通说认为，揭开公司面纱或刺破公司面纱的说法为英美法系国家对该制度的称呼；而公司法人格否认的说法是大陆法系国家对该制度的称呼，二者的关系异曲同工。笔者认为较为严格的称呼应该认定为“揭开公司面纱”。

揭开公司面纱制度为舶来品，这一点在理论界是没有任何疑义的，而且学者们均承认，该制度的真正运用是在 1905 年美国诉密尔沃基冷藏运输公司一案中。在这一判例中，美国法官桑伯恩

[1] 本书中对“揭开公司面纱”和“公司人格否认”在同一意义上使用，使用时不做区分。

（Sanborn）指出：公司在无充分反对理由的情形下，应被视为法人，具有独立人格，但是如果公司的独立人格，被用以破坏公共利益，使不法行为正当化，袒护欺诈或犯罪，法律即应将公司视为多数人之组合而已。[1]而揭开公司面纱概念却是1912年莫瑞斯·沃姆瑟（Maurice Wormser）在《哥伦比亚法律评论》上发表“揭开公司面纱”一文中最先提出的。由此“揭开公司面纱”这一形象比喻开始普遍使用并被广泛接受，并作为加强控制股东承担公司债务的责任方式。对揭开公司面纱制度给予一个标准的定义并不容易，其并非普通法上的严格责任，而是为了矫正失衡的公平而产生的衡平性规范。由此，在美国法上虽然最早使用和最广泛使用“揭开公司面纱”制度，但没有能够给予其明确的含义。早在1926年，美国纽约上诉法院著名的首席法官卡多佐（Cardozo）就抱怨“整个问题仍旧包围在修辞学的迷雾当中”，而适当的检验标准应当是“诚实和正义”。[2] 的确，揭开公司面纱制度的目的是防止欺诈或达到公平。

在我国理论界对该制度的探讨中，最具有代表意义的为朱慈蕴教授的“法人格否认”定义。公司法人格否认，又称“刺破公司面纱”或“揭开公司面纱”，指为阻止公司独立人格的滥用和保护公司债权人利益即社会公共利益，就具体法律关系中的特定事实，否认公司与其背后的股东各自独立的人格即股东的有限责任，责令公司的股东（包括自然人股东和法人股东）对公司债权人或公共利益直接负责，以实现公平、正义目标之要求而设置的一种

---

[1] United States v. Milwaukee Refrigerator Transit Co. 142 Fed 2d（C. C. E. D. Wis. 1905）. pp. 247 – 255.

[2] ［美］罗伯特·W. 汉密尔顿：《美国公司法》，齐东祥译，法律出版社2008年版，第105页。

法律措施。❶

蔡立东教授将该制度定义为，公司人格否认制度的要义是在具体法律关系中，基于特定事由，否认公司的独立人格，以抛开公司的独立人格为前提，配置公司及公司利益相关者的义务和责任的法律制度。❷

刘俊海教授将其界定为，刺破公司面纱制度又称“公司人格否认”“公司法人资格否认”“股东有限责任待遇之例外”“股东直索责任”，指控制股东为逃避法律义务或责任而违反诚实信用原则，滥用法人资格或股东有限责任待遇，致使债权人利益严重受损时，法院或仲裁机构有权责令控制股东直接向公司债权人履行法律义务、承担法律责任。❸

语言是思想的外在表现，故思想内涵才是定义的核心所在。本书将关联公司破产中的揭开公司面纱制度界定为，在具体的法律关系中，基于特定的法律事实，将破产公司的独立人格予以忽视，配置破产公司及破产公司利益相关者的义务和责任的法律制度。其中包含三个方面的核心思想：第一，被忽视人格独立的公司首先是具有独立人格的，即在法院忽视该公司的独立性之前，该公司仍不失为一个法律上的实体，仍然可以独立地承担法律责任。第二，公司独立人格的被忽视是基于特定的法律事实，即揭开公司面纱制度适用需要具备严格的适用条件。第三，当公司的独立人格被忽视之后，公司的股东就要为公司承担连带责任。由此，当公司股东利用公司欺诈债权人

---

❶ 朱慈蕴：《公司法人格否认法理研究》，法律出版社1998年版，第75页。

❷ 蔡立东：“公司人格否认制度的衡平性”，载《吉林师范大学学报》2004年第1期，第27页。

❸ 刘俊海：《现代公司法》（上），法律出版社2015年版，第662页。

时，法院可以不考虑公司的独立地位，在个案中责令股东对公司债务承担连带责任。

揭开公司面纱制度既可以在普通公司中适用，也可以在一人公司和关联公司中适用。

首先，对于普通公司而言，如果公司在意思表示、组织机构、资产状况、财务状况、人事管理、经营决策等方面丧失独立性，成为股东的另一个自我或者仅为股东逃避债务的工具，则可以考虑适用揭开公司面纱制度。该制度的适用可以直接参考其适用条件，如北京金石永顺建材商贸中心诉北京中海腾达贸易有限公司（以下简称中海公司）等买卖合同案，法院认定中海公司的股东郭某强存在混同公司经营与股东经营的行为、公司财产与股东财产混同，进而利用其特定身份通过控制公司获得利益，使用公司的独立法人地位规避债务，构成滥用公司独立人格逃避债务的行为，从而适用揭开公司面纱制度，令其对公司债务承担连带责任。[1]

其次，《公司法》还特别规定了对一人公司及其股东采取法人格滥用推定态度，降低了一人公司债权人的举证负担，一人公司被揭开公司面纱的概率在诸多公司类型中位居榜首。在最高人民法院公报案例中，对一人公司的揭开公司面纱有如下描述："在一人公司法人人格否认之诉中，应区分作为原告的债权人起诉所基于的事由。若债权人以一人公司的股东与公司存在财产混同为由起诉要求股东对公司债务承担连带责任，应实行举证责任倒置，由被告股东对其个人财产与公司财产之间不存在混同承担举证责任。而其他情形下需遵循关于有限责任公司法人人格否认举证责任分配的一般原则，即折中的举证责

[1] 北京金石永顺建材商贸中心诉北京中海腾达贸易有限公司等买卖合同案，北京市门头沟区人民法院（2006）门民初字第180号民事判决书。

任分配原则。此外，一人公司的财产与股东个人财产是否混同，应当审查公司是否建立了独立规范的财务制度、财务支付是否明晰、是否具有独立的经营场所等进行综合考量。”[1]

最后，对于关联公司而言，有学者对案例样本作过统计，法院有 57.84% 的揭开公司面纱的判决适用在集团情景下[2]。关于揭开公司面纱制度在关联公司中的具体适用详见下一部分内容。

二、揭开公司面纱制度在关联公司破产中的适用

（一）揭开公司面纱制度在关联公司破产中适用的要件分析

揭开公司面纱制度作为规制关联公司破产的措施，各个国家及地区对其适用的具体要件规定也不尽一致。作为最早创设揭开公司面纱制度的国家，同时也是该制度运用得最为广泛的国家，美国对于该制度的界定以及适用尚没有形成一个清晰、统一的标准。根据罗伯特·汤普森（Robert·Thompson）对美国各州适用“揭开公司面纱”的实证分析，其适用该制度的理由多达 85 个之多。主要原因是资产混淆，占 97%；其次是欺诈行为，占 94.1%；关联公司的资料和人事混同的情形也占到 86%。[3] 虽然目前在美国法律界并没有能够形成揭开公司面纱的统一标准，但在法院审理案件时，最多考虑的因素主要集中在下列四个方面。

---

[1] 应某峰诉嘉美德（上海）商贸有限公司、陈某美其他合同纠纷案，(2017) 沪 0105 执 525 号。

[2] 宋朗：“企业集团‘债务连坐’风险及防范——来自 471 份判决书的经验证据”，载《西南政法大学学报》2021 年第 1 期，第 147 页。

[3] 转引自周建昌：《关联企业的法律责任研究》，厦门大学 2001 年硕士学位论文，第 16 页。

1. 控制

在美国法中，控制是指控制公司对从属公司的重要经营事项作经常性的支配，甚至控制其经营人员，使从属公司丧失其独立自主的地位，被当成控制公司事业的一个部门。如果仅仅拥有全部或大部分的股份（单纯控制）而以表决权决定公司的重要政策，并选任董事职员以行使对从属公司的控制权时，并不被认为是揭开公司面纱制度的必要因素。在伯克利诉第三大道公司（Berkey v. Third Ave. Ry. Co.）案中，对该观点予以了确认。❶ 由此，经常性是判断构成控制的关键因素。司法实务中判断“控制”没有一个标尺，较为困难，因此又有人提出过度控制❷的概念。在美国法院中，处理关联公司的案件中更容易适用揭开公司面纱制度，判决控制公司对从属公司的债务承担责任。同时，法院也累积了

---

❶ 伯克利诉第三大道公司案，作为子公司的第四十二街公司 Forty – second Street 所雇用的司机因车祸伤害原告伯克利（Berkey），原告起诉要求母公司第三大道公司（Third Ave. Ry. Co.）赔偿损失。理由为母公司拥有子公司的全部股份，母子公司之间的董事、职员几乎完全相同，子公司的车辆也是母公司购买的，车身上还漆有母公司的标识，是由母公司出租给子公司使用的，母公司还经常借钱给子公司，通常是有借无还。在被告母公司进行答辩时称子公司有自己的银行账户，营业收入及费用支出均由子公司自己的账户完成，其中支出项目即包括随车服务员和司机的薪金，只有职员薪金由母公司先行垫付后再由子公司归还。另外，子公司自 1884 年取得铁路经营权以来，迄今已经 40 余年，均以充分的资本维持营运，车辆的维护、修缮费用及车祸发生后的损害赔偿均由子公司自行负责。子公司的车辆也都行驶在核准的区域内，从未越区行驶，服务员也未越区工作。因此法官判决原告败诉，其主要理由是在于本案子公司一直维持独立的组织，不应将子公司的侵权责任归结于母公司。虽存在子公司是母公司代理人的可能性，但仅仅控制的情形还不至于揭开其面纱，仍应回到诚实及正义的标准。母、子公司均为独立存在的法人，而分别负其责任。

❷ 如果控制公司同时满足以下三个要件，即可构成过度控制：第一，控制公司对从属公司具有支配性的控制，并只要持有从属公司的股权即可构成。第二，控制公司以其对从属公司控制权力行使诈欺或不诚实的行为。第三，债权人的损害与控制公司的控制行为之间存在因果关系。

一些判断标准，如董事兼职以及控制公司使用从属公司的财产等，但法院均要求原告对上述三个要件提出证明，这对于原告是何等困难。子公司之债权人根本无法掌握母公司控制子公司之详细证据，或者为获得这些证据需要付出极高之代价，这都将影响揭开公司面纱之运用效果。❶

2. 资本不足

资本不足不是指公司设立时公司的实际资本没有达到法律所规定的最低资本额，而是指公司应当具有与其经营的性质和风险相适应的合理数额的资本。在牵涉关联公司的案件中，何时认定公司的资本不足是一个严肃的问题。控制公司在出资设立从属公司之初，往往是有充足资本的，仅仅是在从属公司运营后，听命于控制公司而转移资产或低价处理从属公司的产品而导致其资本不足。如果依据公司设立时认定资本，从属公司的资本是充足的；而如果是在涉案时考察，显然从属公司的资本是不充足的。美国法院的做法是常常评估交易或事故发生时的资本充足度。这实际上就要求公司必须始终保持与其经营性之相适应的资本。

3. 诈欺

所谓诈欺，通常意义上是指违反公共秩序、善良风俗的行为，或是违反法规的行为等。在关联公司的案件中，往往是指控制公司的行为对从属公司或从属公司的债权人造成不公平的侵害。在马琴诉凤凰城土地投资公司（Matchan v. Phoenix Land Investment Co.）案，法官指出，当公司设立后，被用来作为诈欺的工具时，法院将揭开公司的面纱，以维护正义。

---

❶ ［美］罗伯特·C. 克拉克：《公司法则》，胡平等译，工商出版社1999年版，第67页。

4. 违反程序性规定

在很多判决意见中，法院对未能遵守正常的公司程序进行了描述，如果存在如下情况，公司的面纱就存在被揭开的巨大风险。[1] 第一，在没有完成公司组建的情况下，或者在没有发行股票并取得股价的情况下就开始营业；第二，没有举行股东会或董事会（或者没有取得书面同意）；第三，如果决议是由股东以他们是合伙人一样的非正式的方式作出的；第四，如果股东并不严格区分个人财产和公司财产；第五，如果个人财产被用于公司开支而没有进行适当的会计记录；第六，如果没有完整的公司和财务记录。除去上述几种因素，在考察是否揭开公司面纱时，还有观点提出应该考察控制公司的主观意图，是否存在有损害从属公司债权人的故意。但由于主观意图属于内心世界之因素，很难认定。故美国法院通常不予考察。

除了美国通过司法判例确定了相对完整的揭开公司面纱制度的适用要件外，德国也规定了功效等同于揭开公司面纱制度的直索责任制度，即在特定场合下法人在法律上的独立性被排除，或假设其独立人格不存在，法院可允许债权人穿越作为债务人的公司独立人格，直索公司背后的股东，由其承担责任，并把“直索权”视为债权人的一项权利。[2] 德国法律上的直索理论是为了排除法人作为独立权利主体的不良后果。

虽然各国对揭开公司面纱制度具体适用于关联公司的标准规定不尽一致，但其目标只有一个，即要求控制公司对滥用从属公司人格的行为负责任。

---

[1] ［美］罗伯特·W. 汉密尔顿：《美国公司法》，齐东祥译，法律出版社 2008 年版，第 111 页。

[2] 朱慈蕴：《公司法人格否认法理研究》，法律出版社 1998 年版，第 126 页。

（二）揭开公司面纱制度在关联公司破产中适用的特殊意义

揭开公司面纱制度的适用范围十分广泛，不仅在破产法领域适用，而且在公司法、侵权行为法以及税法、反不正当竞争法等领域也被适用。由于各个法律领域的价值目标不同，揭开公司面纱制度在不同法律领域受到的待遇也不尽相同。在公司法领域，揭开公司面纱制度的运用目的在于保护个别事件中受损害的当事人；在税法领域，揭开公司面纱制度的运用目的在于维护国家的税收秩序，禁止利用关联关系逃避或者偷减本应负有的纳税义务；在反不正当竞争法领域，揭开公司面纱制度的运用目的在于维护市场经济的秩序，保障市场主体的公平竞争地位；在破产法领域，平等对待所有的破产债权人、实现债权人利益的最大化，公平分配破产财产为破产法追求的价值目标，故揭开公司面纱制度的运用在于实现上述目标。

然而关联公司的破产与单体公司的破产还存在诸多差异，在关联公司的破产案件中，复杂的关联关系决定了公平标准的复杂性，但这里的“公平”至少应当包含两层含义：一是在所有的债权人中公平分配债务人的财产；二是要实现债权人利益的最大化，追回所有应该分配给破产债权人的财产。在关联公司破产时，公平的第二层含义显得更为突出。关联公司中的控制公司可以利用各种各样的合同安排或人事、资金的控制，掏空从属公司的利益，致使从属公司破产，然控制公司仍可利用从属公司的独立人格而无须对从属公司的债权人承担任何法律责任，将从属公司债权人本应享有的利益通过不正当的渠道转移至控制公司，这是对从属公司债权人利益的严重侵犯。如果想要实现公平的目标，破产法院就必须根据关联公司的具体关联关系来分析关联公司的经济结构，而不能只观察破产从属公司独立存在的表面现象，适时揭开从属公司的独立面纱，要求控制公司对从属公司的债务承担连带责任。

在关联公司破产中，法院经常使用揭开公司面纱制度来处理控制公司应对从属公司承担的法律责任。通过在个案中忽略从属公司独立人格存在的状态，让控制公司对破产从属公司的债务承担直接责任。有人对它的作用做了一个形象的比喻，即在分离实体论的观点支配下，揭开公司面纱制度相当于一个安全阀，随时可以使法院在认为必要的情况下，动用这种例外，对控制公司施加债务责任。❶ 即揭开公司面纱制度的适用基础首先要充分肯定公司人格独立制度和股东有限责任制度的价值，将其作为一般原则；当且仅当存在有破坏公司法人独立的地位和股东有限责任的股东滥用行为时，才可以忽视既有的传统法律制度。各国法律中均将公司的独立人格状态作为一般常态，揭开公司面纱制度的产生即为弥补上述两项制度所可能带来的不利后果。因而，就公司人格独立与揭开公司面纱之间的关系而言，揭开公司面纱制度始终是、也只能是对公司人格独立制度的有益而必要的补充。正是二者的功能互补，才使法人制度得以发展和完善，才彰显了法律的公平与正义。揭开公司面纱作为公司人格独立的对立性因素出现，它构成了后者必要而有益的补充，使两者在深沉的张力中，保持一种反思性平衡，形成和谐的功能互补，把公司人格独立带来的公司问题消弭于无形。❷ 因此，揭开公司面纱制度的确立，并不意味着公司人格独立——有限责任制“不再是法律制度中的一条原则，

---

❶ 石静霞：“母公司对破产子公司的债务责任——关于‘揭开公司面纱’理论的探讨”，载《法学评论》1998 年第 3 期，第 56 页。

❷ 石少侠：“公司人格否认制度的司法适用”，载《当代法学》2006 年第 5 期，第 4 页。

因为在下一案件中，当相反的意见无足轻重或根本不存在，它仍然会起决定性的作用”。❶

三、揭开公司面纱制度在关联公司破产中适用的相关问题

（一）反向揭开

控制股东滥用公司法人独立人格，并从公司获得财产利益时，法院通常责令控制股东向公司的债权人清偿债务，此为顺向揭开公司面纱，也为揭开公司面纱之诉的经典形态。如果控制股东滥用公司形态，将股东财产转移至公司中，当股东破产时，该股东的债权人如果可以主张揭开公司面纱，要求公司对该股东的债务承担连带责任即为逆向揭开公司面纱。我国《公司法》第20条第3款的规定，仅认定顺向揭开公司面纱。

1. “反向揭开”的司法判例

至于控制股东的债权人是否可以反向揭开的问题，在国外的判例中存在有不同的声音。

（1）“反向揭开”被否认。在大卫西蒙斯诉西部废物处理公司（Sims v. Western Waste Industries）案中，法院拒绝允许一个母公司利用根据《得克萨斯州劳工赔偿法》规定应由其全资子公司享有的豁免权。法院声明：“我们认为立法机关从来就没有希望一个故意设立子公司的母公司允许通过‘反向揭开’它们自己设立的公司的‘面纱’来主张根据得克萨斯州劳工赔偿法所享有的豁免权。西部废物公司已经取得了在得克萨斯州设立子公司的利益，那么现在它们为了自己的利益又要否定子公司的实体存在，这将

---

❶ ［英］彼得·斯坦、约翰·香德：《西方社会的法律价值》，王献平译，中国人民公安大学出版社1990年版，第127页。

不会被允许。”[1] 即法院要求设立公司的股东应该同时接受该公司所带来的“甜头与苦果”，而不应当允许他在对自己有利的时候否认公司的存在。这样对揭开公司面纱的子公司的债权人而言也是不公平的。在日本的著名水俣病案例中，日本的东京高等法院也否认了“反向揭开”。[2]

（2）承认“反向揭开”。美国的另一个案例即是如此。A 为原告西部证券公司的唯一股东，被告斯皮罗与 A 素有交易行为。A 成立该公司之后，曾向被告游说，希望被告与其公司进行交易，并一再保证，交易行为虽然以公司名义进行，但这只为交易方便和法规规定的需要而作的处理，实质上，交易行为仍是 A 个人的行为。此后，被告信任 A 之游说而与该公司进行交易，但也因此对公司负债。当公司向被告求偿时，被告提出以其与 A 个人之间的债权抵消，A 则以其本身与公司为分别之法律主体拒绝被告的请求。法院认为，A 既然与公司人格混同难以区分，A 又一再保证被告与公司之交易就是与其个人之间的行为，在此场合即应否认公司独立人格，允许被告对公司的债务与被告对 A 之债权抵消，

---

[1] ［美］罗伯特·W. 汉密尔顿：《美国公司法》，齐东祥译，法律出版社 2008 年版，第 119 页。

[2] 在日本非常有影响的“水俣病”环境侵权案件中，居住在首都地区和鹿儿岛出水市的水俣病确定患者及死者家属共计 433 人（原告），以“水俣病侵害扩大，是因奇索氮肥公司不计后果随意排放有机水银，行政上在禁止捕鱼及工厂排水的规定等方面没有采取必要措施”为由，对国家、熊本县、奇索氮肥公司本公司及其三家子公司等三方提起诉讼。日本东京地方法院的荒井真治裁判长宣判，“国家、熊本县、奇索氮肥公司的子公司的责任不能认定，只认定加害企业奇索氮肥公司本公司的责任”。原告全体不服判决，上诉至东京高等法院。东京高等法院认为，奇索氮肥公司本公司的三家子公司（奇索石油化学股份公司、奇索纤维股份公司和奇索化学工程股份公司），是由本公司持有全部股份的全资子公司。但本案中母公司滥用子公司独立人格的证据不足，因而不能适用揭开公司面纱原则，驳回了原告的诉讼请求，确定被告母公司独立承担赔偿责任。参见朱慈蕴：《公司法人格否认法理研究》，法律出版社 1998 年版，第 230－235 页。

实则为一人公司承担了A个人的债务。[1]

对于相关案例的分析，在一人公司的场合，适用“反向揭开”的理由似乎更充分，而在关联公司中，“反向揭开”似乎显得不那么必要。

2. 关联公司破产中不适用“反向揭开”

本书的观点是揭开公司面纱制度在必要的、特殊的情况下，可以考虑“反向揭开”，要求公司对股东的债务承担连带责任。但这种特殊的、必要的状况应该是指一人公司。因为，一人公司中最容易产生股东与公司人格的高度混同，如果股东为规避义务或责任而滥用公司法人资格，故意将自己财产无偿转移给公司时，法院也可责令被操纵法人资格、但从股东处无偿受让财产的公司以其接受财产程度为限向股东的债权人承担债务清偿责任。这种人为制造的“瘦父（股东）、胖子（公司）”，可以通过“反向揭开”的原则，要求公司与股东承担连带责任。

但在关联公司破产中，尤其是当母公司破产，而子公司未破产的情况下，即使母公司与子公司之间存在严重的人格混同、业务混同、过度控制等因素，也不应该揭开子公司的独立面纱。理由为：

第一，如果揭开子公司的独立面纱，其结果得不偿失。母公司往往对子公司享有绝对的控制权，甚至是享有百分百的股份，在有充分的理由揭开公司面纱时，子公司即与母公司完全视为一体，那么子公司的财产也将纳入母公司破产财产之中。而破产程序中，破产财产多数情况下是以拍卖的方式得以变现，很难实现财产的最大化。但如果不去揭开子公司的面纱，子公司将保留独

---

[1] 朱慈蕴：《公司法人格否认法理研究》，法律出版社1998年版，第230页。

立的人格和公司实体，其控股股东（破产母公司）可以通过整体转让或股份转让的方式使公司易主。其结果为，母公司对子公司的股权完全可以实现。假设子公司整体转让的价格为 3 000 万元，而在破产程序中，子公司的全部财产可能仅仅能够拍卖到 1 000 万元左右，这样的结果，对破产母公司的债权人并没有好处。因为，对子公司整体收购的价款 3 000 万元，将会直接纳入母公司的破产财产中，而如果揭开子公司面纱，其破产财产增加的数额仅为 1 000 万元，对母公司的破产债权人而言，其分配的破产财产数额不增反降，这并不利于破产法价值目标——破产财产价值的最大化——的实现。因此，揭开子公司的独立面纱，对母公司的债权人而言，是一件费力不讨好的事。

第二，揭开子公司的独立面纱，对子公司的债权人而言非常不公平。母子公司中，母公司总是居于控制支配地位，而子公司总是处于被控制的地位，一切经营活动均是由母公司安排的，即决策权是由母公司掌握的。所以，在考虑到母公司的债权人基于母子公司控制因素的存在，就子公司财产主张债权的时候，还需要对子公司债权人的权益予以必要的保护。尤其是在子公司债权人自己的债权都有可能不能满足时，为维护子公司债权人的权益，不予揭开子公司的独立面纱。故在母公司债权人申请法院揭开子公司的独立面纱时，可以赋予子公司债权人以异议权。

（二）举证责任

我国《公司法》第 63 条规定："一人有限责任公司的股东不能证明公司财产独立于股东自己的财产的，应当对公司债务承担连带责任。"虽然该条规定在一人公司的章节中，似乎仅仅适用于一人公司，但更准确的理解应该是对举证责任的规定。当然对于一人公司而言，要求公司的债权人举证证明一人公司与其股东之间的人格、财产的混同是极为困难的，甚至是难以实现的，因此在一人公司中适用举证责任倒置规则是没有异议的。但在其他情况下，究竟应该由谁负担举证责任，还有不同的见解。有学者主张揭开公司面纱之诉按立法本意应适用“谁主张，谁举证”的一般规则❶。一些学者建议对所有人格否认都应适用“举证责任倒置”的特殊规则❷。

举证责任分配事关程序正义，在揭开公司面纱之诉中，从属公司的债权人要求滥用公司独立人格的控制公司承担连带责任时，如果坚持适用“谁主张，谁举证”的一般证据规则是不适当的。因为对在诉讼程序中原被告的利益博弈分析，原告相对于被告（破产公司的控制公司而言）永远处于弱势地位，他无法像控制公司那样对所有的控制行为性质以及目的了如指掌。如果适用一般证据规则，其举证的成本和诉讼风险都会增加，并且，原告掌握控制公司控制从属公司的直接证据较为困难，对二者之间关联交易的次数以及金额都难以查清。如果这些都要求原告举证，则多数债权人会因证据不足而败诉，即使能够取得证据，高昂的举证成本也将会使一部分债权人望而却步。尤其在母子公司关联关系的掩盖下，母公司转移财产更加轻松，债权人举证将是难上加难。

在揭开公司面纱之诉中一律适用“举证责任倒置”的特殊证据规则也不足取。

因为，只有控制股东能够证明自己的确没有实施滥用公司人格的行为，才能免于承担连带责任，这对被告（控制股东、母公

❶ 白云：“试论公司法人格否认制度及其举证责任分配”，载《政法学刊》2008年第5期，第8页。

❷ 陈镇、刘晓莹：“再论公司人格否认理论”，载《人民司法》2005年第1期，第73页。

司等）也显失公平，容易诱发揭开公司面纱之诉的滥用，造成原告任意提起揭开公司面纱之诉的结果，等于从一个极端走向了另一个极端，将有可能毁灭公司法人格独立制度和股东有限责任制度这对公司法的基石。[1]

由此，无论是适用“谁主张，谁举证”的诉讼一般规则，还是适用“举证责任倒置”的特殊诉讼规则，都不能很好地实现揭开公司面纱之诉的制度功能。根据揭开公司面纱的特殊要求，本书认为应当采取“折中的举证责任”规则，即首先要求原告承担初步的举证责任，待符合初步举证责任的要求后，再将举证责任移转给被告的做法。具体到母子公司而言，举证责任分配如下。

首先，应当由破产子公司的破产管理人提交母公司滥用子公司独立人格的盖然性证据，证明由于滥用公司“人格”的行为所产生的损害结果。如先说明母公司对子公司实施了不正当的控制行为。如果原告无法证明母公司对子公司实施了控制权，依布隆伯格（Blumberg）教授的观点，则认为母公司对子公司之控制“证据”皆掌握在母公司之内部。故只要原告已经证明有“随时行使之控制”存在，即应视为母公司事实上已对子公司行使了控制权，而不允许以反证方式推翻之。[2] 除此之外，母公司对子公司的控制是造成破产子公司债权人损失的直接原因。原告的举证应达

---

[1] 公司法学者刘俊海教授曾说：“十年前，笔者曾为控制股东滥用公司的法人资格而夜不能寐；近年来，我又为个别法官和执行官滥用揭开面纱制度而辗转反侧。特别是有些执行官在执行程序工作中通过一纸裁定就揭开债务人公司的面纱，让债务人公司背后的股东站出来对其公司的债权人承担连带责任。这个现象在有的地方还挺普遍，特别是法院异地执行案件的时候。这种状况急需扭转。”参见刘俊海：“论新公司法中的揭开公司面纱制度”，载中国民商法律网，http：//old.civillaw. com. cn/article/default. asp? id =36244，访问日期2020年12月7日。

[2] Phillip Blumberg, *The law of Corporate groups*, Little Brown & Co Law & Business, May, 1985, pp. 402 –403.

到合理怀疑的程度，并使法官相信被告母公司存在着滥用子公司人格的较大可能性。

其次，由被告母公司证明其不存在滥用子公司独立人格的行为，即证明自己与子公司的关系是正当的。母公司应该有确凿的证据证明子公司享有决定自己事务的自主权，或者对子公司实施的控制行为并未造成原告的损失。如果母公司不能证明自己与子公司之间的相互独立关系，法律就应推定母公司对原告损失负责。

CHAPTER 04 >> 第四章

规制关联公司破产的特殊性法律制度

特殊性法律制度是指针对关联公司破产的特殊品质，特别为其设计的规范措施，该制度仅能够适用于关联公司破产的情形。

第一节 衡平居次制度

一、衡平居次制度的理论进路

（一）衡平居次制度的确立

衡平居次制度的称呼有很多种，如债权居次制度、“深石原则”、公平控制规则、衡平降格制度等。在大陆法系国家中，通常将居次的债权称为劣后债权。由于居次制度是在1939年由美国联邦最高法院在审理泰勒诉标准电气石油公司（以下简称标准公司）一案[1]

---

[1] Taglor v. Standard Gas & Electric Co. 306 U. S. 307, 59 S.

时确立，而案中的破产公司为深石石油公司（以下简称深石公司），故又称为“深石原则”。

在泰勒诉标准公司一案中，深石公司系标准公司的子公司。深石公司申请重整，地方法院审理时认为作为母公司的标准公司自愿作出若干让步，因此批准了该重整计划，并允许标准公司对深石公司的债权登记为重整债权，与其他债权人共同求偿。但破产管理人以及泰勒等多名优先股东反对，均提起上诉。上诉巡回法院维持原判。泰勒等优先股东遂上诉至联邦最高法院。泰勒等优先股东引用了“工具理论”[1]，认为深石公司是标准公司的一个部门或代理人，因此不应当支持其母公司的任何债权的请求。

联邦最高法院经审理认为，州法院的裁定有违反“公正、衡平”之嫌，理由在于：深石公司之所以会破产，不只是因为它向标准公司欠下了大笔款项，还因为标准公司基于对管理人员和董事的控制在管理深石公司时滥用权力。深石公司是标准公司的被控股公司，且其设立时资本即不足，该公司成立后的经营中，业务经营完全受标准公司控制，并完全为标准公司的利益而经营。

---

[1] 工具说由美国律师鲍威尔（Powell）于1931年提出。该学说以母子公司为例，认为子公司之存续、经营仅为母公司之需要，实际上子公司已丧失其独立法人人格，而为母公司之工具时，母公司应对子公司之债务负责。子公司在何种情况下为母公司之工具，应考虑如下十个方面：①子公司全部或绝对多数之股份为母公司所拥有；②母、子公司有相同之经理人或董事；③子公司之财务有赖母公司之支援；④子公司之资本由母公司全部认股而设立；⑤子公司资本明显不足；⑥子公司职员之薪资及其费用由母公司支付；⑦子公司之业务均与母公司有关，而无独立之业务，或子公司除得自母公司转移之资产外，别无自行购置者；⑧在母公司有关文件中，子公司常被称为母公司之某一部门或某一单位；⑨子公司之董事或经理人完全受命于母公司，未为子公司本身之利益而单独从事各种业务；⑩子公司缺乏为独立主体所具备之法定形式要件。但鲍威尔对上述各条之间的关系是“和”还是“或”的关系并没有说明。参见洪贵参：《关系企业法理论与实务》，元照出版公司1999年版，第101页。

例如，标准公司利用对深石公司的独占控制阻碍深石公司的优先股股东在公司管理上的表决权和发言权，让深石公司对其付出大笔的分红；标准公司指使深石公司与自己的另一家子公司签订一份对深石公司极为不利的租赁合同，该子公司再把获得的租赁费转给标准公司；标准公司让深石公司与另一家子公司签订一份管理协议，深石公司要为此付出极不合理的管理费用；标准公司通过与深石公司的往来账户，向其索取高额利率；标准公司在深石公司不具备支付能力时仍要求分配股息红利等。判决中指出，暂且不论这样分红的合法性，对于身处破产危境、急需资金的公司来说，如此长时间的支付巨款显然是不应该的。这只是标准公司的管理和控制损害深石公司财务状况的一个方面。最后联邦最高法院判定，除非标准公司自动将其对深石公司的债权的求偿顺序置于其他拥有优先债权的债权人之后，深石公司的重整计划不得成立。

从深石公司一案开始，美国破产法上便确立了“深石原则”。虽然确立之初该原则是用于保护深石公司的优先股东的利益，法院决定母公司（控制公司）的债权应劣后于优先股东而受偿。但在后来的很多子公司（从属公司）发生破产或支付不能的案件中，法院继续沿用该理论，根据母公司（控制公司）是否有不当行为存在而决定其债权是否应次于子公司（从属公司）其他债权人受偿。并且现行的美国破产法通过判例形式，明确对“深石原则”给予了确认。❶ 该原则的确立，对于从属公司发生破产或进行重组的案件，如何处理控制公司债权的问题产生了重大影响，具有“里程碑”的作用。❷

---

❶ 11U. S. C. §510（c）（1982）.

❷ Phillip Blumberg, *The Law of Corporate Groups*: *Bankruptcy Law*, Little Brown & Co Law & Business（1997） at p. 69.

（二）衡平居次制度的发展

随后的派博诉利顿❶和康斯托克诉机构投资者集团❷两个判例，使得深石原则逐步走向成熟并为人们所接受。

1. 派博诉利顿案

1939年派博提起诉讼，要求美国南部诸州斯普林特煤矿公司（以下简称煤矿公司）支付给他一笔租赁费用，结果胜诉。与此同时，煤矿公司的唯一股东利顿也对煤矿公司提起诉讼，要求公司支付5年来积欠的薪金33 400余美元，经煤矿公司自认，也获胜诉。然后，利顿以该判决为依据，申请对煤矿公司进行强制执行。在按照利顿的申请执行拍卖时，利顿买下了煤矿公司的资产，然后促使该公司提出了破产请求。破产管理人在法院提出诉讼，要求判决利顿获得的关于薪水的判决无效，并且撤销该判决执行时的拍卖。初审中，破产管理人败诉。

接着利顿又在破产法院提起诉讼，声称拍卖所得还没有完全满足自己胜诉的判决，要求继续就差额部分进行追偿。破产法院一审驳回了利顿的起诉并且判决破产管理人有权收回利顿于执行拍卖时购买的公司资产，用于清偿债务。而上诉巡回法院推翻了一审法院的判决，认为之前法院对利顿债权的认定已在破产程序中具有既判力。于是案件上诉到联邦最高法院。联邦最高法院认为，公司的管理人员、董事或者股东向破产公司主张债权或者主张减少自己的债权，并不意味着破产法院就必须让他们享有和其他债权人一样的权利。依据衡平法的主要原则，对他们的债权采取不予承认或者令其居次的做法是必需的。董事对公司负有信义

---

❶ Pepper v. Litton 308. U. S. 295，60 S.

❷ Comstock v. Group of Institutional Investory，335 U. S. 211 （1948）.

义务，而控制股东也一样。他们对公司的经营管理等行为应当谨慎认真。他们若与公司签订合同或是作其他约定，应当要能够证明交易是善意的，而且从公司或是相关利益的角度出发，交易的实质也是公平的。而利顿利用自己的“战略性地位”，即他对债务人的支配性影响，为了自己的优先权损害了公司债权人的利益。即当派博准备实现自己的债权时却发现煤矿公司的大部分财产已经转入利顿的另一个公司。利顿获得了破产的煤矿公司大量财产却不用向债权人支付现金或者其他对价，账簿上表明这只是利顿过去几年的服务费用，而服务费的标准是由利顿自己确定的。❶

本案的判决结果是没有承认利顿的工资请求权，但也没有要求其对公司的债务负责。本判例所确立的原则是：“公司的被信任者，如股东、董事等在公司失去清偿能力的情况下对公司提出债权要求，应当严格审查，以免损害其他债权人的利益；法院可以考虑将被信任者的债权劣后处理。”❷

2. 康斯托克诉机构投资者集团案

在 1948 年康斯托克诉机构投资者集团一案中，密苏里州太平洋铁路公司（以下简称密苏里州公司）系路易斯安那州铁路公司（以下简称路易斯安那州公司）的控股股东。原告康斯托克认为，在 1924—1933 年密苏里州公司对路易斯安那州公司实施了不当的管理行为，因此主张密苏里州公司对路易斯安那州公司的债权劣后。法院经过审理，支持了密苏里州公司的善意抗辩，驳回了原告康斯托克的主张。但墨菲（Murphy）法官对此判决有不同意见。

---

❶ ［美］大卫 · G. 爱泼斯坦、史蒂夫 · H. 尼克勒斯、詹姆斯 · J. 怀特：《美国破产法》，韩长印等译，中国政法大学出版社 2003 年版，第 443 页。

❷ 薄守省主编：《美国公司法判例译评》，对外经济贸易大学出版社 2007 年版，第 308 页。

他认为，深石原则并非要求有不正当行为的母公司的所有债权都应劣后清偿，相反，假如不正当行为可以分离时，仅该不正当部分方可适用。然而，如果母公司的不正当行为是复杂的，以至于难以区分时，则将母公司所有债权完全地劣后清偿，即所谓的“完全居次法则”。该法官经过对相关公司的财务分析得出，在母公司共计 10 565 226.78 美元的债权中，只有 2 795 000 美元的分红以及 1 261 009.84 美元的公司间簿记交易资金应当劣后。[1]

上述两个案件都是对“深石原则”运用的发展。在派博诉利顿案中，“深石原则”运用于一人公司，并且强调一人公司中的股东对公司应该负有谨慎认真的义务。当一人公司的股东怠于履行此义务，其对公司所提出的债权请求就必须经过认真的审查，为保护公司债权人的合法利益，应当将该股东对公司的债权请求劣后于其他债权人进行清偿。而在康斯托克诉机构投资者集团案中，由于母公司与子公司之间的交易行为纷繁复杂，其中包含有为节约交易成本而进行的合理的关联交易，也有不正当地侵害子公司利益的关联交易，此时对于母公司对子公司所诉请的债权应该如何对待的问题，该案的法官提出了有创意的提法，即区分母公司对子公司所享有的债权的性质，对不同债权采取区别对待的态度，正当的债权与破产子公司的其他债权人同一顺位获得清偿，而不正当的债权则应劣后于破产子公司的其他债权人而受偿。但如果无法分清母公司对子公司所享有的债权人的性质，母公司自己又不能证明其债权享有的正当性，则母公司所有的债权都应完全劣后于受损害的其他债权人或投资人受清偿。

---

[1] 黄蓓：《衡平居次原则研究——以有控制关系的关联公司为视角》，华东政法大学 2008 年硕士学位论文，第 8 页。

（三）衡平居次制度的拓展：债权重新定性

作为衡平手段的债权重新定性是指法院对公司享有的债权性质重新厘定，如债权人预付款的目的是注入公司资本，而并非对公司的贷款，那么就否定其债权的性质。[1] 如果一项伪装成贷款的资本投入被法院否定的话，那么该投入的资本就不能成为贷款债权参加破产财产的分配。因此，对债权的重新定性是对债权债务的重新考察，考察债权债务关系产生的真实本质。这是对衡平居次制度适用的拓展，因为衡平居次制度仅仅是认定该债权居次于其他债权而受偿，并没有从实质上否定债权的效力，前提是承认其债权的效力。但对债权的重新定性，如果一旦否定其债权，那么该“债权人”将不能参加破产财产的分配；如果该债权得到法院的承认，那么其受偿顺序就依据衡平居次制度的规定，在其他债权人之后。

法院对债权重新进行定性时应该考虑如下三个要素：首先，考察所谓贷款协议的正式手续。交易双方在协议中约定的借贷条款越详细、越明确、权利义务越清晰，这个交易就越像是一个贷款协议；相反，如果协议的条款约定得非常含糊和不明确，那么该交易就像是一个资本注入，而并非贷款。其次，公司在订立所谓贷款协议时的财产状况。如果所谓的贷款注入公司时，风险非常高，并且贷款的回报难以确定，法院就会判定该“贷款”实际上是公司资本的投入。最后，贷款协议双方的关系。如果借款人拥有控制贷款公司的权力或者参与贷款公司的经营管理，那么法院就会认为该“贷款”是基于所有者的利益而为的，双方并不是

---

[1] 刘济源：《论破产分配中的债权公平居次规则》，中国政法大学 2001 年硕士学位论文，第 41 页。

真正的借贷关系。

对于破产法院是否有权力确定一项债权的效力问题，在美国还存在不同的声音。破产法院一般都坚持认为它们拥有重新确认债权的权力。它们认为，破产法院对一项所谓贷款的重新确认源于破产法院的衡平性权力，应该忽略交易的表面形式，探求交易的真正目的。[1] 法院从来没有被要求接受债务人对一项特殊的交易所认定的“债务”或者“资本”的标签，而必须探明交易的真正内涵以判定该交易的性质，到底是“债务”还是“资本”。[2] 而反对者多为学者，他们认为，法律并没有赋予破产法院此项权力。如有学者说，破产法没有赋予破产法院重新确认债权的规定。[3] 另有学者说，《美国破产法》第105条（a）虽然规定了“法院有权发出任何对于执行本法规定有必要或者适当的命令、程序或者裁定”，但并没有规定或者暗示破产法院可以进行债权的重新确认。还有学者说，《美国破产法》第105条对破产法院的授权是有限制的，即破产法院应该执行破产法真实的规定，法典中没有明确的规定授权法院重新确认债权，该救济已经超出了破产法院的权力范畴。[4] 因此，国会应该剥夺破产法院重新确认债权的权力，因为

---

[1] Cohen v. KB Mezzanine Fund II, L. P. (In re Sub Micron Sys. Corp.), 291 B. R. 314, 322 (Bankr. D. De. 2003), citing In re Fabricators, Inc., 926 F. 2d 1458, 1469 (5th Cir. 1991).

[2] Hilary A. Goehausen. You Said Were Going to Do What to My Loan? The Inequitable Doctrine of Recharacterization, *Depaul Business. & Commercial Law Journal*, 2005, vol. 4, p. 124.

[3] Jo Ann J. Brighton. Capital Contribution or a Loan? A Practical Guide to Analyzing Recharacterization Claims, *Am. Bankr. Inst. J. LEXIS*. 2002, vol. p86.

[4] Pacific Express holding, Inc. v. Pioneer Commercial Funding Corp. (In re Pacific Express, Inc.), 69 B. R. 112, 115 (B. A. P. 9th Cir. 1986)

第 510（c）[1] 的规定仅仅是明确赋予法院行使衡平居次判决的权力，而并不包括重新确认债权的规定。总而言之，法院对一项债权的重新确认是缺少法律依据的。

二、衡平居次制度的理论内涵

（一）衡平居次制度的概念

在布莱克法律辞典中，“深石原则”的定义为：控制股东对于破产公司持有的不符合公平或衡平要求的债权应当劣后于普通债权人或客户的债权。[2]

所谓从属求偿，是指在破产程序中分配破产财产时，将债务人的关联公司（包括母公司、子公司、附属公司等）作为债权人的求偿予以推迟，直到其他债权人得到偿付后，再将破产财产的余额用来清偿关联公司的债务。[3]

深石原则系指母子公司场合下，若子公司资本不足，且同时存在为母公司之利益而不按常规经营者，在子公司破产或重整时，母公司对子公司债权之地位应居于子公司优先股股东权益之后。[4]

深石原则又称“衡平居次制度”，规定控制公司的债权无论有无别除权或优先权，均应次于从属公司的其他债权受清偿，以保

---

[1] 1978 年《美国破产法》第 501（c）规定：“在公司破产清算时，因不公平情形的存在，根据公平降级原则，将某一些被确认的可参与分配的债权及权益的全部或者部分次于另一债权及权益受偿，或将不当债权人的担保利益转到破产财团。”

[2] Bryan A. Garner, *Black's Law Dictionary*, St. Paul, Minn, 1999, p. 425.

[3] 石静霞：《跨国破产的法律问题研究》，武汉大学 1998 年博士学位论文。

[4] 赖英照：《公司法论文集》，1988 年版，第 138 页。

护从属公司的债权人。❶

控制公司从属求偿制度，它指的是在控制公司控制下的从属公司发生破产时，如控制公司基于不公平的合同交易而拥有了对从属公司的债权，对控制公司这种具有特殊身份的债权人，虽然允许它们申报债权并参加破产分配，但法院一般要将控制公司的债权劣后于破产公司（从属公司）的其他普通债权人清偿，除非控制公司举证证明了其债权是基于公平原则，而不是基于不公平的合同交易而产生的。❷

国内学者还有很多对“深石原则”的定义，本书不再一一罗列。但基本上所有概念都包含有共同的实质内涵，即在存在控制与从属关系的关联公司中，当控制公司对从属公司实施违反公平正义原则的不当行为时，规定在从属公司的破产清算或重整程序中，控制公司对从属公司的债权，不论其有无别除权或优先权，均应次于从属公司的其他债权人受清偿。

（二）居次债权的产生原因

1. 基于合同原因产生的居次债权

如果一个债务人的两个或多个债权人订立一项债权排序的合同，其中规定某一债权人同意其对该债务人的债权在受偿顺序上排在另一个或另一些债权人得到偿付之后，那么这就是合同规定的居次债权。❸

任何债权人在与债务人就债权债务关系谈判时，都会尽其所能使自己的债权能够到最优先的清偿，似乎从道理上说不通为什

---

❶ 杨剑锋：“美国法的‘深石原则’对我国公司法的借鉴”，载《福建法学》2003年第1期，第15页。

❷ 邬文辉：“破产法中控制企业从属求偿原则初探”，http：//www.law－lib.com/LW/lw_view.asp？no＝700&page＝7，访问日期：2018年9月2日。

❸ 李曙光：“居后债权与次级贷款”，载《法制日报》2008年3月23日，第7版。

么有债权人情愿将自己的债权顺位居后，甘愿在所有债权人得到清偿以后再获得清偿。实际上，债权人之所以会同意其债权清偿居后，是因为当企业债务人处于财务困境之时，如果能够有新的资金注入，该企业将获得新生。但无论谁都不情愿将资金投入濒临破产的企业，这是风险极高的投资。因此，新的战略投资者为保护自己的合法利益就会与原债权人谈判，要求原债权人同意当企业重整失败时，原债权人的债权在企业破产清算时自动居后。原债权人在考量债务人的财务状况以及债务人重获新生的可能性之后，会作出一个较为合理的判断。如果债务人重整成功的概率非常大，仅仅是因为缺少流动资金才导致的财务困境，那么债权人宁愿牺牲自己的债权优先顺位，因为只要企业重整成功，那么债务人就不再是资不抵债，完全可以清偿所有的债权，其债权的先后顺位已经不那么重要了。所以，原债权人在适当的时候会作出其债权居后的决定，不过，应注意的是，这类当事人意思自治的协议，不能违反破产法等法律关于优先权的规定。

2. 基于法定原因产生的居次债权

一些国家的成文法专门规定了一些债权为居次债权，如劣后债权。所谓劣后债权是大陆法系的概念，是指破产法规定的、后于普通无担保债权受偿的债权。德国、日本等国破产法皆有规定。

《日本破产法》第 99 条规定，下列债权劣后于其他的破产债权：第一，第 97 条第 1 款至第 7 款所列的请求权[1]；第二，破产债

---

[1] 《日本破产法》第 97 条第 1 款至第 7 款规定："（1）破产程序开始后对于利息的请求权；（2）基于破产程序开始后的不履行的损害赔偿或者违约金的请求权；（3）破产程序开始后对于滞纳税，利息税或者滞纳金的请求权；（4）与破产财团有关且是基于破产程序开始后的原因产生的，并且基于国税征收法或者惯例可以征收的请求权；（5）加算税或者加算金的请求权；（6）罚金、罚款、刑事诉讼费用、追缴金或者罚款的请求权；（7）参加破产程序的费用的请求权。"

权人与破产人之间在破产程序开始前，达成就该债务人的破产程序一旦开始、在破产程序中起分配的顺序在劣后破产债权之后的协议的债权，劣后于破产债权。

《德国破产法》第 39 条规定了后顺位破产债权人：第一，破产债权人的债权自破产程序开始时继续产生的利息；第二，债权人因参与程序而产生的费用；第三，罚金、罚款、强制性罚款和法院的秩序罚款以及类似的犯罪行为或违反秩序行为所引起的负担金钱支付义务的附随后果；第四，以债务人的无偿给付为内容的债权；第五，以返还替代资本的股东贷款为内容的债权或具有相同地位的债权。

3. 基于法院在破产案件的审理过程中产生的居次债权

为防止某些债权人实施欺诈，或其他一些非法活动，或以不适当的行为获取对其他债权人的优势，从而从此种行为中获利，法院或法官可以改变债权的排序。当然，法院在适用此一原则时，有严格的限定条件，即某些债权人的行为已可能损害其他债权人的利益，如改变正常分配方案和给予某个债权人不公平的优先地位。这一原则的目的是防止相关人利用法律机制获取优先权优势，以便实现公平分配。❶

本书对居次债权的探讨仅限于法院在审理企业破产案件的过程中，对有关联关系的公司适用的，法官依据公平、正义原则，对控制公司所享有的从属公司的债权作出予以降格的审判决定，即法律对原有债权顺位的一种硬性改变。

(三) 衡平居次制度的实现路径：推定分配规则

推定分配规则是美国公司法学者罗伯特·C. 克拉克教授提出

---

❶ 李曙光："居后债权与次级贷款"，载《法制日报》2008 年 3 月 23 日，第 7 版。

的有效实现衡平居次制度公平目标的规则。克拉克举例说明了推定分配规则。[1]

假设某B公司系某A公司的从属公司，B公司现在有价值150万元的资产。控制公司A对从属公司B存在着100万元的真实借贷契约。B公司因向外部人C公司赊账购买市场价值100万元的物资，从而C公司成为B公司的债权人。B公司除了与控制公司A与外部人C公司之外，别无其他债权债务关系存在。在无交易成本的假设下，如果B公司进入破产程序，A公司与C公司作为一般债权人，各自将获得75万元的破产清偿。但这样分配的前提是A、B公司间并无不当利益输送。如果A、B公司之间存在着不正当的关联交易，还可以区分为以下两种情况。

1. 控制公司A所取得的不当利益低于其应得到的正当分配比例

A公司利用控制条件，强迫B公司对自己没有提供的服务支付服务费用70万元。当B公司进入破产程序时，A公司虚构的服务所得的70万元服务费用并没有在破产程序中得到应有的非难，那么A公司与C公司将就B公司的破产财产80万元（150万－70万）进行受偿。即A公司与C公司将各自获得40万元的破产清偿。结果，控制公司A最终得到110万元（70万元＋40万元），而C公司只得到40万元。

在绝对居次制度的指导下，因为控制公司A的不当行为，将A所享有的全部债权完全劣后清偿，那么B公司的破产财产先要偿付C公司的债务，再考虑A公司的债权。故B公司的破产财产要首先用以偿还所欠C公司的债务，由于破产财产仅为80万

---

[1] ［美］罗伯特·C. 克拉克：《公司法则》，胡平、林长远、徐庆恒等译，工商出版社1999年版，第43－46页。

元，因而C公司只能获得80万元的破产清偿。而A公司将不能从B公司处得到任何偿还，其最终仅能得到之前取得的不当利益70万元。完全居次的结果，使控制公司A较其应得之数额75万元少了5万元，使A公司受到了实际所得的利益少于应得利益的惩罚。

如果在克拉克教授的"推定分配规则"指引下，首先应将B公司的破产财产视为150万元，债权人A公司和C公司应各得75万元。A公司取得的不当利益70万元将视为其已获得分配的部分，因而在剩下的80万元破产财产中，C公司分得75万元，A公司再分得5万元，最终A公司与C公司各得到正当的分配比例75万元。只有这样才能体现不带惩罚性质的衡平居次制度的内在要求，令最后的分配结果和在控制公司没有不当行为时的分配结果一样。

2. 控制公司A所取得的不当利益高于应得正当分配比例

假设前述B公司输送给A公司的虚拟服务费用为80万元。如果依照完全居次制度，B公司剩下的70万元破产财产将先满足C公司之债权请求，C公司此时仅能得到70万元而已，而A公司可继续保有所获得的不当利益80万元。在此完全居次制度下，控制公司A反而"超额"获得不当利益5万元。

在"推定分配规则"的指引下，也应视B公司的破产财产为150万元，A公司与C公司各得75万元的分配比例。现A公司既已获得80万元，就应返还多得的5万元给C公司，唯此才符合衡平居次制度所内含的公平性要求。

上述两种情况下，依据绝对居次制度进行分配所得到的结果有着较大差异，如表4-1所示。

表 4-1 依据绝对居次制度分配所得结果

所得结果	控制公司 A/万元	C 公司/万元
不当利益移转大于应得分配数额	80	70
不当利益移转小于应得分配数额	70	80

从表 4-1 的对比可以清晰得出结论：依据绝对居次制度进行分配，其结果为控制公司不当转移的利益越多，其所获得的破产清偿数额也就越多。这样的情形必将导致控制公司在从属公司进入破产程序之前，将采取各种手段尽可能多地转移其在破产程序中可能获得的利益，以保证即使债权劣后清偿，获得的不正当利益大于可能遭受的损失。这样的制度规定首先将破坏法律的公平性要求；其次也将对法律作为调节利益纠纷行为的工具性质予以否定，矫枉过正；最后，也是对绝对居次制度惩罚性功能的最大讽刺。

而依据“推定分配规则”，先将破产财产在各个债权人之间进行分配，之后再向控制公司要求返还多得的财产给其他债权人。因此，“推定分配规则”无论在何种情形下均能实现衡平居次制度的理想结果——公平对待破产债权人，即将从属公司的破产财产按照控制公司未实施不当行为时的分配结果分配。对此美国的帕斯内（Posner）法官从经济的角度予以评价：公司最有效的贷款者是控制公司等关联方，而非外部债权人，关联方可以较低的成本充分地了解公司可能发生的违约风险，判断是否提供贷款。况且，关联方担心自身信誉受公司破产影响，可能以比外部人更有利的条件向公司贷款。如果将关联方债权一律界定为权益资本，将阻碍其全力拯救公司，导致外部债权人遭受更大损失。❶

❶ Richard A. Posner, The Right of Creditors of Affiliated Corporations, *The University of Chicago Law Review*, 1976, vol. 43, p. 518.

三、衡平居次制度规制关联公司破产的意义

（一）更有效的措施：与破产撤销权制度相比较

破产撤销权制度是破产法中的一项重要制度，虽可以规制关联公司破产，但其设计以及适用主要针对的是单体公司的破产制度，故有一定的局限性。

衡平居次制度创立之初首先是为了保护从属公司外部债权人的合法利益，是依据衡平法之规则而运作的。它的适用宗旨亦是要从根本上为充分保障一般债权人的合法利益而提供有效的救济途径，即衡平居次制度的实质并不在于形式上受偿顺位之前后排定，而在于最终的分配公平。诚如有的学者所言，实质重于形式，衡平居次制度的核心价值即在于控制权的法益衡平。[1] 当关联公司中的控制公司运用其控制地位，实施侵害从属公司债权人利益的行为时，可以运用衡平居次制度保护破产从属公司债权人的利益。

依据衡平居次制度的内在要求，法律对控制公司的债权与从属公司的债权应该同等对待，法律利益的天平不能顾此失彼，不能因为控制公司的控制行为伤害了从属公司债权人的利益，就对其享有的所有债权一概加以否认，而应区别对待。只是由于不公平行为而对从属公司享有的债权予以居次，劣后于优先股东受偿。控制公司只需为自己的不当行为承担责任，故衡平居次制度本身并不带有惩罚性质。它仅是为填补债权人或者投资人所遭受的损害，并且只是在必要范围内所采取的措施。[2] 根据博弈论的分析，

---

[1] 吴福象、杨诚："'实质重于形式'——论母子公司过度控制权的法益衡平"，载《安徽大学学报》（哲学社会科学版）2005 年第 1 期，第 81 页。

[2] Note. The Deep Rock Doctrine: Inexorable Command or EquitableRemedy, *Colum. L. Rev*, 1946, vol. 47 , p. 808.

关联方不公平行为和公平行为系零和关系，破解零和游戏的出路在于参与博弈者从零和走向双赢，通过让关联方切实认识到不公平行为得不偿失，望而却步，转而把蛋糕做得更大，实现帕累托最优。[1] 控制公司被降格债权的范围仅仅是因其不正当行为对从属公司或者从属公司其他债权人所造成的损害，不能无限扩张。因为任何债权人在进行交易时，都必须承担一定的交易风险，债权人应该为可以评估的交易风险承担责任。如果将债权人本应承担的风险任意缩小，过度地保护债权人，也违背正常交易的目的。所以如果对控制公司给予的惩罚过多，也不利于进行正当关联交易，反而会阻碍经济的有效发展。故适用衡平居次制度的理想做法是将控制公司的行为予以适当区分。即衡平居次制度应该区别控制公司的不同行为，只针对依据不正当的控制手段而产生的债权，才要求其居次于其他债权人的债权，其目的仅为破产财产分配的终极公平，补救那些因为控制公司的不当行为而给合法债权人造成的损失，而并不是为了惩罚不守规矩的行为人——控制公司。

当债务人陷于财务困境后，在利益动机的驱使下，往往会在破产案件受理前竭力转移财产、逃避债务，或对个别债权人进行偏袒性清偿，一些债权人也利用各种不正当手段争夺清偿，从而造成经济秩序混乱，使破产法公平清偿之目的无法实现。由于破产程序启动后，债务的个别清偿均被中止，所以上述违法行为集中发生在破产案件受理前夕、债务人仍控制其财产的一段期间内。要实现破产法保障公平清偿的宗旨，就必须制定相应的行为规则，

---

[1] 赵旭、李硕："债权平等转向衡平居次：认缴制下公司不当关联债权清偿顺位的建构"，载《法院改革与民商事审判问题研究（下）》，人民法院出版社 2018 年版，第 1402 页。

使债务人诚信地承担债务责任，并对债务人在此期间进行的不当财产处分行为采取必要的法律措施加以纠正，恢复、保全债务人的责任财产，实现破产财产在全体债权人之间的公平分配，这便是设置撤销权的目的。[1] 单体公司破产时，其不正当的关联交易相对容易被发现，而在关联公司形式的掩护下，一些不当的利益移转行为就很难运用破产撤销权的制度予以取消。例如，在母公司控制下的子公司 A 陷入财务困境，而 A 公司的财产形式主要表现为 B 公司的股权，B 公司同时也是该母公司的子公司，那么母公司只要掏空 B 公司的财产，就可以避免 A 公司进入破产程序可能给自己带来的利益损失。依据破产撤销权行使的要件分析，该关联交易中并没有破产 A 公司的参与，但同样达到了损害 A 公司债权人利益的效果，而破产撤销权对此行为就无能为力。

另外，破产撤销权制度有严格的临界期间的规定，虽然我国的破产法将破产撤销权的临界期间规定为 1 年，但即使是再长的临界期间规定，也无法避免破产中，母公司对子公司债权人蓄意的伤害行为。因此，如果一项有失偏颇的交易发生在子公司进入破产程序的 1 年之前，那么撤销权制度对此将无能为力，只能默认母公司对子公司债权人的伤害行为。法律的精神此时受到严重挑战，故应该有相应的制度对此行为予以否定性评价，还合法债权人一个公道，以有效维护交易安全，衡平居次制度可以弥补此项制度的缺陷。

最后，衡平居次制度与撤销权制度相比，其效果更为人性化。如果一项不公正的交易被撤销以后，其效果为该行为自始无效，受益人也应退还其因不当交易行为所得利益，即法律完全否定其

---

[1] 王欣新：《破产法》，中国人民大学出版社 2007 年版，第 159 页。

不正当交易的行为效力。而在衡平居次制度的指导下，法律并不是对不当交易行为完全否定，而是仍然承认其交易行为的效力，仅仅是将该交易行为债权人的受偿顺序予以调整，排序在其他债权人之后。这样的规制措施既可以保护关联交易对双方当事人所给予的积极因素，还可以对当事人的不当关联交易予以惩罚，可谓人性化的规制。

综上所述，破产撤销权制度的设立和对债权人保护的功能与衡平居次制度是相同的。但破产撤销权制度在规制关联公司破产方面能够发挥的作用是有限的。

（二）更柔性化的规制：与揭开公司面纱制度比较

尽管衡平居次制度与揭开公司面纱制度均为规范关联公司破产的重要法律制度，都可以有效地防范控制公司利用其控制地位侵害从属公司债权人利益行为的发生，并且对已发生的该种行为给予必要的惩罚。但二者在适用的法律要件、适用范围、适用的目的以及适用的法律后果方面均存在着差异。首先，法律后果不同。衡平居次制度的运用并不否定从属公司的独立人格，在承认其独立的法人人格后，仅对不正当的关联交易予以否定性评价，将其由于不正当交易所产生的债权列为在其他债权人的债权之后进行清偿。而不像揭开公司面纱制度那样，完全否定从属公司的独立人格，将从属公司与控制公司视为一体，在学理上否定了控制公司向自己主张债权的悖论。其次，二者的行为危害程度有所不同。如揭开公司面纱要求债务人的资本显著不足，滥用公司主体地位，严重违反信义义务，财产基本完全混同。而衡平居次制度要求破产债务人资本不足、忽视公司主体地位、财产输送或部分混同。在美国，二者已经成为根据关联方行为危害程度的不同而为外部债权人提供的差别化的救济手段。揭开公司面纱为“例外之策”，法院一般谨慎适用。衡平居次制度作为一种柔性的救济手段成为债权人选择的主要方式。[1] 最后，二者适用的目的不同。衡平居次制度仅仅是对控制公司对从属公司的不当利益移转行为的否定性评价，但仅限于该不正当行为，并不会牵涉到控制公司与从属公司之间进行的其他正当交易行为，故控制公司仍然可以主张其债权，仅仅是清偿的顺位发生了改变。而如果适用了揭开公司面纱制度，那么在理论上控制公司对从属公司所享有的全部债权都会被否定。故揭开公司面纱制度适用的目的在于坚决否定控制公司债权人的身份。从属求偿制度的目的不在于拒绝母公司的求偿，也避开了在个案中否定子公司法人人格的问题，仅仅是对求偿顺位作出特殊安排，防止控制公司将风险过分地外化给债权人，是比“揭开公司面纱”更为温和的衡平救济方法。[2]

（三）更可行的路径：与自动居次规则的比较

德国立法上采用自动居次制度，也称废除替代资本制度，将股东贷款视为公司债务，但在破产程序中自动次于普通债权受偿，并规定两种例外情形：一为股东股份占比不超过 10%，并且不参与公司经营管理；二为拯救陷入支付不能的公司而成为公司股东。[3]

美国的兰德斯（Landers）教授主张自动居次制度，理由为首先控制公司等关联方关心投资利益最大化，任何对公司的借款皆为整个公司集团获得最大利益，借款本质上与风险资本类似，与

---

[1] 赵旭、李硕：“债权平等转向衡平居次：认缴制下公司不当关联债权清偿顺位的建构”，载《法院改革与民商事审判问题研究》（下），人民法院出版社 2018 年版，第 1407 页。

[2] 沈乐平：《母子公司法律问题研究》，经济科学出版社 2007 年版，第 231 页。

[3] 刘连煜：“‘公司法修正草案’关系企业专章中‘深石原则’相关问题之研究”，载《公司法理论与判决研究》，法律出版社 2002 年版，第 106 页。

一般贷款不同。其次既然控制公司等关联方旨在实现利益最大化，以此为目的作出决策往往无法确保公司作为一个独立法人运行。[1]

与自动居次制度相比较，在经济效益方面，公司的股东是困境公司最理想的借贷方。因为在从属公司陷入困境时，作为股东的控制公司是在基于对从属公司了解的基础上愿意以相对合理的条件向从属公司提供贷款以挽救公司营业的主体；控制公司对风险的评估可能低于外部潜在的债权人，而控制公司作出这种判断所依据的信息又很难以合理的成本向外部潜在的债权人传递。[2]美国、德国、意大利等国家关于股东债权居次受偿的规范，普遍面对“阻遏股东机会主义行为和允许控股股东通过注入新的债权资本而挽救经营失败的公司”的权衡。[3]美国破产立法中曾经有过控制股东对公司的债权应自动居次于其他债权人受偿的提案，但最终并未被国会采纳，“理由是这样使得母公司不会贷款给子公司，来帮助子公司解决财务困境，增加子公司的破产机会”。[4]

“要使事物合于正义，须有毫不偏私的权衡，法律恰恰是这样一个中道的权衡”[5]，自动居次制度不分缘由一刀切地判定控制公

---

[1] See Jonathan M. Landers, A Unified Approach to Parent, Subsidiary, and Affiliate Questions in Bankruptcy, *The University of Chicago law review*, 1975, p. 599.

[2] ［美］罗伯特·C. 克拉克：《公司法则》，胡平、林长远、徐庆恒等译，工商出版社1999年版，第70页。See Robert C. Clark, Corporate Law, *Aspen Law & Business*, 1986, p. 70.

[3] ［美］莱纳·克拉克曼、亨利·汉斯曼等：《公司法剖析：比较与功能的视角》，罗培新译，法律出版社2012年版，第144－145页。

[4] 邓峰：《普通公司法》，中国人民大学出版社2009年版，第224页。

[5] ［古希腊］亚里士多德：《政治学》，吴寿彭译，台海出版社2016年版，第169页。

司享有的所有关联债权均劣后受偿，完全否定公允性关联交易的积极作用，未免有先入为主和以偏概全之嫌，偏离居中立场，对诚实、善意、无偏颇的关联方不公平。[1] 虽然自动居次制度对外部债权的保护力度更强，但对于控制公司并不公平，矫枉过正，而衡平居次制度可实现控制公司经营管理自由与外部债权人利益之间的平衡。

第二节 实质合并制度

一、实质合并制度的理论进路

由于美国判例法的传统，实质合并制度在美国破产法中是通过一系列案例逐步得以确立的。

（一）实质合并制度的雏形——财产取回

在早期的财产取回判决中，法院一般认为子公司应该将其财产归还给其母公司的破产管理人或者法院任命的子公司的财产接收人，如此规定出于对母公司债权人利益的保护。在费斯诉伊斯特（Fish v. East）案中，美国第十巡回法院基于子公司仅仅为母公司的工具的理由赞成取回子公司的财产。法院认为基于衡平法的要求，当有侵犯公共利益、过错和欺诈行为的时候，公司的独立实体已经不存在了，实质合并即为必要。

在早期的许多财产取回的判例中，并没有引起母公司债权人

[1] See Robert C. Clark, The Duties of Corporate Debtor to Its Creditors, *Harvard law review*, 1990, pp. 505 - 538.

与子公司债权人之间的冲突，因为，那时子公司基本上没有自己的债权人。即使在那些子公司有自己债权人的案例中，法院也经常在子公司的破产财团内给予子公司债权人优先权，费斯诉伊斯特案即是如此。只有当财产取回的命令涉及所有的关联财产和母子公司的所有债权人时，实质合并才真正地产生了。[1]

（二）实质合并制度的首肯——辛普塞尔诉帝国纸业与颜料公司（Sampsell v. Imperial Paper & Color Corp.）案

在辛普塞尔诉帝国纸业与颜料公司案[2]中，联邦最高法院第一次认可了地方法院实质合并的做法。原告是自然人唐尼（Downey）的破产财产受托人，唐尼在申请破产之前，为逃避债务将其财产转让至其家族公司唐尼纸业和涂料公司（以下称纸业和涂料公司）。当唐尼进入破产程序之后，其受托人桑普塞尔（Sampsell）取得了回复令，成功地将唐尼转移至纸业和涂料公司的财产取回，并入唐尼的破产财产中。作为纸业和涂料公司债权人的帝国纸业与颜料公司此时申请对该部分财产优先受偿，联邦最高法院在判决中指出唐尼将个人财产转移到公司的行为构成欺诈，因为资产转移的目的是使得这部分财产远离其债权人的控制。判决帝国纸业与颜料公司不得就从纸业和涂料公司取回的财产行使优先受偿权，但可以作为普通债权人参与分配。该案历史意义主要在于：（1）联邦最高法院确认了地区法院将不同实体的财产和债务合并的做法；（2）指出实体合并并不自动给予不利地位的一般债权人以优先权；（3）合并不仅存在于欺诈性财产转移的案件中，而且在不同的实体间存在“特定的关系”时也可以适用。

---

[1] Mary Elisabeth Kors, Altered Egos, Deciphering Substantive Consolidation, *The University of Pittsburgh Law Review*, 1998, vol. 59, p. 391.

[2] Sampsell v. Imperial Paper & Color Corp, 313 U. S. 215 (1941).

但是遗憾的是，联邦最高法院并未指出如何判断“特定关系”。[1]

(三) 实质合并制度的确立——纽约化学银行担保公司诉基尔 (Chemical Bank New York Trust Co. v. Kheel) 案

在纽约化学银行担保公司诉基尔案中，第二巡回法院在适用实质合并制度的时候首次不再考量法律主体之间是否缺少独立性，而是将适用的核心要素确定为厘清不同权利与义务所需要的纯粹费用。[2] 在该案中，债务人船舶公司一共有八个子公司，这八个子公司完全由一个个人拥有并控制，它们的存在仅仅是作为一个独立的单元，几乎没有正式公司的合法手续。每一个公司的董事及经理都惊人的相同，而且都是有名无实的。公司和其股东之间的资金往来非常的混乱，而且都没有严格意义上的文件记载。由此，第二巡回法院决定批准适用实质合并制度。理由是厘清债务人混乱的记录所需要的费用将严重威胁到债权人所可能获得的清偿，而且如果做一个独立的清算计划也是不可能的，尽管债权人期望得到相反的结果。[3] 故此时法院通过独立破产所需要的费用与债权人因实质合并破产所可能获得的清偿之间进行博弈后，在经济的角度上给予了实质合并制度的理论支撑。

(四) 实质合并制度的完善——维易科建筑公司 (Vecco Construction Industries, Inc.) 案

最经常被引用的是美国东部地区弗吉尼亚破产法院 1980 年审

---

[1] William C. Blasses, Redefining into Reality, Substantive Consolidation of Parent Corporations and Subsidiaries, *Emory Bankruptcy Developments Journal*, 2008, vol. 24, p. 477.

[2] Douglas G. Baird, Substantive Consolidation Today, *Boston College Law Review*, 2005, vol. 47, p. 16.

[3] Mary Elisabeth Kors, Altered Egos, Deciphering Substantive Consolidation, *The University of Pittsburgh Law Review* 59, 1998, p. 396.

理的维易科建筑公司案，在该案中，法院提出了适用实质合并制度的七个标准：[1] 第一，分离和确定各自独立财产和债务的困难程度；第二，是否存在统一的财务报表；第三，作为一个整体合并的收益率；第四，财产的混同程度以及公司的功能；第五，各公司主体之间利益与所有权的统一度；第六，母公司的存在和在贷款问题上的一致保证；第七，公司之间的财产移转缺少公司规定的正式手续。

在该案中提出的七要素被称为“艾柯模式”（Vecco-style），艾柯模式在美国产生了巨大的影响力，随后有超过20个实质合并的案例引用了艾柯模式判断规则。与此同时，其他法院也参照艾柯模式提出了雷同的五要素、六要素、八要素或十要素的判断规则。故该判例具有里程碑式的意义，使实质合并制度的运用具有可操作性。

二、实质合并制度的理论内涵

（一）实质合并制度概念汇总

实质合并又称实体合并，不同学者对其内涵的理解有着不同

---

[1] In re Vecco Construction Industries, Inc., the court proposed seven criteria to determine whether substantive consolidation is appropriate:

(1) The degree of difficulty in segregating and ascertaining individual assets and liability;

(2) The presence or absence of consolidated financial statements;

(3) The profitability of consolidation at a single physical location;

(4) The commingling of assets and business functions;

(5) The unity of interests and ownership between various corporate entities;

(6) The existence of parent and intercorporate guarantees on loans; and

(7) The transfer of assets without formal observance of corporate formalities.

See Mary Elisabeth Kors, Altered Egos: Deciphering Substantive Consolidation, *The University of Pittsburgh Law Review*, 1998, vol. 59, p. 400.

的表述。

国内学者最早给实质合并下定义的是朱慈蕴教授，实质合并是指在母公司或子公司破产，或母子公司同时破产时，确定母子公司各自的债权人应如何分配各公司的财产，或者说确定母公司债权人与子公司债权人之受偿顺序的一项原则。[1]

王欣新教授将实质合并定义为，将多个（两个及两个以上）法人人格混同的关联公司视为一个单一公司，在统一财产分配与债务清偿的基础上进行破产程序，如多个公司的实质合并重整或清算，各公司的法人人格在破产程序中不再独立。[2]

徐阳光教授界定实质合并是其衡平权限创造的一种适用于关联公司（企业集团）破产情形的公平救济措施（原则），其核心要义在于否认各关联公司的独立人格，消灭所有关联公司间的求偿要求，各成员的财产合并为一个整体以供全部关联公司的债权人公平清偿。[3]

我国台湾地区学者赖英照先生认为实质合并的内容应当归属于广义的从属求偿制度。[4]

美国学者菲利普·布隆伯格（Phillip Blumberg）教授详细说明了实质合并制度的具体运用方法。实质合并应将已经进入破产程序的关联公司的资产与债务合并计算，清理关联公司彼此之间的债权债务关系，最终资产归入破产财团，然后依各关联公司所

---

[1] 朱慈蕴："公司法人人格否认法理在母子公司中的运用"，载《法律科学》1998年第5期，第42页。

[2] 王欣新："关联公司的实质合并破产程序"，载《人民司法》2016年第28期，第4页。

[3] 徐阳光："论关联公司实质合并破产"，载《中外法学》2017年第3期，第818页。

[4] 赖英照："关系企业法律问题及立法草案之研究"，载赖英照：《公司法论文集》，财团法人"台湾地区证券市场发展基金会"1988年版，第46页。

享有的债权额比例进行分配，再用于清偿该关联公司之所有债权人，其间并不过问该债权具体由哪一家从属公司所引起。❶

美国学者爱泼斯坦（Epstein）等人认为，实质合并是指不同实体的财产和债务在破产程序中被作为一个破产案件实施合并，从而当作一个破产债务人对待，这些被合并的财产组成一项单独的破产财产，所有对合并债务人享有的债权将从这笔破产财产中获得分配。❷

联合国贸易法委员会制定的《破产法立法指南》中规定了在破产程序中将一公司集团作为单一经济实体对待的考量因素：这些公司的管理、业务和财务相互交织的程度；相关公司对破产公司的债权人实施的行为；这些债权人是否旨在与一个经济实体而不是集团内两个或更多的公司发生往来；以及破产能在多大程度上归因于集团内相关公司的行为。根据这些考虑，法院可以决定公司集团在多大程度上作为单一公司运作，在某些法域，法院可以命令各公司的资产和负债合并或汇总。❸ 在2012年《破产企业集团对待办法》的术语表中，对企业集团的进一步定义是：以控制权或举足轻重的所有权而相互联结的两个或多个企业。“实质性合并”是指将企业集团两个或两个以上成员的资产和负债作为单一破产财产的组成部分对待。❹

---

❶ Phillip Blumberg, *The law of Corporate groups*, New York: Little Brown & Co Law & Business, 1985, pp. 401 -402. 转引自朱黎：“论实质合并破产规则的统一适用——兼对最高人民法院司法解释征求意见稿的思考”，载《政治与法律》2014年第3期，第154页。

❷ ［美］大卫·G. 爱波斯坦，史蒂夫·H. 尼克勒斯、詹姆斯·J. 怀特：《美国破产法》，韩长印等译，中国政法大学出版社2003年版，第23页。

❸ 联合国国际贸易法委员会：《破产法立法指南》，联合国国际贸易法委员会纽约办事处2006年版，第47页。

❹ 联合国国际贸易法委员会：《破产法立法指南第三部分：破产企业集团对待办法》，联合国维也纳办事处英文、出版和图书馆科2012年版，第2页。

2012 年最高人民法院在《关于适用实体合并规则审理关联公司破产清算案件的若干规定（第四稿）》中，定义实体合并“是指关联公司破产时，关联公司成员之间的财产和债务合并计算，相互间的债权债务消灭，债权人共同受偿的破产处理程序”。

（二）实质合并制度的概念分析

关联公司在破产程序中的合并有程序合并与实质合并两种。依据我国最高人民法院发布的《全国法院破产审判工作会议纪要》第六部分的规定，关联公司破产要根据破产关联公司之间的具体关系模式，采取不同方式予以处理，实质合并只是例外适用规则。虽然没有明确规定程序合并，但没有明确排除其适用。程序合并就是案件的合并审理，如多个破产公司的并案审理、集团公司的整体重整，但各公司仍保持法人人格的独立，债务清偿比例等分别确定。而本书所探讨的实质合并是将对存在高度一致性或对外作为一个整体的关联公司，归入同一破产程序，合并其资产与债务，所有关联公司的普通破产债权人适用同一比例的破产清偿程序。该制度包含有三个要件。

1. 前提要件：关联公司均进入破产程序

实质合并主要是指将进入破产程序的关联破产债务人的债权、债务和各破产债务人的破产财产予以合并。因此，首先要求各关联公司要进入破产程序。至于关联公司是同一时间进入破产程序还是依次进入破产程序，没有特殊的要求。但关联公司中一家公司进入破产程序，其破产管理人是否可以申请其他关联公司破产，本书认为是可以的。理由在于，依据我国《企业破产法》第 7 条第 2 款的规定，债务人不能清偿到期债务，债权人可以向人民法院提出对债务人进行重整或者破产清算的申请。因此，如果其他关联公司与已经进入破产程序的公司之间存在着债务关系（关联公司之间或多或少地存在着关联交易，就有债权债务关系），其进入破产程序的破产管理人就可以向法院申请其关联公司破产。如果法院宣告其破产，那么就满足了关联公司均进入破产程序的前提性要件。

2. 实质要件：关联公司之间存在着令人绝望的混同

令人绝望的混同是美国第二巡回法院在化学银行纽约信托公司诉基尔案中提出的，在艾柯建设工业公司案中又予以具体明确，即通过七要素的标准来衡量关联公司之间的混同程度。[1]

《破产企业集团对待办法》在论证法院下达实质性合并令的时候，强调有必要权衡以下各种要件作出公平和公正的决定：出具集团有合并财务报表；集团所有成员合用一个银行账户；集团成员之间利益和所有权统一；对个别资产和负债进行分离的难度；集团不同成员分担间接费用以及管理、财务和其他相关费用；存在集团内贷款以及贷款的交叉担保；集团成员为图方便不遵守适当手续而彼此转移资产或调拨资金的程度；资本的充足情况；资产或经营业务的混合；指定共同的董事或高级管理人员和举行董事会联合会议；共同营业地；与债权人的欺诈交易；鼓励债权人将集团视为单一实体的做法，使债权人不清楚同其打交道的究竟是集团的哪些成员，或者使集团成员间的法律界限模糊不清；以及实质性合并究竟是为了便于重整，还是为了债权人的利益。法院在考量时可以将重点放在有限的几个因素上，特别是集团成员的事务是否高度混合以致只有付出高昂的费用并耗费大量的时间才能分清资产和负债，或集团成员是否从事欺诈或没有合法商业目的的活动。

---

[1] 具体论述详见本章第二节第一个问题。

3. 结果要件：财产与债务的合并

如果适用实质合并的原则，那么被合并受理的破产案件，首先就应该将所有破产财产统一归入管理，其次要求将各关联公司之间的债权与债务进行汇总，可以抵消的进行抵消，不能抵消的，统一进行清理，以便作出破产清偿分配方案。

《破产企业集团对待办法》规定：破产法应当确定实质性合并令的效力，可能包括：将集团被合并成员的资产和负债如同单一破产财产的组成部分对待；消灭集团内债权；对拟合并集团各成员的债权作为合并后破产财产的债权对待；以及承认对集团个别成员而确定的优先权即为对合并破产财产确定的优先权。[1]

（三）实质合并原则的理论源泉

1. 企业主体理论

理论界普遍认为，哥伦比亚大学阿道尔夫·伯利（Adolf Berle）教授在1947年提出的"企业主体"理论是实质合并制度的基础。[2]企业主体理论强调用企业主体的观念代替公司主体的观念。企业主体说强调，由于某个控制公司的过度控制，使得被控制的一个或者数个公司的独立性受到严重的侵害，其独立存在的价值已经备受质疑，就应该将控制公司与被控制的公司视为一个整体，不再详细辨别它们的独立性。而且企业主体理论还强调作为企业的整体应该承担整体责任。理由在于，虽然数个独立的公司依据法定程序登记成立，成为法律上认可的独立公司，但数个公司之间由于关联关系而结成一个整体，那么此时数个公司的联合就满足

---

[1] 联合国国际贸易法委员会：《破产法立法指南第三部分：破产企业集团对待办法》，联合国维也纳办事处英文、出版和图书馆科2012年版，第68页。

[2] Adolf A. Berle. the Theory of Enterprise Entity, *Colum. L. Rev*, 1947, vol. 47, p. 343.

了企业事实的要求，其实质应该理解为是一个企业的不同部门。如此，该企业对外承担的独立责任就成为数个“独立”公司应当承担的整体责任。

企业主体理论中提出了两个重要的概念，即公司事实和企业事实。所谓公司事实是指法律事实；所谓企业事实即经济事实。[1]如果公司事实满足了企业事实的要求，就应该将各公司视为一企业。即如果依据法定程序成立的公司实际上也是一个独立经营的主体，满足法律事实的要求，即以公司的要求对待之。但如果公司在实际运行过程中表现为超然的协同能力，实际为同一企业的不同部门，虽然它们是法律事实上的独立主体，但从经济事实来考察，应将其视为同一主体——企业。在具体的案例中，法院可以忽视各个公司的独立法律地位，将其当作一个经济实体，以一整体形式对外承担法律责任。可见，企业主体理论揭示了同一现象在经济事实层面和法律事实层面具有不同的本质。

企业主体理论对传统理论提出了强烈的挑战，虽然与现代企业界的实际情况十分吻合，但由于缺乏判定构成一企业的明确衡量标准，而且如果一旦将数个公司以企业对待，对整体公司的影响太大，对经济的发展也不利，因此美国多数法院对此理论的适用采取较为慎重的态度。

企业主体说对于实质合并理论的支撑在于，只要各关联公司之间存在着经济上的同一性（企业事实），那么无论这种企业事实的存在是否已经给债权人造成了不公平的伤害，都可以运用实质合并制度来处理。因为，只要已经形成了“企业事实”，那么就存在着潜在的或固有的不公平因素，这种不公平因素的存在是因为

---

[1] Adolf A. Berle. the Theory of enterprise Entity, *Colum. L. Rev*, 1947, vol. 47, p. 344.

企业联合的行为或数个企业作为一个整体存在的行为。如果一个公司控制了多个法律上“独立”的公司，那么作为一个整体上运作的大公司集团就可以获得更多的经济回报，同时还可以避免单体公司在市场上可能遭遇的高风险。然而，在有限责任的制度下，这种“不独立”公司的更多风险都转由公司的债权人承担。因此，实质合并制度可以有效地进行风险的适当分配，要求“独立”公司债权人的风险由企业主体来承担，而不论是否存在有真实的损害。

2. 实体法理论

实体法观点和企业主体观点则完全相反。实体法理论是菲利普·布隆伯格教授提出来的，实体法观点即分离实体论，是指处理关联公司破产问题时不考虑各公司间在经济上的紧密联系，只要从法律上考察关联公司中的各公司是独立的，就按照传统单体公司来处理债权债务。❶ 实体法概念更多注重公司存在的形式，而非其实质的方面。在实体法概念引导下，商业经营的现实情况容易被忽略，甚至对子公司根据母公司的指示肆意进行利益转移以达到集团利益最大化的目的没有进行足够的考虑。但在破产法领域，“公平”原则是最重要的考虑，对于公平项下的实质合并问题，许多国家基本上已经接受了企业主体说的观点。

三、实质合并制度的合法性论争

通过对实质合并制度历史的考察，法院引用了各种方法来支持此项制度。然而，许多批评者说这些方法不足以证明该制度作为一种救济手段的合法性。

《美国破产法》中并没有关于实质合并制度的具体规定，就像

---

❶ Philip I. Blumberg, *The Law of Corporate Groups—Problems in the Bankruptcy or Reorganization of Parent and Subsidiary Corporations*, Including the Law of Corporate Guaranties, Little, Brown and company, Boston and Toronto, 1985, p. 703.

前文所描述的那样，实质合并制度是通过各地区法院的判例而确立和发展起来的，联邦最高法院对此制度的态度是有所保留的。在《美国破产法》中，只有两条规定是与实质合并制度相关的。首先是第 105 条（a）的规定，在本书的第四章中，对该条已经进行了详细的介绍，此不赘述。其次是第 1123 条（a）（5）（C）的规定，为重整计划的实施提供充足的手段，将债务人与一个或数个个人进行合并。此条的目的在于，破产法院应该尽可能提供一切手段以保证重整计划的执行，其中实质合并就是手段之一。因此，通常认为，第 1123 条（a）（5）（C）的规定是实质合并制度的基础，即使是实质合并制度的反对者最终也不得不承认该条是对实质合并制度的强有力支持。但由于该条规定在《美国破产法》中的第 11 章“重整”中，因此其适用的范围也局限于关联公司破产适用重整的情况，有很大的局限性。而还有很多的实质合并发生于非重整的情况，因此《美国破产法》中真正赋予破产法院和法官权力对破产债务人的财产与债务进行合并的规定还是第 105 条（a），这是一条原则性的规定，笼统地规定了破产法院的权力。虽然该条没有明确的规定破产法院可以对破产债务人进行实质合并，但也没有否定该项具体权力，因此来自该条的批评声音也是最多的。

批评者认为，地方法院没有《美国破产法》第 105 条（a）授权的权力，只有联邦巡回法院和联邦最高法院才拥有此项权力。其中最强有力的批评声音来自波斯纳法官，他认为，即便是法官在衡平法的范围内，有权力弥补法律的漏洞，但“破产程序要求平等的事实并不是给法院太多的自由决定权，尤其是凭借自己的公平与正义的价值判断而重新分配破产程序中的权力”。[1]

---

[1] Douglas G. Baird, The Future of Chapter 11: A Symposium Cosponsored by the American College of Bankruptcy: Substantive Consolidation Today, *Boston College Law Review*, 2005, vol. 47, p. 16.

尽管有不同的观点存在，实质合并制度在地方法院的判决中仍然有效适用。

四、实质合并制度规制关联公司破产的意义

破产撤销权制度、破产无效制度、揭开公司面纱制度以及衡平居次制度都可以规制关联公司破产中发生的利益冲突，但上述制度更多在于调整关联公司中的一家公司破产，而其他关联公司未破产的情形。

（一）与揭开公司面纱制度的比较

无论揭开公司面纱制度还是实质合并制度，均为保护母子公司债权人公平受偿而设，是救济债权人的强有力措施。

1. 二者的相似性

实质合并制度与揭开公司面纱制度具有较强的相似性。

（1）在某种程度上都否认了公司的独立性。揭开公司面纱制度主要应用在子公司破产时，由于母公司对子公司的过度控制，致使子公司失去了独立性，从而揭开子公司“独立法人”的伪装，由此控制母公司对子公司的债务承担责任。即在该制度的指导下，被控制子公司的独立人格将不能得到承认。

在实质合并制度的指引下，由于进入破产程序的母公司与子公司的资产与债务要归入统一管理，其间相互债务予以抵消。这样的法律安排实际上就是将母子公司的独立人格合二为一，虽然没有明确彻底的否定，但实际上母子公司人格的独立性也已荡然无存了。因此实质合并制度可以算是揭开公司面纱制度在破产法中的特殊运用。由于企业破产是法人资格消亡的一种程序，因此有必要赋予在这个过程运用揭开公司面纱制度的特殊做法，体现破产法的一些特殊性，同时该制度并未从实质上突破揭开公司面

纱制度，而是更注重效率与公平。

（2）均为衡平性救济手段。通过对揭开公司面纱制度与实质合并制度历史的考察，由于两种制度都不能在成文法中找到法条规定❶，都出自于衡平法院的法官造法，因此两个制度的运用都是在法官认为依成文法对案件的审理已经不能体现法律所要求的公平与正义时，通过上述手段恢复法律正义。另外，二者都是在公平原则的指导下对旧有理论滥用的矫正，其目的在于追求实质公平的效果。实质合并制度突破了谁的债权谁来偿还的理论，而揭开公司面纱制度则是对法人人格独立和有限责任原则的矫正，其原因皆在于僵化的适用这些传统理论会导致实践中的不公正现象。即二者的性质均为衡平性救济手段。

（3）源出的同一性。这两个制度的相似性还表现在其历史根源上。实质合并制度最早产生于揭开公司面纱制度、衡平居次制度，并逐渐发展或为一项独立制度。❷ 另外，由于两个制度都是判例法的产物，故实质合并制度常常被看作是破产法领域揭开公司面纱制度的类似物。而我国学者也在揭开公司面纱制度的理论框架下探讨实质合并制度。❸

（4）适用条件的相似性。无论是揭开公司面纱制度还是实质合并制度，在适用条件中都要求存在着母子公司间的资产混同、人格混同、业务混同等要素。虽然两个制度的适用条件不能完全等同，而且对实质合并制度的适用应该更为苛刻，但二者还是存在很多雷同之处。

---

❶ 揭开公司面纱制度只在我国《公司法》第20条、第63条有规定。

❷ Mary Elisabeth Kors, Altered Egos: Deciphering Substantive Consolidation, *The University of Pittsburgh Law Review*, 1998, vol. 59, pp. 386 - 387.

❸ 朱慈蕴：“公司法人人格否认法理在母子公司中的运用”，载《法律科学》1998年第5期，第41 - 42页。

2. 二者的差异性

尽管揭开公司面纱制度与实质合并制度在诸多方面都存在着相似性，但两个制度并不能相互等同，其间的差异表现为：

（1）适用范围的差异性。从法律制度的部门法分类考察，揭开公司面纱制度应归属于公司法范畴，是对有限责任制度和独立法人制度这一公司法理论基石的例外适用。而实质合并制度应归属于破产法范畴，本质上是对破产法中谁的债务谁清偿理念的一种例外适用，是一种集体清资偿债程序。此外，就两个制度的适用范围而言，揭开公司面纱制度更多地被用于处理个人股东和公司之间的关系。而实质合并用于处理关联公司之间的关系，涉及支配公司债权人利益和被支配公司债权人利益的协调问题，面临的局面更为复杂。

（2）适用条件的差异性。两个制度在适用条件上虽然都要求具备资产混同、人格混同、业务混同的要素要求，但二者对混合的要求程度不同。如果对关联公司适用实质合并制度，其对关联公司之间存在的混同程度要求要严格于适用揭开公司面纱制度的要求，即提出“令人绝望的混同”标准。在化学银行纽约信托公司诉基尔案中，美国第二巡回法院提出实质合并制度的适用不再完全依赖于各公司间的相对独立性，而是重点考察厘清各公司间权利与义务所需要花费的纯粹费用。如果当厘清各关联公司之间的原本权利义务状态所需要花费的时间和费用非常之巨大，甚至所花费之数额已经严重影响到债权人的受偿利益时，各关联公司内部的混同就已经达到了所谓的“令人绝望的混同”。[1]

---

[1] Douglas G. Baird, Substantive Consolidation Today, *Boston College Law Review*, 2005, vol. 47, pp. 16 – 17.

“混同”虽是适用两个制度的事实基础，但实质合并制度对混同的要求程度更高，强调其程度性——令人绝望！即各关联公司之间的人格、账务混同已经达到了几乎无法厘清的程度，即使能够清理，其区分各公司间的财产、人事以及账务等需要花费的时间和财力都将严重削弱破产债权人可能受偿的财产，从经济博弈的角度分析，这并不是债权人想要的结果。此外，破产法的立法目标之一就是要实现破产财产的利益最大化，那么如果清理混同的成本已经严重耗费了债权人可能受偿的破产财产，这就已经与破产法的立法目标发生冲突。

虽然破产法应该追求债权人利益的最大化，但破产法中的诸多制度毕竟依托于民法和公司法，公司法中确认的法人独立原则以及独立法人实体的权利、义务分配规则属于一般性的基本原则，没有强有力的证据支持，不能轻易地动摇这一理论基石。如果法院可以随便地改变不同主体之间的实体权利义务分配规则，那么公司登记制度的意义就会被否定，公司登记带给公司债权人的信赖利益也将受到破坏，整体交易安全都会受到挑战。因此，在考虑适用实质合并制度的时候，其适用条件必然苛刻，只有在关联公司间的混同达到了无法容忍的、令人绝望的程度，而且实质合并能够带来债权人利益的最大化，为节约成本的考量，方能适用。

（3）价值取向的差异性。无论是揭开公司面纱制度，还是实质合并制度，实际上都是衡平性的救济手段，而衡平性的救济是在利益发生偏颇的时候，而成文法上又缺少相应的规制措施，法院或法官才会运用此种手段恢复法律的公平、正义。揭开公司面纱制度与实质合并制度虽然在性质上雷同，但其价值取向还存在较大差异。

第一，实质合并制度的价值取向在于追求债权人利益的最大化。在破产程序中，各利益主体之间都存在着利益冲突，[1] 对各方主体利益的权衡是决定是否适用实质合并制度的关键，尤其是将要被合并主体的各债权人利益的平衡。

本书通过假设一个案例来说明实质合并制度如何实现债权人利益的最大化。假设甲公司为母公司，独立登记的乙公司、丙公司和丁公司均为甲公司的子公司，乙、丙两家公司的债权人受到其滥用公司形式的误导而对其提供贷款，而丁公司的债权人并不知情，对丁公司享有债权。如果目前甲、乙、丙、丁四家公司于同一时间段依次进入破产程序，经过破产法院的审理发现，四公司间存在着严重的资产、人员、财务的混同。甲、乙公司共用办公大楼、生产厂房；甲、丙公司的人员严重混同，工作人员的工资领受也较为混乱，其工作任务的分配以及人员的安排、管理等均为甲公司所操控；而丁公司的生产项目、数量以及生产标准等全部由甲公司规定，实为甲公司的一个生产车间。下面，对上述的假设案例运用实质合并制度与独立审理原则分别处理：

在实质合并制度指导下，将四公司的资产与债务进行归一，审理发现四公司共有破产财产1亿元，一共对外负债4亿元（假设没有优先债权），除却审理费用2 000万元外，在该制度的指导下，四公司的债权人享有同一的受偿比例，即20%。

在独立审理原则指导下，假设为区分各公司的资产与债务的归属费用由以下几部分组成：（1）人员的归属、在各公司的工作量以及应得工资的费用为1 000万元；（2）清偿各公司账目费用1 000万元；（3）清偿相互之间的混同资产、可以相互抵消的债权、

[1] 丁文联：《破产程序中的政策目标与利益平衡》，法律出版社2008年版，第23－37页。

债务费用1 000万元；（4）核算各公司间固定资产费用1 000万元；（5）其他费用1 000万元。总计破产财产1亿元，清偿费用5 000万元，最终破产清偿结果见表4－2。

表4－2 独立审理原则下各公司的破产清偿结果

公司	破产财产/万元	清偿费用/万元	可分配财产数额/万元	负债数额/亿元	清偿率/%
甲公司	4 000	2 200	1 800	1.5	16.8
乙公司	2 000	1 000	1 000	0.8	12.5
丙公司	3 000	1 400	1 600	1.2	13.3
丁公司	1 000	400	600	0.5	12

通过比较可以得出结论，由于清理严重混同关联公司的资产与债务的费用太过高昂，已经将可以用于分配的破产财产数额大幅度降低，实际上任何一个公司的债权人在独立审理原则的指导下与在实质合并制度的指导下比较，其利益都在无形中被削减了，甲公司债权人少得清偿3.2%，乙公司债权人少得清偿7.5%，丙公司债权人少得清偿6.7%，丁公司债权人少得清偿8%。无论少清偿比例是多少，哪个公司债权人清偿的多，哪个公司债权人清偿的少，总之利益都与在实质合并制度指导下清偿比例20%少。因此，虽然实质合并制度突破了公司法中对人格独立制度的价值规定，但却实现了破产法中的债权人利益最大化的首要目标。本书认为，这并不违反法律的公平、正义要求，相反是对法律精神的最好诠释。

第二，揭开公司面纱制度虽然也强调利益的衡平，但此平衡不再是各关联公司债权人之间的利益平衡，而是在投资者和债权人利益之间进行权衡，本质上是对有限责任界限的关注。有限责任制度的设计目的是保护股东，股东仅以其出资额为限对公司债务承担责任，其结果是通过有限责任制度将公司的经营风险转移至公司外部的债权人。公司债权人接受与公司交易所可能产生的风险，其前提是该公司必须是独立的法人，公司资产与股东资产通过公司的形式进行有效的分离。但如果公司利用独立人格形式，从事侵害债权人利益的行为，为股东逃债、逃避法律责任提供“护身符”，那么天平将倾斜于控制公司股东的利益，即揭开从属公司的独立面纱，要求其投资人（股东）承担连带责任，衡平股东（控制公司）与从属公司债权人之间的利益。在实质合并制度适用的场合，关注的是从属公司债权人与控制公司债权人之间的利益平衡。因为无论是控制公司的债权人还是从属公司的债权人都是基于对公司整体的信赖，才与公司进行交易活动，故不应详细区分该债权究竟是哪一家公司产生的，只有这样才能有效保护和平衡不同地位债权人的利益。

（4）适用效力的差异性。由于实质合并制度与揭开公司面纱制度的价值取向是不同的，因此其制度的适用效力也不尽相同。

对于实质合并制度的适用前提就是各关联公司已经相继进入了破产程序，而公司进入破产程序的前提又是公司不能清偿到期债务，故对进入破产程序的关联公司进行资产与债务的合并，其目的是要统一进行清算，使所有关联公司的债权人都按照同一比例获得清偿，其结果通常是消灭所有关联公司的法人资格，其实体将不复存在。另外，在实质合并制度的指导下，各关联公司债权人的受偿比例有可能因为实质合并而提高，还有可能因为实质合并而降低，简言之，有些债权人因实质合并而受益，有些债权人因实质合并而吃亏。

在揭开公司面纱制度的指导下，主要是对公司有限责任的否定，要求母公司对子公司的债务承担连带责任。即揭开公司面纱制度的应用是在子公司破产而母公司未破产时，在对子公司债务的清算过程中发现母子公司的严重混同，然后对母公司滥用子公司形式的行为予以惩罚，要求母公司承担股东对公司的连带责任。揭开公司面纱制度适用的结果仅仅消灭了子公司的法人资格，对于母公司而言，仅仅是在特定的时间段、特定的事由出现时的临时性的“否认”，而并不是永久性的否认，虽然子公司破产了，但母公司的独立法人资格仍然继续存在。

（二）与衡平居次制度的区别

同作为规制关联公司破产的手段而言，实质合并制度与衡平居次制度既存在有相似性，也存在着不同。

1. 相似性表现

实质合并制度与衡平居次制度都是在公平原则的指导下，根据法院的衡平权限执行的。通过对实质合并制度与衡平居次制度历史的考察，这两项制度均为对成文法失衡的正义，通过衡平法院的衡平性救济权力进行矫正而产生。实质合并制度主要是对谁的债务谁承担原则所可能导致的不公平予以矫正；而衡平居次制度主要是对母公司滥用子公司的公司形式，所产生的对子公司债权人的伤害予以矫正，从根本上说，衡平居次制度并没有突破揭开公司面纱制度的理论内涵，因此也是对公司独立人格制度对债权人可能造成的不公平予以矫正。但无论是对既有制度的哪一种方式的矫正，均源自衡平法，是一种衡平法的救济措施。

此外，实质合并制度与衡平居次制度在适用的条件、考量的因素等方面具有相似性。因而，广义的从属求偿制度实际上就包含了实质合并的内容，如赖英照先生就是把实质合并制度当作母子公司同时破产的特殊情况在从属求偿制度中进行论述的。[1]

2. 差异性列举

（1）适用条件的差异。虽然两种制度均源自衡平性救济，也存在着适用要件上雷同性，但二者仍存在较为明显的差异。

首先，实质合并制度要求满足合并条件的关联公司应该依次进入破产程序中；而衡平居次制度并不要求母公司也进入破产程序，仅仅是子公司进入破产程序即可，只是母公司作为子公司的债权人参与破产财产的分配。

其次，实质合并制度要求关联公司之间的行为要件已经达到了“令人绝望的混同”的地步，在上文对此已经有详细地阐述，此不赘述。而衡平居次制度的行为要件要求就相对简单得多，只要是母公司滥用了子公司的独立人格形式并已经对子公司的其他债权人造成了伤害即可。

（2）适用目的的差异。实质合并制度在关联公司破产中适用的目的是实现破产债权人利益的最大化。此处的破产债权人包括所有的关联公司破产中涉及的债权人，有母公司的债权人也有子公司的债权人，而债权人利益最大化的实现也仅仅是相对而言的。在适用实质合并制度的时候，如果是清偿率相对较高的子公司与严重资不抵债的母公司进行破产程序合并，子公司债权人与母公司债权人应以同一比例受偿，那么该子公司债权人的债权实现利益就会比不合并的时候少，对子公司债权人而言并没有实现债权利益的最大化，因为子公司的部分资产将被用于清偿本公司与母公司合并后的所有债权。更为突出的表现就是合并后对优先权的

---

[1] 赖英照：“关系企业法律问题及立法草案研究”，收录于赖英照：《公司法论文集》，1988 年增订再版，第 37 页。

认可，资产较弱公司的优先债权人将会优先于资产较充裕公司的普通债权人受偿。故债权人利益的最大化是就关联公司的整体而言，只要实质合并能够给最大多数的债权人带来大于其单体破产时债权人所获得的清偿，就可以理解为实现了破产债权人利益最大化的破产法目标。因此，实质合并制度平衡的是各单体破产公司的债权人之间的利益平衡。

衡平居次制度适用的目的在于矫正母公司滥用子公司独立人格的行为所给予子公司其他债权人的伤害，通过对母公司作为子公司债权人的清偿顺位的调整，以弥补子公司其他债权人的不利地位。此制度并没有否定母公司的独立地位，也仍然承认母公司对子公司的债权，仅仅是将母公司债权人的地位进行降格，居次受偿而已。故衡平居次制度衡平的是子公司所有债权人（母公司与子公司其他债权人之间）的利益。

（3）适用效力的差异。对于实质合并制度的适用前提就是各关联公司已经相继进入了破产程序，而公司进入破产程序的前提又是公司不能清偿到期债务，故对进入破产程序的关联公司进行资产与债务的合并，其目的是要统一进行清算，使所有关联公司的债权人都按照统一比例获得清偿，其结果通常是消灭所有关联公司的法人资格，其实体将不复存在。另外，在实质合并制度的指导下，各关联公司债权人的受偿比例有可能因为实质合并而提高，还有可能因为实质合并而降低，简言之，有些债权人因实质合并而受益，有些债权人因实质合并而吃亏。

衡平居次制度要求母公司的债权应该居次于破产子公司的其他债权人而受偿，因此，也就意味着只有等到其他债权人受偿完毕，母公司才有可能得到清偿。但由于进入破产程序的子公司一定是不能清偿到期债务的公司，也就是说其破产财产一定是不足以清偿全部债权的，那么等到清偿完毕其他债权人的债权之后，留给母公司用于分配的破产财产已经微不足道了，甚至已经没有财产了。故虽然在理论上母公司依据衡平居次制度可以得到清偿，但实际上其得到清偿的机会几乎等于零。

（4）举证责任的差异。在适用控制公司债权衡平居次制度时，如果让原告从属公司其他债权人证明控制公司具有可受非难的不正当行为，是十分困难的，而且与该制度的设计初衷也是相违背的，因此该制度采用举证责任倒置的做法更为合理。

采用实质合并制度时，只有债权人能充分证明适用该制度将给其造成不可弥补的损失，或者从属公司确实保持了独立经营的状态，法院方可考虑不适用该制度，因此举证责任由债权人承担。

CHAPTER 05 >>

第五章 完善我国规制关联公司破产制度的建议

第一节 完善破产撤销权制度和破产无效制度的建议

一、我国破产撤销权制度和破产无效制度的规定及评析

（一）破产撤销权制度的规定

我国《企业破产法》第31条和第32条规定了可撤销行为，包括可撤销的欺诈行为和可撤销的个别清偿行为。

1. 可撤销的欺诈行为

这些可撤销的欺诈行为，如果在债务人没有进入破产程序时，都是法律许可的财产处分行为。而当企业陷入困境时，实施这些行为就具有恶意减少破产财产从而损害债权人利益的性质。可撤销的欺诈行为具体如下。

(1) 无偿转让财产。无偿行为是指无对价的行为。债务人在破产程序开始前进行的无对价行为，必将减少债务人的财产，从而危及债权人的利益，由此各国法律规定，对此行为的撤销只需客观上存在无对价行为即可，而无须债务人主观上存在欺骗、谋害债权人的意思。债务人所为的无偿行为，泛指有关财产与权利的一切行为，如赠与、债务免除、对消灭时效完成后的债权之清偿或承认、无偿设定用益物权、不为诉讼时效的中断、撤回诉讼、对诉讼标的的舍弃等均属之。[1]

(2) 低价转让行为。低价转让行为是指债务人与他人交易时严重背离当时市场正常价格、取得显然对自己不利的对待给付的情形，包括“贱卖”和“贵买”。“贱卖”即非正常压价出售财产的情形；“贵买”指以非正常高价买入财产的情形。无论何种情形，本质上都是不正当地放弃债务人的利益，从而使可用于破产分配的财产减少的行为。

(3) 对没有财产担保的债务提供财产担保。没有财产担保的债务依照企业破产法的规定，只能等待享有优先权的债权清偿完毕之后才能与其他债权人一同获得清偿，由于债务人资不抵债，待清偿完毕享有优先权的债权之外，几乎没有财产可以分配给普通债权人。因此，对没有财产担保的债务在破产前夕提供财产担保，即可提升债权人的地位，从无担保的债权人变为有财产担保的债权人。但由于该债权人的地位得到了提升，享有优先权的债权数额增加，必然损害其他无财产担保债权人的合法利益，所以应予以撤销。但该应撤销的受担保债权应该先于担保而成立，并且该担保的设定应该在破产的临界期间内，而且担保的形式也仅

---

[1] 陈荣宗：《破产法》，三民书局 1986 年版，第 256 页。

限于抵押和质押，不能扩张到留置权。

（4）对未到期的债务提前清偿。虽然提前清偿未到期债务在民法上是允许的，但在企业陷入财务困境时，所有债权人都应当按照公平清偿和集体受偿的原则获得清偿。此时若有未到期债务提前获得清偿，则无异于不正当地“捷足先登”，抢夺了本应由其他债权人获得的那一部分清偿利益。实践中，这种提前清偿行为总是伴随着债务人与个别债权人之间的恶意串通。

（5）放弃债权。债权的放弃本身为债权人意思自治的一种表现，只要是债权人的真实意思表示，在民法上即为有效，因为债权人放弃的是自己的权利，不会因此而牵涉到他人的利益。但如果债权人放弃债权的行为发生在债权人破产的临界期间内，债权人面临着破产，此时放弃债权的行为，意味着可供分配的破产财产减损，那么就必然影响到其破产债权人的利益，故为保护破产债权人的利益，法律赋予破产债权人对此行为予以撤销的权利。

2. 可撤销的个别清偿行为

破产债务人在已经具备或者接近具备破产原因的情况下，实施对个别债权人的清偿，显然违反公平清偿原则，并刺激债权人竞相争夺债务人财产，从而断送困境企业的拯救前景。因此，公平有序的清偿秩序，在破产程序启动前即具有维护的价值。

（二）破产无效制度的规定

我国《企业破产法》第 33 条对破产无效制度作了具体的规定，为逃避债务而隐匿、转移财产的；虚构债务或者承认不真实的债务的，可以被认定为无效。

1. 为逃避债务而隐匿、转移财产

无论是隐匿财产还是转移财产，其目的都是为逃避破产时所应该承担的债务。其中“隐匿”财产是指债务人对自己的财产不向破产管理人披露，或者是将自己的财产隐藏，不在财务报表上记载或者不真实记载，甚至在接受有关财产情况的询问时也不如实回答。藏匿财产则指，将财产或者财产凭证置于秘密的场所，使财产脱离于破产财产，破产管理人不能对该财产有效地予以接管和处分。

移转财产，是指改变财产的存放地点，使其脱离债务人的控制。比如通过关联公司的形式，将自己公司财产转入其他关联公司存放，归入其他关联公司的账户等。

2. 虚构债务或者承认不真实的债务

无论是虚构债务还是承认不真实的债务，实际上都相当于无偿转让债务人的财产，将债务人的财产在没有对价的情况下转入虚构的债权人名下，降低可供破产分配的破产财产数量，损害合法债权人的应得利益。

2013 年发布，2020 年修订的《最高人民法院关于适用〈中华人民共和国企业破产法〉若干问题的规定（二）》（以下简称《破产法司法解释二》）第 17 条对破产无效行为作出了进一步规定，“管理人依据《企业破产法》第 33 条的规定提起诉讼，主张被隐匿、转移财产的实际占有人返还债务人财产，或者主张债务人虚构债务或者承认不真实债务的行为无效并返还债务人财产的，人民法院应予支持”，以此提升破产审判的指导作用。

（三）对破产撤销权制度与破产无效制度适用的例外

破产撤销权制度和破产无效制度都是针对减少破产财产的行为设置的制度，但两者性质不同。前者针对的是不合理的交易或清偿行为，后者针对的是违法行为，这也是《企业破产法》从破产无效制度中剥离出破产撤销制度的根本原因，将原来破产法中所规定的大部分无效行为变为可撤销行为，这种变化也体现了溯及主义向不溯及主义的转变。对债务人主观恶意显著、严重损害债权人利益并有损公益秩序的行为，单独保留适用无效制度，拓宽了对相关行为规制的期间。我国这种双重制度并行的立法模式对不同的行为规定了不同的法律后果，既遏制和打击了部分严重违法行为，又给予商业正当交易行为合适的空间，达到一种宽严相济的立法平衡。[1]

《破产法司法解释二》对破产撤销权认定列举了排除事项。第16条规定法院不支持破产债务人为维系生产经营而进行的“个别清偿”，包括基本生产需要的水电费；支付的劳动报酬、人身损害赔偿金。如果债务人的个人清偿增加了债务人的财富，即便符合破产撤销权的要件，法院也不支持。第14条是对“设定担保物权”的例外规定，如果债务人以自己的财产对以前没有担保的债权设定担保，法院是不支持撤销的。第15条规定例外的“个别清偿”是依据司法程序进行的判决、仲裁、执行而进行的清偿，不适用破产撤销权。此外，破产撤销权的权利行使交付给破产管理人，如果破产管理人不尽职履行或者存在偏差，《破产法司法解释二》还给予了债权人补救措施，第13条规定，债权人对破产管理人不行使或不正当行使破产撤销权的可以依据《民法典》第538条、第539条等规定提起诉讼，行使撤销权并追回财产。《破产法司法解释二》的规定结合司法实践，排除规定更人性化，有助于陷入困境企业的自我救赎，有助于法官在判案时排除形式上具有可撤销行为特征，但实质上增加债务人利益的行为，真正实现破产法的公平。《民法典》的规定更有利于维护债权人的权益，更合理地适用破产撤销权，是对破产撤销权规定的有效补充。

---

[1] 孙笑铭：《破产无效行为制度研究》，北京大学法学院2009年硕士学位论文，第5页。

尽管破产撤销权制度和破产无效制度对破产债务人在破产前转移财产的行为可以进行规制，但在关联公司破产时，这种规制的力度就显得较为薄弱。因为，如果控制公司在成立从属公司之时就一直将从属公司视为工具，也明知其行为带给从属公司的后果将是从属公司破产，故控制公司不会给从属公司债权人留有行使破产撤销权的机会，因为对于该行为的规避非常的容易，只需躲开临界期间即可实现。即使是无效行为制度，由于控制公司与从属公司之间的天然关联关系，它们之间隐匿、转移财产的行为，虚构债权的行为等都具有极强的隐蔽性，第三人很难知晓，更难取证，破产撤销权制度和破产无效制度的实现较为困难。故破产撤销权制度与破产无效制度对关联公司破产的规制效果是极为有限的。

二、完善我国破产撤销权制度的立法建议

（一）“无偿转让财产”的释义扩大

“无偿转让财产”应该分为三个层次来解读。

首先，无偿是指行为时给付和对待给付之间超出市场限度的不对等状态。破产临界期间内任何不要求回报的赠与属于典型的无偿，放弃债权严格意义上也应该属于无偿转让财产。值得注意的是对无偿的审查不能仅仅停留在表面，应关注实质无对价的行为。如若破产子公司以增资方式向母公司出资，形式上是以出资为对价，取得母公司股权，而实践中股权的变现极为困难，破产管理人可以用请求返还出资的方式行使撤销权。[1] 再如子公司在没有任何对价的情况下，为母公司的债权提供担保，同样增加了子公司破产债权人的风险，可能陷入更大的困境。对于给第三人无偿提供担保，学者认识

---

[1] 德国法上的经典案例，如 RGLZ1915，300。

不一。有学者认为，在担保人真的需要代债务人清偿时，往往债务人已丧失清偿能力，虽然可以行使代位求偿权，但其权利实现的可能很小，可以认定为无偿行为。[1] 也有学者认为债务人为第三人提供的担保应该认定为债务人对没有担保的债权设定担保。[2]

其次，对财产的解读，财产不能仅仅理解为表面上的含义，而应扩充至财产权益。财产是对有形物的一种表达，转让的还可以是用益物权、债权、专利权、商标权等各种财产性权益。

最后，"转让"也不仅仅是指财产的移转。当涉及无偿转让行为时，既包括积极的作为，如无偿转让债权等，也包括消极的不作为，如不为诉讼时效的中断而消极放弃诉讼标的、撤回诉讼、承认并清偿消灭时效完成后的债权等。兹举一例说明：甲公司作为母公司 X 的控制股东，控制两家子公司乙公司和丙公司，现丁公司向银行借款 5 000 万元，约定于 2021 年 3 月到期，由乙公司作为保证人与银行签订保证合同。在 2021 年 2 月，丁公司与丙公司约定由丙公司向银行借款 5 000 万元用于偿还丁公司对银行所欠债务 5 000 万元，由此消灭丁公司与银行的债权债务关系，乙公司作为丙公司的保证人向银行提供保证。在此之前，由于丁公司与甲公司的业务往来，丁公司对 X 公司享有应收账款 3 000 万元，遂丁公司将丙之间的 5 000 万元借款与 X 公司所负的 3 000 万元应收账款予以抵消，剩余 2 000 万元约定作为对甲公司的欠款。2021 年 6 月，母公司 X 申请破产，是否可以起诉撤销该抵消行为，其结果完全不同。在假定母公司 X 公司拥有其他破产财产 2 000 万元，其他破产债权 1 亿元时，是否行使撤销权的比对结果如表 5 - 1 所示：

[1] 王欣新："破产撤销权研究"，载《中国法学》2007 年第 5 期，第 156 页。

[2] 许德风：《破产法论：解释与功能比较的视角》，北京大学出版社 2015 年版，第 381 页。

表 5-1 是否行使撤销权的清偿情况对比

撤销权行使情况	X 公司破产财产	X 公司破产债权	清偿率	丁的受偿数额
未行使撤销权	2 000 万元	1 亿元	20%	丁不是 X 公司的债权人，仅对甲公司负有 2 000 万元债务，与 X 公司破产无关
行使撤销权	2 000 万 +5 000 万 = 7 000 万元（丁对丙的合同欠款，丙为 X 公司子公司，假定合并清算）	1 亿 + 3 000 万 = 13 000 万元（X 公司所负的应收账款）	53.8%	3 000 万 ×53.8% = 1 614 万元 受偿 1 614 万元，还需偿还丙公司 5 000万元，共计受偿 -3 386 万元

通过比较不难发现，如果 X 公司的破产管理人行使撤销权，那么丁公司就是 X 公司的债权人，虽然可以得到受偿，但与不行使撤销权相比，丁公司需要多支付1 386 万元。而X 公司的其他破产债权人却因为破产撤销权的行使，清偿率提高了 33.8%。该假设情形中移花接木地转让，让本没有支付对价的甲公司额外获得了 2 000 万元的利益，而作为其控股的 X 公司因此行为财产受损，由 X 公司的债权人承担该损失。从破产法的公平角度而言，应该予以撤销。

（二）对没有提供财产担保的债权提供担保

如果不在破产的语境下探讨对既有财产提供担保，这是没有争议的事情，因为担保权的设定本身并没有减损债务人的财产利益，没有对债务人的债权人造成实际损害。所谓的“减损”是发生在担保权实现的时候，而担保权的实现，本质上可以看作是担保权与主债权之前的“替换”：债权人获得担保物的变现所得，相应数额的债权因此而消灭。[1] 对既有财产的事后担保，行为本身无误，可撤销的依据在于债务人已经陷入财务困境具备破产原因，该担保将会使得被担保债权人的清偿比例大幅度提升，该提升是以牺牲其他债权人的利益为代价的，严重侵害了破产法的公平原则，因此应当撤销。

在中国农业银行股份有限公司辽源分行、吉林麦达斯铝业有限公司破产管理人破产撤销权纠纷案［（2020）最高法民再296号］中，最高人民法院就否认了破产管理人对破产撤销权的行使，认为该案情形并不是对原无财产担保的债权提供新的担保，故破产管理人请求的破产撤销权诉讼不当，最高人民法院对此持否定态度。该案的基本案情按时间轴列举如表5－2所示。

表5－2　中国农业银行股份有限公司辽源分行、吉林麦达斯铝业有限公司破产管理人破产撤销权纠纷案

合同签订时间	合同编号	合同性质	合同约定时间	合同内容
2016.12.20	743	借款合同	借期1年	借款9 700万元，担保合同编号为1405
	1405	最高额抵押合同	2016.12.20－2018.12.20	担保限额为15 036万元，合同约定期间和最高余额内，抵押权人发放该合同约定的贷款或者提供其他银行信用时无须逐笔办理担保手续
	0437	动产抵押登记书	—	双方置换部分抵押物，办理变更登记

[1] 许德风：《破产法论：解释与功能比较的视角》，北京大学出版社2015年版，第380页。

续表

合同签订时间	合同编号	合同性质	合同约定时间	合同内容
2016. 12. 29	780	借款合同	借期 1 年	借款 5 300 万元，借新还旧，约定担保方式为个人担保及通用设备担保，若采用最高额担保方式担保，合同编号为 1405 号
2016. 12. 29	782	借款合同	借期 1 年	借款 5 500 万元，借新还旧，约定担保方式为个人担保
2017. 10. 11	1011	最高额抵押合同	2017. 10. 11 – 2019. 10. 11	担保限额 5 936 万元，合同约定期间和最高余额内，抵押权人发放该合同约定的贷款或者提供其他银行信用时无须逐笔办理担保手续
2017. 10. 26	6046	动产抵押登记书	—	—
2018. 03. 15	123	借款合同	借期 3 年	借款 1. 99 亿元，借新还旧（用于偿还 743 号 9 700万元、780 号 4 700 万元和 782 号 5 500 万元）担保合同编号为 1405 和 1011 号
2018. 04. 02	法院裁定受理破产重整			

从上述基本事件中，不难发现在四份借款合同中，只有 782 号借款合同中没有约定最高额抵押担保，吉林麦达斯铝业有限公司

的破产管理人认为银行借款合同中约定的“借新还旧”是对原有债务的延期，那么782号借款合同就不应该享有担保，尽管在1011号《最高额抵押合同》中约定了抵押人提供98台机器为782号借款合同进行担保，但因为1011号合同的签订日期为2017年10月11日，在782号合同之后，距离受理破产不足6个月。由此吉林麦达斯铝业有限公司破产管理人提出应适用《企业破产法》第31条第3项“对没有财产担保的债务提供财产担保”的规定，应当予以撤销。

最高人民法院再审中对两个问题进行了说明，一是“借新还旧”性质的认定；二是782号借款合同是否享有担保。如果“借新还旧”被认定为结束了旧的债务关系，那么743号、780号和782号借款合同均已消灭，同时作为从合同的抵押担保合同也随之消灭，无须进一步论证是否具有担保的问题，只需要认定新的借款合同即可。反之就是破产管理人提出的诉讼理由。本案中，最高人民法院否定了“借新还旧”的展期性质。第二个问题其实随着782号借款主合同的消灭，是否享有担保对能否适用破产撤销权已经没有实质性影响，但最高人民法院依然从理论上进行了解读，认为782号借款合同中虽然没有明确约定享有最高额抵押，但在1405号最高额抵押合同中已经明确约定从2016年12月20日至2018年12月20日期间的借款无须一一办理，所以782号借款合同可以享受抵押担保。因此，破产管理人提到的对没有财产担保的债务提供财产担保一项并不存在，因为该债务因为清偿已经消灭。同时应当承认123号借款合同的效力，而且123号借款合同享受1405号和1011号《最高额抵押合同》，为其共同提供抵押担保，该新的借款1.99亿元在该两份《最高额抵押合同》约定的担保债权额度和期限之内。双方为该1.99亿元提供担保属于为新的债务提供担保，而不是为原本存在的无担保的债务额外提供担保。最高人民法院判决书的论证中提到“破产申请后，债务人的无财产担保债权只能作为破产债权受偿，如债务人在可撤销期间内为原无担保的债权人提供财产担保，将使该债权人在破产程序中对特定财产享有优先受偿权，得到个别优惠性清偿，故应予撤销；但债务人与债权人在可撤销期间内在签订主合同时一并签订抵押等财产担保从合同的，不在可撤销行为之列，因其不是对原无财产担保的债权提供担保，不具有改善某一债权人原有清偿地位的不公平性质，而且抵押等担保合同的签订往往是债权人决定签订主合同的对价利益和必要保障（即如果没有担保，债权人可能不愿签订主合同）。”[1]

本书尽管对“借新还旧”的性质认定方面支持一审和二审法院的观点，认为就是一种特殊形式的展期，但具体到本案，“借新还旧”性质的认定意义并不大，因为无论是否认定为展期，对担保财产和其他破产债权人的利益都没有影响。因为如果认定为展期，那么743号、780号和782号借款合同因未清偿而继续有效，而且都享有最高额抵押担保，担保总额为21 072万元，担保债权合计为19 900万元；如果不认定为展期，那么上述三份借款合同因清偿而消灭，只需承认123号合同效力，依旧享有最高额抵押担保，担保总额与担保债权都未发生变化，对其他破产债权人没有任何影响。但如果在破产临界期间内发生“借新还旧”的“旧”没有担保，而“新”有担保，那么是否认定为展期就有很大不同。认定为展期，那么旧债务继续存在，且没有担保，仅为普通债权。如果不认定为展期，那么所负的旧债务因清偿而消灭，新负的债

[1] 中国农业银行股份有限公司辽源分行、吉林麦达斯铝业有限公司破产管理人破产撤销权纠纷案再审民事判决书，(2020) 最高法民再296号。

务因担保而享受优先受偿，结果显然是因增加担保财产而减损其他债权人利益，此时适用《企业破产法》第31条第3项行使破产撤销权更为恰当。

（三）对未到期的债务提前清偿

作为市场经济的主体，对所负债务提前清偿没有任何经济或法律上的障碍，但在破产程序中，个别债权人得到的提前受偿无疑意味着捷足先登，在破产财产这块蛋糕固定尺寸的前提下，有人分走了大块，其他人就势必只能取小块，为公平起见，允许通过破产撤销权的行使恢复原状。在认定该行为时，需要注意两个方面：一方面是"到期"的界限，《企业破产法》规定是破产申请受理前一年内债务人提前清偿的未到期债务，如果在破产受理时该债务已到期，依据《破产法司法解释二》第12条的规定，法院不认定是行使破产撤销权的情形。另一方面是"债务"的理解，应该是无担保的债务。如果是有担保的债务，本身债权人就享有优先受偿权，以担保物的变价款为限受偿，对其他无担保债权人的受偿并不产生影响，因此无须理会。但如果清偿的数额大于担保物的变价款，就应该启动破产撤销权。

（四）破产撤销权主观构成要件的完善

目前我国破产法中对破产撤销权的主观构成要件没有明确规定，《德国破产法》强调债权人的主观状态为撤销权的一个主要构成要件，债务人尤其是交易相对人和转得人的主观意思是否为恶意，对撤销权的构成具有一定影响。如《德国破产法》第133条规定，债务人基于致债权人不利的故意而实施一项法律行为者，如果受让人在行为时刻知道该故意，并且该行为时在启动申请前10年内实施，则可撤销。如果债务人认为他的行为方式可能会给债权人带来不利后果，而他接受这一后果，致人不利的故意即为成立。第130条规定破产债权人在程序启动前取得了一个属于他的给付（担保或清偿），此行为只有在启动申请前3个月内实施，债务人此时已经支付不能并且债权人在接受该行为时对此知情或者他了解某些情况，而且情况必定会导致支付不能即推定知情时，才有权撤销。[1]《德国破产法》从债务人和债权人两方面的主观态度进行考量，严格破产撤销权的适用，可见《德国破产法》对主观恶意的零容忍，也体现了对善意行为的宽容保护。

刚刚实施不久的《民法典》第539条规定："债务人以明显不合理的低价转让财产、以明显不合理的高价受让他人财产或者为他人的债务提供担保，影响债权人的债权实现，债务人的相对人知道或者应当知道该情形的，债权人可以请求人民法院撤销债务人的行为。"该条是关于撤销债务人有偿行为的规定，若债务人的行为是有偿行为，债务人的相对人取得利益也付出了代价，与债务人的无偿行为相比，在设计撤销权成立要件时，需要更重视对交易安全因素的考量，需要更加严格适用。[2] 根据该条规定，债务人为他人的债务提供担保，影响了债权人的债权实现，只有在债务人的相对人知道或者应当知道该情形时，债权人才可以请求人民法院予以撤销。应以具有侵害债权人权益的过错为前提，这一主观要件对破产撤销权的构成也是必要的，否则可能对市场交易秩序产生不利影响。对债务人的担保行为尤其是无偿担保行为在破产程序中能否撤销，是一个在破产程序中长期没能合理解决的问题，《民法典》的规定为解决这一问题提供了法律依据。在我国

[1] ［德］莱因哈德·波克：《德国破产法导论》，王艳柯译，北京大学出版社2014年版，第117-118页。

[2] 黄薇主编：《中华人民共和国民法典释义及适用指南（中）》，中国民主法制出版社2020年版，第817-818页。

《企业破产法》修改之际，可以考虑吸收《民法典》的规定，完善行为人主观要件的考察。

（五）对破产临界期间规定的完善

破产法规定的临界期有两种，一是《企业破产法》第 31 条规定的人民法院受理破产申请前一年内，二是第 32 条规定的人民法院受理破产申请前六个月。法律的该项规定是以受理时间为起点，向前倒推可撤销的行为。但问题是应该考察可撤销行为的发生时间还是行为的损害时间（结果时间）。以河北省沧州市某药业有限公司破产管理人与韩某某破产撤销权纠纷案［（2012）冀民一终字第 47 号］为例，说明行为时间确定对破产破产撤销权的影响。

某公司与韩某某在 2005 年 4 月 11 日签订协议书一份，主要内容为韩某某以 530 万元的价格购买三块土地、地上附着物及房产，并于当日支付 380 万元，余款 150 万元未付。韩某某于 2006 年 11 月 28 日办理了相关房产的登记手续，于 2006 年 12 月 9 日办理了相关的土地登记手续。同时，韩某某在接受该房地产后对其进行了改造与维修。2007 年 10 月 23 日，某公司提出破产申请，同年 10 月 24 日，法院出具（2007）沧民破字第 73 －1 和 73 －2 号民事裁定书，依法受理该公司的破产申请，并指定了破产管理人。破产管理人于 2007 年 12 月 11 日向法院提起诉讼，要求撤销某公司与被告韩某某的房地产交易行为，依据法条为《企业破产法》第 31 条第 2 项“人民法院受理破产申请前一年内以明显不合理的价格进行交易的，管理人有权请求人民法院予以撤销。”破产管理人认为该交易行为的价格明显低于市场价格，房地产买卖属于物权行为，物权的变动应以登记为准，登记时间为 2006 年 11 月 28 日和 12 月 9 日，均在破产临界期间内。韩某某答辩时称，债权和物权是两个概念。交易是债权变动的起因，交易产生债权关系，是债权行为；法律规定的登记是不动产物权变动的条件，是物权行为。把债权行为和物权行为混为一谈，是不符合法律规定的，是对法律的曲解。依据当时有效的《物权法》第 15 条❶规定："当事人之间订立有关设立、变更、转让和消灭不动产物权的合同，除法律另有规定或者合同另有约定外，自合同成立时生效；未办理物权登记的，不影响合同效力。"合同成立并生效后，产生债权债务关系，即意味着交易的完成。剩下的就是公示了，一方不公示对方有请求公示的权利，一方不配合登记，对方有请求配合登记的权利。通俗地说，在我国现行法律体制下的国民习惯中，交易就是买卖，买卖落实到纸面上就是买卖合同，交易的完成就是买卖合同的成立并有效。即依据原《物权法》第 15 条的规定，韩某某与某公司的房地产买卖协议，在 2005 年 4 月 11 日双方签订时即已成立并生效，交易行为即已完成。沧州市中级人民法院于 2007 年 10 月 24 日受理某公司的破产申请。依据《企业破产法》第 31 条规定，被答辩人已经超出了行使破产撤销权的法定期间。该案中破产管理人与韩某某行为时间的认定采用了不同的标准，一为行为发生时间，一为行为结果时间。最后法院认定了韩某某的抗辩理由，认定某公司与韩某某的交易行为已经成立，破产管理人提起的撤销权诉讼已超过法定一年的除斥期间，否定了破产管理人的撤销权。

该案例很好地诠释了法律行为时间认定的必要性，有学者论证撤销的正当化依据，必须在处分行为之外寻找，撤销的对象，只能是作为原因行为的负担行为。❷《德国破产法》第 140 条对法律行为的效力发生时间的界定表述为：一项法律行为视为在其发

---

❶ 《物权法》现已失效，该条内容现为《民法典》第 215 条。

❷ ［德］施瓦布：《民法导论》，郑冲译，法律出版社 2006 年版，第 329 页。

生法律效力时实施，需登记的法律行为，视为在提交登记申请时实施。❶ 对我国的《企业破产法》修改有一定的借鉴意义。此外有学者从功能角度分析，以处分行为的时点作为无偿行为的作出时点，也更符合无偿行为撤销的立法本意。在负担行为与处分行为时间上有所间隔的情况下，若以负担行为作为撤销行为的时点，鉴于负担行为——通常为合同行为——较为隐蔽，将较易导致债务人通过“倒签”合同而逃避债务。❷ 在我国《企业破产法》修改之际，建议用司法解释的方式说明行为时间的认定标准。

三、完善我国破产无效制度的立法建议

从各国的破产法考察来看，破产规则均独立于民法典之外，但《民法典》是我国法律体系重要的支柱，对破产规则的影响不仅在于法律概念、法律原则，还在于法律体系的一脉相承。我国《民法典》用四个条款具体规定了无效行为❸，与《企业破产法》第 33 条的规定相比，其无效行为的范围更大。有学者提出应当扩大破产法无效行为的判断视角，不能仅仅聚焦在保护债权人利益的层面，一方面有利于与民事无效行为的衔接；另一方面有利于破产法内在逻辑的更新，适应多边的交易环境。❹ 本书认为没有必

---

❶ ［德］莱因哈德·波克：《德国破产法导论》，王艳柯译，北京大学出版社 2014 年版，第 112 页。

❷ 许德风：《破产法论：解释与功能比较的视角》，北京大学出版社 2015 年版，第 390－391 页。

❸ 《民法典》规定的无效行为包括无民事行为能力人实施的民事法律行为（第 144 条）；以虚假的意思表示实施的民事法律行为（第 146 条）；违反法律、行政法规的强制性规定的民事法律行为（第 153 条 1 款）；违反公序良俗的民事法律行为（第 153 条第 2 款）和行为人与相对人恶意串通，损害他人合法权益的民事法律行为（第 154 条）。

❹ 刘冰：“《民法总则》视角下破产法的革新”，载《法商研究》2018 年第 5 期，第 52－53 页。

要一定在破产法中扩大无效行为的认定范围，因为在制度归属上，破产无效行为是无效法律行为的一种，当破产管理人在破产法中找寻不到必要的法律支撑时，可以寻求基本法律《民法典》的相关规定，借助民事无效行为作出判断，提请法院对其进行确认，对债权人保护及社会整体利益无异。

《德国民法典》对无效行为的规定在第 81 条第 1 款，如果债务人在破产程序启动后处分了破产财团的某一标的物，则为无效。该条规定聚焦在程序启动的时间点上，其他无效行为的处分标准可以参照《德国民法典》第 135 条、第 136 条的规定。故没有必要一定要将在基本法律中已经有所规定的内容再照搬照抄到具体的特别法中，浪费立法资源。

此外，有学者提出破产无效行为是无效法律行为的一种，其基本前提表达为法律行为。所以单纯的藏匿、搬运等事实行为并不存在所谓的有效与无效。[1] 因此，建议在《企业破产法》修改之际，将第 33 规定的“行为”改为“法律行为”。从法律的严谨角度而言，本书支持此种观点。

第二节　完善揭开公司面纱制度的建议

一、揭开公司面纱制度的相关规定及司法实践

1990 年 12 月 12 日国务院公布了《关于在清理整顿公司中被撤并公司债权债务清理问题的通知》（以下简称《债务清理问题通

---

[1] 许德风：《破产法论：解释与功能比较的视角》，北京大学出版社 2015 年版，第 392 页。

知》)，其中第4条规定：“公司虽经工商行政管理机关登记注册，但实际上没有自有资金，或者实有资金与注册资金不符的（国家另有规定的除外)，由直接批准开办公司的主管部门或者开办公司的申报单位、投资单位在注册资金范围内，对公司债务承担清偿责任。对注册资金提供担保的，在担保资金范围内承担连带责任。”有学者认为，该条规定在尊重有限责任的基础上又突破了有限责任原则，首先要求投资单位在注册资金范围内承担法律责任，其次，因为成立的公司没有资金，故穿透公司的外壳，要求公司的投资人对公司的债务承担清偿责任。[1] 但笔者认为，该条规定实际上没有真正突破公司有限责任制度的束缚。因为，规定中明确是已经登记的公司，那么该公司就是依法成立的，具有独立法律人格，应该以公司的资产对外承担法律责任。但公司没有自有资金，或者实有资金与注册资金严重不符，那么造成公司这种结果的最大可能就是投资不足或者抽逃资金，对于这种情况，法律规定出资人应该补足出资。如果出资人补足出资，公司也就拥有资金，可以清偿公司所欠的债务，即使该《债务清理问题通知》中明确要求投资单位对公司债务承担责任，可该责任依然是在投资单位的注册资金范围内。笔者认为，这理应是公司投资人的责任，而不能算作是揭开了公司面纱，要求公司股东对公司债务承担连带责任的规定。

能够体现揭开公司面纱的文件应该是1994年3月30日，最高人民法院公布的《关于企业开办的其他企业被撤销或者歇业后民

---

[1] 刘俊海：“论新公司法中的揭开公司面纱制度”，载中国民商法律网，http://old.civillaw.com.cn/article/default.asp?id=36244，访问日期：2020年12月7日。

事责任承担问题的批复》（法复［1994］4号），其中规定，没有投资或者投资达不到法定最低资本限额的公司，可以否认其法人人格，使股东承担无限责任。[1] 有学者对该条规定进行了解释，如果股东出资的实际价值低于其注册资本，但高于法定最低资本的要求，那么股东应当向公司支付其出资的实际价值与其注册资本的差价，股东不对公司的债务承担责任；如果股东出资的实际价值低于法定的最低资本要求，那么公司的面纱将被揭开，股东对公司的债务承担责任。[2] 这应该是揭开公司面纱制度最早的雏形，隐含着该制度的身影。

真正体现揭开公司面纱制度的规定应该是2002年12月3日《最高人民法院关于审理与企业改制相关民事纠纷案件若干问题的规定》第35条。该条规定："以收购方式实现对企业控股的，被控股企业的债务，仍由其自行承担。但因控股企业抽逃资金、逃避债务，致被控股企业无力偿还债务的，被控股企业的债务则由控股企业承担。"控股企业对被控股企业承担责任，是因为控股企业对其实施了一系列行为，由于这些行为的发生才导致被控股企业陷于无力清偿债务的境地，因此控股企业应该为其行为负责。而这种责任的承担恰恰是穿越了被控股公司的独立法律人

---

[1] 《最高人民法院关于企业开办的其他企业被撤销或者歇业后民事责任承担问题的批复》（现已失效）：第一部分第3条规定，企业开办的其他企业虽然领取了企业法人营业执照，但实际没有投入自有资金，或者投入的自有资金达不到《中华人民共和国企业法人登记管理条例实施细则》第15条第（7）项或其他有关法规规定的数额，或者不具备企业法人其他条件的，应当认定其不具备法人资格，其民事责任由开办该企业的企业法人承担。

[2] 葛伟军："论最低资本与揭开公司面纱——兼谈对法复［1994］4号、法释［2001］8号及法释［2011］3号文件的理解"，载《上海财经大学学报》2011年第3期，第35页。

格，要求被控股公司的股东（控股公司）承担公司的法律责任，这才是揭开公司面纱制度所要求的，也是我国对该制度规定的雏形。

对揭开公司面纱制度的正式规定是在2005年修订的《公司法》第20条第3款，具体规定为："公司股东滥用公司法人独立地位和股东有限责任，逃避债务，严重损害公司债权人利益的，应当对公司债务承担责任。"第63条规定："一人有限责任公司的股东不能证明公司财产独立于股东自己的财产的，应当对公司债务承担连带责任。"由于第20条规定在总则中，而第63条规定在一人有限责任公司中，因此第20条为原则性规定。2020年的《民法典》第83条进一步对法人格否认制度作了概括的原则性规定。

对公司人格否认制度规定最为详细的是2019年最高人民法院发布的《第九次全国法院民商事审判工作会议纪要》（以下简称《九民纪要》）第四部分。该部分首先指出公司人格否认制度的适用要遵循《公司法》第20条第3款规定的精神；其次指出适用时注意的四点事项即只有滥用公司法人独立地位且严重损害债权人利益；实施滥用行为的股东才承担责任；公司人格的否认不是全面、彻底、永久的否定；对于滥用人格行为的判断标准；再次对"人格混同""过度支配与控制""资本显著不足"的三个标准进行了细化；最后规定了不同情形下当事人的诉讼地位。

揭开公司面纱之诉，究其本质应为一种司法规制而非立法规制。虽然我国在《公司法》中对其给予了明确规定，但正如石少侠老师所说："作为衡平性制度，公司人格否认具有模糊性，立法仅为法官指出了一个方向，要它朝着这个方向去进行裁判，至于在这个方向上到底可以走多远，则全凭法官自己去判断。”[1] 笔者认为，公司法规定的揭开公司面纱制度仅限于一个指导性意见，规定的目的为对法官的一种授权，赋予法官在具体案件中一定的自由裁量权，平衡双方的利益冲突，平衡当事人的利益，为法官解决特定问题提供一个正当化、合法化的法律依据。但由于揭开公司面纱制度很难量化成具体的操作准则，故我国法律也仅作了原则性规定。由此可以推断，揭开公司面纱制度的重心和核心环节不在于立法而在于司法。

作者以“破产”“《中华人民共和国公司法》第二十条第三款”作为关键词进行搜索，得到相关案例及司法文书 1059 份，其中最高人民法院 7 份，高级人民法院 166 份，指导性案例 1 件，经典案例 3 件。从分布的年份看 2001—2016 年的 15 年间有 245 份，而 2020 年一年就有 255 份案例。[2] 对揭开公司面纱这条的应用越来越受到重视，与 2013 年我国《公司法》对资本制度的大幅修改，取消最低注册资本限额存有密切的联系。

关于“人格混同”最典型的案例就是徐工集团工程机械股份有限公司诉成都川交工贸有限责任公司等买卖合同纠纷案，本案也被收录至2013 年最高人民法院发布第四批指导性案例中。该案中被告川交机械公司、瑞路公司和川交工贸公司三者在人员、义务及财务方面存在着严重的混同，如表 5 - 3 所示。

---

[1] 石少侠：“公司人格否认制度的司法适用”，载《当代法学》2006 年第 4 期，第 4 页。

[2] 以威科先行法律信息库网站为载体，https://law.wkinfo.com.cn/judgment-documents/list，访问日期：2021 年 9 月 21 日。

表 5-3　三个公司人格混同之表现

<table>
<tr><td colspan="2">法人名称</td><td>川交机械公司</td><td>瑞路公司</td><td>川交工贸公司</td></tr>
<tr><td rowspan="3">人员混同</td><td>股东</td><td>王某礼、倪某</td><td>王某礼、倪某</td><td>张某蓉（王某礼之妻，90%）、吴某（10%）</td></tr>
<tr><td>经理</td><td>王某礼</td><td>王某礼</td><td>王某礼</td></tr>
<tr><td>其他</td><td colspan="3">财务负责人均为凌某，出纳会计均为卢某，工商手续经办人均为张某。管理人员存在交叉任职</td></tr>
<tr><td rowspan="3">业务混同</td><td>经营范围</td><td colspan="3">工程机械相关业务</td></tr>
<tr><td>经销过程</td><td colspan="3">共用销售手册、经销协议</td></tr>
<tr><td>对外宣传</td><td colspan="3">共同招聘员工，所留电话号码、传真号码等联系方式相同</td></tr>
<tr><td rowspan="2">财务混同</td><td>账户</td><td colspan="3">共用结算账户，财务专用章混用</td></tr>
<tr><td>债权债务往来计算</td><td colspan="3">所有债权债务、销售量均计算在川交工贸公司名下</td></tr>
</table>

最终江苏省高级人民法院依据三个公司之间保证人格的因素（人员、业务、财务等）高度混同，导致各自财产无法区分，已丧失独立人格，构成人格混同，依据2013年修订的《公司法》第20条第3款，最终判决川交机械公司、瑞路公司对川交工贸公司的债务应当承担连带清偿责任。[1]

立法与司法两方面又是相辅相成的，如果一方严重滞后，另一方也必然出现“木桶效应”。而可诉性就是沟通立法与司法的纽带，将“纸面上的法”置换为“运行中的法”，尤其是“诉讼中的

---

[1] “徐工集团工程机械股份有限公司诉成都川交工贸有限责任公司等买卖合同纠纷案——2013年最高人民法院发布第四批指导性案例之案例十五”，载《最高人民法院公报》2013年第7期。

法”。可诉性堪称表示法律文本是否具有生命力的脉搏，缺乏可诉性的法律往往可能蜕变为形同虚设的“一纸空文”，甚至是毫无活力的“法律木乃伊”。[1] 2020年最高人民法院通过后的《最高人民法院关于修改〈民事案件案由规定〉的决定》（法［2020］346号），将公司诉讼纠纷类型归纳为24种，在损害公司债权人利益责任纠纷中分别列举了股东损害公司债权人利益责任纠纷和实际控制人损害公司债权人利益责任纠纷。[2] 这为提起揭开公司面纱之诉提供了有力的立法依据并明确了其可诉性。

揭开公司面纱制度产生于美国，而美国的法律以判例法为典型代表，在我国以成文法的形式固定下来，属世界范围内的首创。但对判例法向成文法的转化，立法技术上的处理确实较为困难。判例法上可以总结案件审理过程中法官对案件分析所得的结论，这些结论本身就是对案件的详细记载，也存在很多个性化的东西。而以成文法的形式固定某一项原则，就必须总结个案中所体现出的共性，那么原则性的概括就是最优的立法选择，因为列举方式的规定就难免挂一漏万，给不法分子留有逃避法律责任的空间。但演绎式的立法模式并不等于说法官就可以随心所欲地断案。笔者认为，在公司法原则性的规定揭开公司面纱制度的基础上，应该由最高人民法院出台相关的司法解释，确立揭开公司面纱制度适用的具体要件。

二、揭开公司面纱制度行为要件的解读及补充

本部分内容的解读主要围绕揭开公司面纱制度中的行为要件

---

[1] 刘武俊：“可诉性：法律文本的脉搏——兼论公司法的立法完善”，载《法制日报》2000年6月28日，第5版。

[2] 2008年2月4日最高人民法院发布的《民事案件事由规定》，将公司诉讼纠纷类型归纳为22种，其中包括股东滥用公司法人独立地位和股东有限责任赔偿纠纷。

“人格混同”“过度控制与支配”和“资本显著不足”三个方面展开的。

（一）人格混同

人格混同的判断标准主要是公司是否具有独立的意思和独立的财产，细化的6个要素均是围绕财产混同而进行的❶，对实质上财产混同的关注度远高于对形式上的人员混同、机构混同、业务混同等，其人员、机构和业务的混同只是认定“人格混同”的补强，仅仅是充分要件而非必要要件，如此规定在证明力上形成了主次关系。即法院认定公司人格与股东人格是否存在混同时，最根本的判断表示是公司是否具有独立意思和独立财产，最主要的表现是公司的财产与股东的财产是否混同且无法区分。有学者对我国司法裁判中有关“人格混同”的案例进行梳理总结，发现以财产混同被讨论的频数最多，其次是业务混同，人员混同被讨论的频数最少。❷

---

❶ 《九民纪要》第10条规定，认定公司人格与股东人格是否存在混同，最根本的判断标准是公司是否具有独立意思和独立财产，最主要的表现是公司的财产与股东的财产是否混同且无法区分。在认定是否构成人格混同时，应当综合考虑以下因素：（1）股东无偿使用公司资金或者财产，不作财务记载的；（2）股东用公司的资金偿还股东的债务，或者将公司的资金供关联公司无偿使用，不作财务记载的；（3）公司账簿与股东账簿不分，致使公司财产与股东财产无法区分的；（4）股东自身收益与公司盈利不加区分，致使双方利益不清的；（5）公司的财产记载于股东名下，由股东占有、使用的；（6）人格混同的其他情形。在出现人格混同的情况下，往往同时出现以下混同：公司业务和股东业务混同；公司员工与股东员工混同，特别是财务人员混同；公司住所与股东住所混同。人民法院在审理案件时，关键要审查是否构成人格混同，而不要求同时具备其他方面的混同，其他方面的混同往往只是人格混同的补强。

❷ 宋朗：“企业集团‘债务连坐’风险及防范——来自471份判决书的经验证据”，载《西南政法大学学报》2021年第1期，第150页。

（二）过度控制与支配

对于“控制”的含义，有不同的解释。《国际会计准则》的解释为“统驭一个企业的财务和经营决策，借此从企业的活动中获取利益的权力。”1940 年《美国投资公司法》规定，控制是指“对一个公司的经营或政策具有决定性影响的权力。”1933 年《美国证券法》规定，控制是指“直接或间接对一个公司的经营或政策或对一个自然人的活动行使决定性影响的权力，不管是通过拥有股票权，还是通过一个或多个中间人，或通过合同或其他方式。”上述关于控制的规定，都集中在将“控制”界定为一种权力，一种具有支配性、影响力的权力，这种权力无须进行量化，而应视其实际情况而定。在我国的相关立法文献中也有对控制的解释。财政部《企业会计准则第 36 号——关联方披露》第 2 款将控制界定为：“有权决定一个企业的财务和经营政策，并能据以从该企业的经营活动获取利益。”该定义中强调控制企业能够获得利益，而获得利益的方式应是运用权力所取得的。《公司法》虽然没有明确规定控制的概念，但在第 216 条使用了一些诸如“实际控制人”等词，目的在于认定控制关系，即只要存在有企业利用权威性权力支配其他企业的明显的行为就认定二者之间具有控制关系。但在经济共同体的市场环境中，公司间或多或少存在联系，而且也或多或少存在着一些牵制，比如公司间的相互持股，虽存在一定的控制关系，但母公司并没有利用这种关系而命令其他公司为自己行为行事，这种“控制关系”不足以构成揭开公司面纱的要件。

本书认为《九民纪要》第 11 条是对《公司法》第 20 条第 2 款“公司股东滥用股东权利”的解读，是公司控制股东对公司过度支配与控制，操纵公司的决策过程，使公司完全丧失独立性，沦为控制股东的工具或躯壳，严重损害公司债权人的利益。该条还具体列举了实践中常见的情形❶，对企业集团或关联公司之间的不当关联交易的认定给予了评判标准。该条规定值得关注以下两个方面：其一，该条将揭开公司面纱的范围进行扩充，扩充到实际控制人及实际控制人控制的多个子公司或关联公司，即如果债权人能够证明公司的控制股东、实际控制人对公司存在过度支配与控制的情形，不但可以追溯到实际控制人，还能刺破实际控制人控制的其他公司，这种揭开模式可以为债权人催收增加更多的追索主体；其二，就是对程度的把握。毕竟成立关联公司或者企业集团的目的就是增加公司对抗市场风险的能力，通过彼此的信赖以及合理的控制，减少市场中的风险因素，增加公司的效益。但如果是控制达到了使被控制公司丧失独立性，沦为控制股东的工具程度时，就已经侵害了被控制公司债权人的利益。因此，实践中"过度"行为多具有明显的欺诈色彩，判断重点应关注决策是否经过了合法合规的程序。有学者的研究证明"过度控制"对审判结果的影响力较强。❷

---

❶ 《九民纪要》第11条规定：公司控制股东对公司过度支配与控制，操纵公司的决策过程，使公司完全丧失独立性，沦为控制股东的工具或躯壳，严重损害公司债权人利益，应当否认公司人格，由滥用控制权的股东对公司债务承担连带责任。实践中常见的情形包括：（1）母子公司之间或者子公司之间进行利益输送的；（2）母子公司或者子公司之间进行交易，收益归一方，损失却由另一方承担的；（3）先从原公司抽走资金，然后再成立经营目的相同或者类似的公司，逃避原公司债务的；（4）先解散公司，再以原公司场所、设备、人员及相同或者相似的经营目的另设公司，逃避原公司债务的；（5）过度支配与控制的其他情形。控制股东或实际控制人控制多个子公司或者关联公司，滥用控制权使多个子公司或者关联公司财产边界不清、财务混同，利益相互输送，丧失人格独立性，沦为控制股东逃避债务、非法经营，甚至违法犯罪工具的，可以综合案件事实，否认子公司或者关联公司法人人格，判令承担连带责任。

❷ 宋朗："企业集团'债务连坐'风险及防范——来自471份判决书的经验证据"，载《西南政法大学学报》2021年第1期，第151页。

（三）资本显著不足

"资本显著不足"是指公司设立后在经营过程中，股东实际投入公司的资本数额与公司经营所隐含的风险相比明显不匹配。有学者将其称为股权资本与债权资本之间的比例过低❶，也有学者将资本不足分为经济上的不足和法律上的不足❷。

首先，"资本显著不足"应该解读为经济上不足。我国《公司法》于2013年12月28日取消了法定最低注册资本限额，之后在实践中即出现了注册资本为1元、10元的公司❸，该不足应该理解为经济上的不足，即从公司所从事的行业性质和该行业容易发生的风险事件的性质来看资本额是否足以支付风险损失。有观点认为最低注册资本制度属于对债权人保护的前端控制，而揭开公司面纱为债权人保护的后端控制。❹ 由于美国公司法中没有规定最低注册资本，而仅有衡平法上的揭开公司面纱制度，故将美国公司法的战略归结为后端控制策略，而非前端控制策略。实际上，公司的最低注册资本制度旨在保证公司退出市场时，对债权人给予适当的补偿。与前端规制相比较，作为后端控制，其优点表现为：第一，立法者可以不预设最低注册资本。无论最低注册资本规定

---

❶ 股权资本是指被告股东在内的股东投入公司的股权资本总额，而债权资本是指公司从包括原告债权人在内的所有债权人筹措的债权资本，而不限于主张揭开公司面纱的特定债权人的债权数额。股权资本与债权资本之间的比例过低如1∶10，1∶20等。刘俊海：《现代公司法》（上），法律出版社2015年版，第667－668页。

❷ 朱锦清：《公司法学》（上），清华大学出版社2017年版，第174页。

❸ 如莆田市城厢区美嘉达贸易有限公司成立于2016年5月13日，注册资本为1元，企业类型为有限责任公司（自然人独资），参见（2019）粤0604民初3549号民事判决书。再如2015年成都市预登记的成都密仕文化传播有限公司，注册资本为10元，参见（2017）沪0101民初14359号民事判决书。

❹ 刘俊海："论新公司法中的揭开公司面纱制度"，载中国民商法律网，http：//old.civillaw.com.cn/article/default.asp？id＝36244，访问日期：2020年12月7日。

的数额是多少，都是人为确定的数字，并不客观。规定过低，不能起到保护公司资本担保公司债权人利益的作用；规定过高，又会造成打压投资者兴办公司的积极性与创造性，扼杀投资者白手起家的梦想，这和鼓励个人奋斗的美国精神也不吻合。故美国法中没有规定公司的最低注册资本。第二，前端控制仅仅是在公司设立之初对公司的资本予以审视，但公司经营是动态的，随时都发生着不可预测的变化。但不管在公司运营过程中，公司的实际资本处于什么样的状态，只要公司设立时已经缴足了最低注册资本，那么就不违反法律规定，对于债权人是否能够得到应有的清偿或者对债权人造成的不应有损害是否能够得到赔偿的状况，与该公司一概无关，因为公司有有限责任的保护伞。故后端控制措施——揭开公司面纱制度可以更有效地保护公司的债权人。

其次，“资本显著不足”是指公司设立开始营业时为准，而不是以事件发生时为准。这个观点在我国学界基本上保持着高度的一致[1]，但也有学者持不同意见，强调如果股东在公司成立之后抽逃出资，在公司存续期间，转移资产以逃避合同义务等，有必要以抽逃后的净资产作为判断基础，可以认定为“资本显著不足”[2]。

---

[1] 如衡量公司资本是否充足的时间应以公司设立之时为准，通常在公司设立时，就要求衡量其是否根据经营性质及其风险程度进行了合理投资。参见张勇健、金剑锋：“公司法人人格否认制度研究”，载张穹主编：《新公司法修订研究报告（下册）》，中国法制出版社 2005 年版，第 9 页。再如公司设立时已经有足额资本，且符合《公司法》规定，也符合公司经营规模的经济要求，只是最后在经营与竞争中，因经营不善或其他原因而导致资本减少时，不能认定为是资本显著不足的情形；但是如果是因支配股东的不法行为而发生了公司资本不足的事实，则应当作为适用公司法人格否认的重要因素，但不能以公司设立时资本显著不足为理由否定其法人人格。参见沈贵明：“论公司资本登记制改革的配套措施跟进”，载《法学》2014 年第 4 期，第 106－107 页。

[2] 朱慈蕴：《公司法人格否认制度理论与实践》，人民法院出版社 2009 年版，第 74－75 页。

故对“显著不足”的这种认定不能以事后诸葛亮的方式判断，因为投资者没有义务对于经营失败的公司再负补充投资义务。❶ 若采用这种方式，“以结果反推资本充足与否，那么每一个陷入资不抵债境地的公司都可以被认为是资本显著不足”❷，这显然是一种误解。《九民纪要》也描述“资本显著不足的判断标准有很大的模糊性”。毕竟，这涉及商业判断事项，商业世界本就有“以小博大”的正常逻辑，如果白手起家都被认为是“资本显著不足”，商业社会也就没有办法发展壮大了。

在探讨“资本显著不足”这个标准的时候，有一个绕不开的法律规定，就是《最高人民法院关于适用〈中华人民共和国公司法〉若干问题的规定（三）》（以下简称《公司法解释三》）第 13 条 2 款的规定：“公司债权人请求未履行或者未全面履行出资义务的股东在未出资本息范围内对公司债务不能清偿的部分承担补充赔偿责任的，人民法院应予支持；未履行或者未全面履行出资义务的股东已经承担上述责任，其他债权人提出相同请求的，人民法院不予支持。”和第 14 条第 2 款的规定：“公司债权人请求抽逃出资的股东在抽逃出资本息范围内对公司债务不能清偿的部分承担补充赔偿责任、协助抽逃出资的其他股东、董事、高级管理人员或者实际控制人对此承担连带责任的，人民法院应予支持；抽逃出资的股东已经承担上述责任，其他债权人提出相同请求的，人民法院不予支持。”这两款规定都涉及公司“不能清偿”债务，股东又未履行实际出资时，对公司债权人的救济问题。有学者将

---

❶ 胡改蓉：“‘资本显著不足’情形下公司法人格否认制度的适用”，载《法学评论》2015 年第 3 期，第 166 页。

❷ Douglas G. Smith, Piercing The Corporate Veil in Regulated Industries, *B. Y. L. Rev*, 2008, vol. 4, p. 1165.

这两款规定解读为个别债权人对公司主张债权的情形，其中的“不能清偿”应理解为即使对于个别债权人，公司也已陷入不能清偿的状态，根据破产法中破产原因的判定原理，公司此时已经陷入事实破产的境地，称为“隐性破产规则”。[1] 这里需要考量两个问题，第一就是违反出资义务构不构成“资本显著不足”的要件，答案应该是否定的，因为商业的天然属性就是“以小博大”。第二就是滥用公司法人格的股东对债权人承担的责任性质问题，究竟是连带责任还是直接责任。依据《公司法解释三》的规定，股东应当承担的是直接责任，由于股东违反出资义务造成资本显著不足，进而使债权人受到严重损害，所以股东的责任不受注册资本数额的限制，而应以给债权人造成的实际损失为标准。

三、完善揭开公司面纱制度的其他适用要件

目前我国有关揭开公司面纱制度的著述相对较多，但对于该制度在关联公司破产中适用要件的探讨还相对较少。但有一点基本达成共识，即在关联公司破产中如果适用揭开公司面纱制度，通常是指从属公司破产时，揭开从属公司的面纱，要求其控制公司对破产的从属公司承担连带责任。因此，下文的论述以母子公司为例，探讨在子公司破产时，适用揭开公司面纱制度的主体要件和结果要件。

（一）主体要件

主体要件包括两方面：一是被告，揭开公司面纱之诉的义务主体，即滥用公司法人人格的当事人；二是原告，提起揭开公司

---

[1] 韩长印、何欢：“隐性破产规则的正当性分析——以公司法相关司法解释为分析对象”，载《法学》2013 年第 11 期，第 25 页。

面纱之诉的权利主体，即因公司法人格滥用而受到损害，并有权提起揭开公司面纱之诉的当事人。诉讼主体要件的确定关系着诉讼程序的启动，尤其在关联公司破产时，揭开公司面纱之诉的启动应更为谨慎。

1. 原告的主体资格界定

对于揭开公司面纱之诉原告资格的界定，在理论界还存在不同的观点。如有人认为，只有公司的债权人和代表国家利益或者社会公共利益的政府部门才有权提起法人人格否定之诉。[1] 还有观点认为只有公司的债权人才是适格原告。此外，公司的股东、高管等无权对公司提起揭开公司面纱之诉，即便他们与公司存在着真实的债权债务关系，也不得对公司提起揭开公司面纱之诉。[2] 无论哪一种观点，对于债权人提起揭开公司面纱之诉是没有任何争议的，但对于代表国家利益的社会公共部门是否可以提起该诉讼，笔者赞同石少侠老师的观点。但具体到关联公司破产的案件中，破产公司的债权人人数众多，究竟应该以什么方式提起揭开公司面纱之诉，是单个债权人还是全体债权人，抑或是债权人的代表?

首先，股东不适宜作为揭开公司面纱之诉的原告。在母子公司中，破产的子公司大股东或控股股东几乎都是母公司，因而对于大股东（控制股东）而言，他们根本就没有动力去揭开公司面纱，或者更准确地说是在内心深处就不愿意子公司的面纱被揭开。如果一旦破产子公司的面纱被揭开，那么母公司（即子公司的控制股东）就应该承担连带责任，自己提起诉讼要求自己承担责任，

---

[1] 王欣新、蔡文斌："论关联企业破产之规制"，载《政治与法律》2008 年第 9 期，第 34 页。

[2] 石少侠："公司人格否认制度的司法适用"，载《当代法学》2006 年第 4 期，第 5 页。

这于逻辑上说不通。所以，给予大股东揭开公司面纱之诉的原告资格是没有任何现实意义的。而对于公司中因为滥用公司独立人格可能受到伤害的中小股东而言，公司法已经赋予了其他的保护救济措施，诸如公司股东的派生诉讼等，这些诉讼制度的运用对于中小股东而言更为有效。因此，公司的股东本身就不具有揭开公司面纱的动力。

其次，法院不适宜依据职权判决揭开公司面纱。对于法院是否有权利揭开公司面纱，启动揭开公司面纱之诉，理论界有两种观点：一种观点是否定性的。理由在于揭开公司面纱之诉必须是原告在起诉状中明确提出的诉讼请求，请求忽视公司的独立人格，要求控制股东对公司承担连带责任。如果原告在诉讼中没有提出该项请求，即使法院在案件审理过程中发现满足了适用揭开公司面纱之诉的要件，也不得依事实与职权自行启动揭开公司面纱的诉讼。法院在案件的审理中，处于中立的地位，不代表原、被告任何一方的利益，只需要查明案件的事实，依据法律作出公正的判决即可，不能擅自改变原告的诉讼请求。另一种观点是肯定性的。即无论原告有没有揭开公司面纱的诉讼请求，只要法院在案件审理中发现控制股东存在着滥用公司独立人格以及有限责任制度的事实存在，就有权力将控制股东追加为被告，启动揭开公司面纱之诉。在关联公司破产中，笔者赞同第一种观点，因为揭开公司面纱之诉的被告必须是具有控制地位的母公司，如果子公司进入破产程序，没有债权人对子公司的财产提出质疑，子公司的破产管理人也没有质疑子公司与控制母公司之间的财产、账务往来，那么法院就不应追加母公司为被告。即使法院在审理子公司破产案件的过程中，发现有充分的证据表明母公司过度控制子公司，使子公司的独立性遭到严重破坏，已经满足了揭开公司面纱之诉的适用要件，那么法院也不可以启动揭开公司面纱的诉讼。如果允许法院超出原告之诉主动揭开公司面纱，其结果将破坏法院中立的审判地位，还会导致举证责任分配不清等问题，故法院可以将审查情况的结果向破产子公司的破产管理人说明，由破产子公司的破产管理人决定是否追加母公司为被告，是否提起揭开破产子公司面纱的诉讼。此外，在诉讼过程中，对于原告是否追加有责股东，也不属于法官释明权的范畴，法官也无须主动行使释明权。❶

在单体企业破产时，揭开公司面纱之诉不应由法院依职权提请，在关联公司破产中，法院的职权范围是否应扩充至此，还存在有不同的声音，目前也没有明确的司法解释予以说明。一种观点认为，法院在子公司的破产程序审理中，发现子公司存在着严重的滥用公司独立人格与有限责任的情况，这时法院不能坐视不管，任由侵害子公司债权人利益的行为发生，此时法院有必要依据职权提请对破产子公司的揭开面纱之诉；另一种观点认为，法院不应该剥夺当事人的诉权，市场经济中的债权人应该是相对成熟的法人，既然债权人能够启动法律程序来保护自己的合法权利，相信债权人同样也可以启动揭开公司面纱之诉，追加承担责任的被告。法院在破产案件中应该是中立的裁判者，是实现各方利益平衡、规范破产程序的重要参与者，是破产管理人的监督人。法院对当事人诉权的过多干涉将会影响法院公正、公平的中立地位。因此，法院不能依据职权提请揭开公司面纱之诉。

再次，单个债权人不适宜提起揭开公司面纱之诉。如果是在非破产程序中，任何债权人都可以提请揭开公司面纱之诉，众多的司法判例已经证明，这并不存在任何异议。但在破产程序中，

---

❶ 石少侠："公司人格否认制度的司法适用"，载《当代法学》2006年第4期，第7－8页。

揭开公司面纱之诉的提请是否可以赋予单个债权人，笔者认为不可行。原因在于：在破产程序中，涉及的债权人数众多，而且债权人的种类也很多，有普通债权人、享有优先权的债权人如税务机关、企业的职工等。如果可以赋予每个债权人同样的揭开公司面纱之诉的诉权，那么法院的立案将较为复杂，也还可能有多个债权人都提起该诉，法院又是否合并审理呢？此外，不利于举证。在关联公司破产中，如果证明存在着滥用子公司独立人格和有限责任的情形，单个债权人的力量是十分有限的，很难举证，并不利于诉讼的成功。最后，如果法院接受了单个债权人提起的揭开公司面纱之诉，那么如果法院判决揭开破产子公司的面纱，那么该判决效力是否及于其他未提起揭开公司面纱之诉的债权人。如果仅仅及于提起诉讼的债权人，那么对其他债权人显然是不公平的；如果判决效力及于所有债权人，那么对提起诉讼的债权人而言也存在着不公平，因为所有债权人都存在着"搭便车"的心理。

最后，破产管理人应该作为适格的原告。破产管理人在破产程序中的职责主要取决于破产管理人的法律地位，而破产管理人的法律地位在不同的国家有不同的学说，即使在我国也未有定论。但无论哪种学说，都不得不承认破产管理人在破产程序中面临的是较为复杂的利益关系。曾有人将破产程序中所涉及的利益冲突表述为："上述这些形形色色的利益诉求彼此冲突，构成复杂的社会关系，犹如一张盘根错节的网，也犹如一条汇集了众多支流的河流，河流中处处可见河水相激的浪花。"[1] 此段描述形象地表达了破产管理人在破产程序中实际上处于各种利益的漩涡和焦点上，

[1] 丁文联：《破产程序中的政策目标与利益平衡》，法律出版社2008年版，第23页。

故破产管理人必须兼顾各方利益。因为在破产财产数量既定的前提下，其中利益关系[1]呈现的不是相得益彰的关系而是此消彼长的关系，而且每种主体都有内在的冲动进行机会主义的行为。破产管理人在破产程序中必须平衡各种利益，实现破产法的基本目标——破产财产的最大化，故破产管理人工作的核心就是破产财产。因此有学者将破产管理人的地位界定为独立的民事主体。[2] 作为独立的民事主体可以以自己的名义参加破产程序或相关诉讼或民事活动并承担民事责任。

揭开公司面纱之诉，由于关系到破产财产最大化的破产程序之核心价值，关乎破产程序中各利益主体的切身利益，一旦破产公司的面纱被揭开，意味着可供分配的破产蛋糕数量将增加，因此破产管理人在调查债务人财产状况时如果发现破产子公司与其母公司之间存在着滥用公司人格和有限责任的情形时，依我国《企业破产法》第 69 条规定应该及时报告债权人委员会，由债权人委员会决定是否召开债权人会议，决定是否提起揭开破产子公司面纱之诉。破产管理人有权利提起该诉讼，其适格的理由在于：第一，相对于债权人而言，破产管理人多由律师事务所、会计师事务所和破产清算事务所担任。他们的专业能力更强，对法律的理解程度也强于债权人，而且破产管理人可以更全面、细致地了解破产债务人的财产状况以及破产债务人是否存在着关联交易，

---

[1] 陈泽桐将破产程序中涉及的利益关系归纳为七种：债权人利益、债务人利益、破产人雇员或职工的利益、某些公共机构的利益、破产人股东或出资人的利益、人民法院和破产管理人自身的利益。参见陈泽桐："论破产管理人的法律地位——以利益关系为分析视角"，载王欣新、尹正友主编：《破产法论坛（第 2 辑）》，法律出版社 2009 年版，第 141 – 145 页。

[2] 陈泽桐："论破产管理人的法律地位——以利益关系为分析视角"，载王欣新、尹正友主编：《破产法论坛（第 2 辑）》，法律出版社 2009 年版，第 151 页。

可以更好地判断存在的关联交易是否已经达到了滥用公司独立人格和有限责任的程度，如果只是个别的几笔关联交易，管理人可以选择提起无效或可撤销的诉讼；只有达到严重的程度及滥用其公司的独立人格才能够提起揭开公司面纱之诉。第二，提起揭开公司面纱之诉关系到破产子公司的独立人格是否被滥用的重大关系事实，法院对此诉讼也是谨小慎微的，不可能轻易地忽视其子公司的独立人格。因此对于该诉讼的考量，作为专业的破产管理人，他们更有发言权。第三，有利于证据的收集。破产管理人可以更好地、全面地掌握债务人的财产保有状况，债务人财产往来状况，可以收集并提供更为有利的证据，说明子公司与母公司之间存在的关联关系，以及子公司的存在完全为母公司服务等重要证据。第四，破产管理人在破产程序中独立提起的诉讼，其效力可以及于所有的参与破产程序的债权人。

综上所述，本书认为，在关联公司破产中，有资格提起揭开公司面纱之诉的适格原告应该为破产管理人。

2. 被告的主体资格界定

在揭开公司面纱之诉中，除了要求有适格的原告，还必须有适格的被告。在一般的揭开公司面纱之诉中，被告应该是被要求揭开面纱的公司和对公司实施控制的应该承担责任的股东，二者为共同被告，少了任何一方，该诉讼都不能成立。有责任股东主要指一人公司的股东、公司的控股股东和公司的实际控制人，而公司中的中小股东一般不能成为揭开公司面纱之诉的被告，因为他们没有机会对公司实施控制，更不可能害及公司的利益。具体到关联公司破产中，当子公司破产时，子公司的债权人除了起诉该子公司之外，还应该追加该子公司的控制母公司为被告；或和该子公司受同一母公司控制并受益的其他子公司（姊妹公司）为适格被告；甚至在孙公司破产时被告可以追加到子公司和母公司。这样的法律设计主要是由揭开公司面纱制度的目的使然，即保护与公司相关的债权人。同时，这样的设计也符合法律的公平原则，既然子公司的破产与控制母公司有着理不清、数还乱的千丝万缕的联系，其母公司或受益之其他子公司基于法律的公平原则当然对破产的子公司负有不可推卸的责任。

另外，作为被告的破产子公司必须具有独立的法人资格，即该子公司必须是依法成立的、合法有效的法人，这是一主体能够成为法律上诉讼主体的前提条件。如果子公司自始就没有取得法人资格，或者其法人资格被撤销时，由其所产生的债务清偿问题，法律给予了其他特定的救济方法，此时不能适用揭开公司面纱的制度。因为“公司”既然已经不为法律所承认，又何谈揭开本不存在的公司面纱呢?

（二）结果要件

结果要件包括两个方面：一是母公司滥用子公司人格给子公司债权人造成了严重损害；二是滥用子公司人格的行为与子公司债权人利益的损害之间存在因果关系。

1. 必须有严重的损害结果发生

我国《公司法》第 20 条第 3 款明确将结果界定为“严重损害公司债权人利益”。此结果要件有两个需要明确的概念，一是“损害”，二是“严重”。“损害”是指公司债权人的合法权益遭受侵害的后果，其后果可能损失一小部分贷款利息，也有可能是延迟获得清偿，还有可能是其债权血本无归等契约债权的损失。至于程度性要求：“严重”，目前没有相关的司法解释。本书认为，只要母公司滥用控制权的行为导致了子公司失去清偿能力，该母公司的行为才能够构成“严重损害公司债权人利益”。

依据侵权行为法的理论，侵权行为人——母公司应该对自己的侵权行为（控制行为）负责任，而受害者——子公司的债权人有权利请求法律的保护。在关联公司破产时，由于很难有效地寻找到侵权行为与损害结果之间的直接因果关系，而且往往母公司某一侵权行为并没有与之相对应的损害结果，简单的侵权行为法已经无法弥补子公司债权人的伤害，故我国公司法明确赋予子公司之债权人可以要求揭开从属公司之面纱，其目的就在于要求被揭开面纱的已无清偿能力的子公司背后真正获得利益的控制母公司对子公司债务承担连带责任，因为不“揭开子公司面纱”，其债权就无法实现。反之，如果子公司具有清偿能力，就根本不存在揭开公司面纱的问题，其债权人也不得以任何理由要求控制母公司对子公司的债务直接承担责任。

2. 滥用行为应与损害结果之间具有因果关系

因果关系的存在是揭开公司面纱之诉的必要条件。子公司进入破产程序是因为其公司资产已经不足以清偿到期的债务，至于子公司不能清偿到期债务的原因有很多，而母公司滥用子公司独立人格的行为也有多种形式。但母公司滥用子公司独立人格的行为除存在有上述的严重侵害结果之外，还必须满足二者具有因果关系这一要素。因为并不是所有的严重损害结果都是由母公司的滥用行为所致，也并不能因为有严重的损害结果就要揭开子公司的面纱，强令母公司对子公司的债务承担连带责任。即只有母公司滥用子公司的独立人格和有限责任的行为导致了子公司不能清偿债务的结果后，才能够考虑适用揭开公司面纱制度。

第三节　引入衡平居次制度的考量

一、我国引入衡平居次制度的必要性

（一）关联公司破产规范的现实需要

随着经济的发展，国内各种集团公司应运而生，已经成为经济发展的中坚力量。国企改制、上市、公司之间相互投资等使得在每一家公司周围常常会形成庞大而复杂的关联公司群，尤其在我国证券市场发展中，关联公司成为一种主导性市场主体。而关联公司群中相互进行的不公平关联交易的危害是单向的，即往往是关联公司中的从属公司及其少数股东、债权人利益受损，控制人及其利益相关者获取额外收益。[1] 关联公司中控制公司利用其控制与支配地位，对从属公司巧取豪夺、过度操纵，损害从属公司债权人利益的行为已是屡见不鲜。控制公司对于从属公司的欺压方式呈现出多样化、复杂化的态势，控制公司与从属公司之间进行的不公平关联交易又具有较强的隐蔽性，这对于从属公司的其他债权人来说是十分不利的。2015 年 3 月 31 日最高人民法院公布的典型案例“沙港公司诉开天公司执行分配方案异议案”[2] 对衡平居次制度进行了较为明确的表述，在一定程度上承认了该项制度。

该案被告开天公司是原告沙港公司的债务人茸城公司的股东

---

[1] 李建伟：《关联交易的法律规制》，法律出版社 2007 年版，第 45 页。

[2] 许聪：“最高法院 3 月 31 日召开新闻通气会公布 4 个典型案例”，载最高人民法院网，https://www.court.gov.cn/zixun_xiangqing_14000.html，访问日期：2021 年 4 月 21 日。

之一，因出资不实被法院扣划 45 万元补足出资款。茸城公司依据（2010）松民二（商）初字第 275 号民事判决，应向沙港公司支付货款以及相应利息损失，在获得该诉讼的胜诉判决后向法院申请了强制执行，并追加茸城公司股东开天公司及 7 名自然人股东为被执行人，但执行程序因茸城公司缺乏可供执行的财产而终结，后来又因为茸城公司将注销而被恢复。2012 年，作为茸城公司股东之一的开天公司对茸城公司提起另外两起诉讼（2012）松民二（商）初字第 1436 号案和（2012）松民三（民）初字第 2084 号案，开天公司要求茸城公司 8 个股东在各自出资不实范围内对茸城公司欠付开天公司借款以及相应利息、房屋租金以及相应逾期付款违约金承担连带清偿责任。开天公司在获得该两起诉讼的胜诉判决后也申请了强制执行。随后上述三起均以茸城公司为被执行人的执行案件被执行法院合并执行，在执行法院制定的被执行人茸城公司追加股东执行款分配表中，开天公司和沙港公司的债权被同等对待并以 31.825% 的相同比例分别清偿。沙港公司因此对执行款分配表提出异议并起诉至法院，主张开天公司因存在出资不足而被扣划的款项，不能参加执行款的分配。上海市松江区人民法院支持了原告方沙港公司的请求并在判决书中指出："有限责任股东以其认缴的出资额为限对公司承担责任是公司法中的一项非常明确的规定，开天公司以对茸城公司享有债权而参与到对自身被扣划的股东执行款的分配中来，不仅对茸城公司其他债权人不公，而且和股东对公司负有出资责任的公司法规定不符。"最高人民法院将该案的典型性总结为："出资不实股东因向公司外部债权人承担出资不实的股东责任并被扣划款项后，能否以其对于公司的债权与外部债权人就上述款项进行分配。对此，我国法律尚未明确规定，而美国历史上深石案所确立的衡平居次制度对本案的处理具有一定的借鉴意义。在该类案件的审判实践中，若允许出资不实的问题股东就其对公司的债权与外部债权人处于同等受偿顺位，既会导致对公司外部债权人不公平的结果，也与公司法对于出资不实股东课以的法律责任相悖。故本案最终否定了出资不实股东进行同等顺位受偿的主张，社会效果较好，对同类案件的处理也有较好的借鉴意义。”❶

如果上述类似案件没有法律明确的授权规定，法院或法官不可能对这种控制公司的债权人地位予以调整，只能将其与其他债权人一视同仁，可一视同仁的结果必将损害其他债权人的利益，因为控制公司对从属公司的债权在取得上是不平等的。

（二）规制关联公司破产的制度补充

我国著名法学家江平教授早在2002年就提出引进衡平居次制度的主张，之后亦有学者表示支持。❷ 然已过数载，虽曾数次尝试，但终未能在立法上有所突破。2003年11月4日《最高人民法院关于审理公司纠纷案件若干问题的规定》（征求意见稿）第52条规定：“控制公司滥用从属公司人格的，控制公司对从属公司的债权不享有抵消权；从属公司破产清算时，控制公司不享有别除权或者优先权，其债权分配顺序次于从属公司的其他债权人。”尽管“最高人民法院关于审理公司纠纷案件若干问题的规定”“胎死腹中”，最终没有能够出台，但第52条的规定却是一条创造性的

---

❶ 《沙港公司诉开天公司执行分配方案异议案——2015年最高人民法院发布四起人民法院典型案例之案例一》，上海市松江区人民法院，（2010）松民二（商）初字第275号。

❷ 江平：“我国公司治理法律机制亟需创新”，载《领导信息决策》2002年第22期，第22页；李曙光：“公司（治理）的法哲学问题”，载《财经》2002年第11期，第36页；沈四宝：《揭开公司面纱法律原则与典型案例选评》，对外经济贸易大学出版社2005年版，第24页。

规定。2004 年王保树教授主编《中国公司法修改草案建议稿》中也曾提到衡平居次制度："控制公司直接或间接指控从属公司从事不正常的交易或采取其他损害从属公司利益的措施时，控制公司对从属公司享有债权，在控制公司对从属公司应负担之损害赔偿限额内，不得主张抵消。前项债权无论有无别除权或优先权，在从属公司依《企业破产法》规定破产或和解，或依本法规定进行重整或进行特别清算时，应次于从属公司之其他债权受偿。"❶ 2010 年《企业破产法司法解释（征求意见稿）》也曾提到："债务人破产时其控制公司及其他关联公司基于不公平、合理的关联交易而拥有的对债务人的债权，劣后于破产企业其他普通债权人受偿。除非上述关联公司举证证明其债权系基于公平原则的关联交易产生。"最新的且有影响力的规定应为 2019 年最高人民法院发布的《全国法院破产审判工作会议纪要》（以下简称《破产审判工作会议纪要》）其第 39 条规定："关联公司成员之间不当利用该关联关系形成的债权，应当劣后于其他普通债权顺序清偿，且该劣后债权人不得就其他关联公司成员提供的特定财产优先受偿。"这也是我国法律文件中第一次对衡平居次制度的认可。

我国《公司法》虽然已经明确规定揭开公司面纱制度，在一定程度上起到了规制关联公司破产的功能，但前文已经论述了揭开公司面纱制度不能完全遏制关联公司中控制公司对从属公司债权人的伤害行为，而且如果揭开从属公司的面纱，需要满足的条件也非常的苛刻，并不是所有的控制公司的行为都严重到需要揭开从属公司面纱的程度。由于揭开公司面纱制度功能的发挥有其局限性，而对于那些控制公司伤害从属公司的行为不足以否定从

---

❶ 王保树主编：《中国公司法修改草案建议稿》，社会科学文献出版社 2004 年版，第 490 页。

属公司人格时，法律也应该有相应的惩罚措施，不给控制公司留有余地，使其在接近于揭开从属公司独立人格的真空地带徘徊。而且学界也认同衡平居次制度乃揭开公司面纱制度的发展，具体表现如下。

首先，揭开公司面纱制度，重点专注的是控制公司与从属公司在人格方面的表现，考量的是二者之间是否存在有混同的状况，制度功能强调的是对从属公司债权人的保护，弥补从属公司债权人因为控制公司的不当行为而给予他们的损害。而衡平居次制度的功能主要为对控制公司的不正当行为而给予惩罚性措施。

其次，揭开公司面纱的制度核心是否定从属公司的独立人格，将从属公司视为控制公司的功能性分支机构，由此控制公司需对从属公司的破产债务承担直接的连带责任，那么控制公司向破产从属公司提出的求偿要求相当于对自己提出债务请求，法律也是绝对拒绝的。而衡平居次制度关注的是控制公司的求偿顺位问题，在控制股东和从属公司债权人之间寻求一个利益衡平的支点。

最后，作为从属公司的外部债权人来说，寻求衡平居次制度的保护，请求法院将控制公司的债权主张予以降格，主要是基于从属公司破产，控制公司以债权人的身份优先保护自己利益行为的一种否定，其目的并不在于否认从属公司的人格，也没有明确的证据表明控制公司与从属公司之间的人格混同到非要揭开公司面纱的地步。也就是说，控制公司对从属公司的利用还没有达到过度控制的程度，贸然揭开从属公司的面纱，要求控制公司承担连带责任，有矫枉过正之嫌，也不利于保护控制公司的股东或者债权人，法律天平将再一次失衡，偏向于从属公司债权人，也不足取。

因此，为了更好地维护普通债权人之合法权益，我国很有必要确立控制公司从属求偿制度。如最好有立法的明确授权，人民法院在审理从属公司的破产案件时，对侵害从属公司债权人利益的不当行为予以惩罚，重新确认破产财产的分配顺序，阻挡控制公司使自己的债务首先得到清偿，从而更好地保护子公司普通债权人的利益，使破产法的公平分配原则得到最大限度的维护。

二、衡平居次制度在规制关联公司破产时的适用要件

（一）主体性要件

主体性要件通常包括法律规则的对象和所保护的对象。江平教授认为只要有证据证明控股企业有利用其控股地位将被控制企业的财产或经营非法占用，或谋利时就应当确认其为劣后的债权。❶ 其主张的是将衡平居次制度运用于控股公司与从属公司。然正如上文所分析的，控制公司还可能利用其控制地位，主导由其统一控制的姊妹公司之间进行关联交易，而控制公司本身并不出面参与，如果仅仅将衡平居次制度的规制对象限定为控制公司，恐怕还会留下法律的真空地带，给不当经营的市场主体留下可乘之机。由于本书对衡平居次制度的探讨限定在关联公司破产之际，因此，本书将衡平居次制度规制的对象分成两类：一是控制公司，二是兄弟公司。

1. 控制公司

衡平居次制度规制的对象主要是控制公司。何为控制公司？我国台湾地区学者赖英照先生指出，“‘控制’系指对他公司之经营决策实质上行使支配影响力，如果一公司对他公司之控制，达

---

❶ 江平：“我国公司治理法律机制亟需创新”，载《领导信息决策》2002 年第 22 期，第 22 页。

到使他公司立于代理人之地位，或者沦为其经营上之工具时，即为存在控制与从属关系。”[1] 对于控制公司的确定，首先应该考察公司的外在形式，如果一公司持有另一公司绝大多数的股票，或者与另一公司签有管理合同，可以安排另一公司的人事、财务或者业务往来，对另一公司能够产生持续性、决定性的影响，那么就可以认定该公司对另一公司拥有控制权力，该公司即可称为控制公司。

对于控制公司的概念可以参考《公司法》第 216 条第 2 款控股股东的定义，是指其出资额占有限责任公司资本总额 50% 以上或者其持有的股份占股份有限公司股本总额 50% 以上的股东；出资额或者持有股份的比例虽然不足 50%，但依其出资额或者持有的股份所享有的表决权已足以对股东会、股东大会的决议产生重大影响的股东。如果该控股股东为法人形式的公司即为控制公司。

控制公司对从属公司的控制既可以表现为直接的股权控制，也可以表现为间接控制。如 A 企业对 B 企业拥有 90% 的股权，可以直接操控 B 公司，而 B 公司又拥有 C 公司 100% 股权，B 公司可以完全控制 C 公司。A 公司可以通过对 B 公司的控制而达到控制 C 公司的目的，如母公司对孙公司的控制为典型的间接控制。除此之外，契约控制也是一种较为典型的控制模式，如两公司之间签订有支配性合同和具有支配性质的企业承包经营合同、企业租赁经营合同、委托经营合同、信托经营合同，亦应认定其相互之间为控制公司与从属公司关系。[2]

---

[1] 李建伟：《关联交易的法律规制》，法律出版社 2007 年版，第 15 页。

[2] 邬文辉：“破产法中控制企业从属求偿原则初探”，载 http://www.law-lib.com/LW/lw_view.asp?no=700&page=7，访问日期：2018 年 9 月 2 日。

2. 兄弟公司

兄弟公司能否成为衡平居次制度规制的对象，目前还存在较大的争议。我国著名商法学家王保树教授对此持否定性观点，也有学者提出兄弟公司应该是衡平居次制度规制的对象。我国台湾学者刘连煜认为："鉴于台湾的关系企业，其集团内各分子公司间颇多存有复杂的财务关系以及集团核心负责人在集团内角色之重要，因此应使非采利润中心制度之关系企业姐妹公司同受居次理论之规范。"❶ 美国布隆伯格教授认为，虽然美国法院的看法并不完全一致，但认为不能适用的意见乃受过去"揭穿公司面纱"理论影响，且目前美国法院在决定衡平居次问题时，趋势是以"衡平"或"公平"标准为准据，故对关联公司兄弟公司的债权应当也可适用衡平居次制度。❷

母子公司是控制公司与从属公司关系的典型代表，也是相对简单的关联公司形式。随着社会的发展，关联公司所采用的形式也更为复杂和更为隐蔽，出现了盘根错节的关系公司。关联公司间的利益移转形式也在悄然发生着变化，由母子公司间直接的、简单的输送，发展为技术含量更高的，不易被发觉的隐性利益输送。控制公司作为关联公司集合中的首领，其经营管理主要着眼于集团的整体利益，受其控制的多个从属公司仅为该关联集团公司实现利益的工具，其间形成的集团内部关系错综复杂，既有纵向的控制关系，也有横向的同时受同一主体控制的兄弟姊妹从属公司之间的关系。集团内控制公司可能根据集团整体利益的需要，

---

❶ 刘连煜："'公司法修正草案'关系企业专章中'深石原则'相关问题之研究"，载《公司法理论与判决研究》，法律出版社2002年版，第112页。

❷ 转引自刘连煜："'公司法修正草案'关系企业专章中'深石原则'相关问题之研究"，载《公司法理论与判决研究》，法律出版社2002年版，第111页。

将甲从属公司的利益转移至乙从属公司处，控制公司再从乙公司中提取利益。表象上，兄弟公司（甲公司与乙公司）之间不存在直接的控制与从属关系，实际上，兄弟公司之间进行的利益移转行为已经侵害了外部债权人的利益，尤其利益输送方从属公司（甲公司）破产时，其与之关联的利益接受方兄弟公司（乙公司）对其享有的债权能否与其他外部债权同一顺位受偿就很值得商榷。判断衡平居次适用的对象关键在于是否存在控制关系，而控制又分为直接控制和间接控制，乙公司是通过集团控制公司的统一调控而从甲公司那里获得不当利益，乙公司对甲公司不当利益的获得是通过间接控制所得，其对甲公司享有的债权亦属于滥用控制权的产物，依据法律的公平要求，应将其视为“衡平居次制度”规制的对象为宜。

（二）行为性要件

衡平居次制度行为要件的界定，应将该行为与适用衡平居次制度所针对的标的综合考虑。衡平居次制度的标的，即为居次受偿的债权。如果该债权的发生与适用衡平居次制度的行为要件之间没有必然联系，此一制度就不适于用来限制控制公司以该债权向从属公司提出正当求偿。另外，通过对各国立法的考察，债权多因契约（合同）、侵权行为、不当得利和无因管理而发生。如果控制公司基于侵权行为、无因管理或不当得利而享有对从属公司的债权，只能说明从属公司对控制公司实施了侵权行为或不当得利的行为，或者对债务人进行了无因管理。而无论是基于什么原因，从属公司都应该依法承担控制公司的债务，由于基于上述三种原因产生的债权并不是控制公司利用其控制地位刻意制造的债权，因此此时控制公司对从属公司所拥有的债权是不能适用衡平居次制度的。如此，只有控制公司与从属公司因契约形成债权债务关系的时候，才存在可能适用衡平居次制度的情形。而在此情形下，如果控制公司与从属公司之间的交易是公平、合理的，那么控制公司对从属公司所享有的债权也是不能适用衡平居次制度的。综上所述，当且仅当控制公司的债权是因与从属公司签订及履行不公平的合同交易时产生的，才能对控制公司的这种债权适用居次求偿，即适用衡平居次制度的行为要件，应为控制公司对从属公司所做的不公平的合同交易行为。至于控制公司对从属公司的投资不足、不当管理、违法及欺诈等行为，只不过是导致控制公司有可能在与从属公司进行合同交易时获取不当利益的前提条件，这些并不是我们之所以要对控制公司适用衡平居次制度的必然原因，因而也就不能作为衡平居次制度的行为要件。❶

1985年安德鲁和普鲁登丝在《衡平居次原则对非管理型债权人的运用》一文中，提出在决定对非管理型债权人的债权适用衡平居次制度时应当采取一个灵活的标准——震动法官的良知。由于这个标准过于不确定，而且会在法律上带来混乱，因此在美国司法实践中并没有采纳这一标准。非管理型债权人适用衡平居次制度的行为要件，往往只包括欺诈、违约和滥用法人独立人格。❷而对于衡平居次制度行为要件中的“不公平”行为，最广为接受的观点为布隆伯格教授根据对深石公司案件以来适用衡平居次制度案件的分析所总结的四个标准：一是从属公司资本不实；二是母公司行使对从属公司控制权违反受信人诚信义务；三是母公司

---

❶ 邬文辉：“破产法中控制企业从属求偿原则初探”，载 http：//www. law - lib. com/LW/lw_view. asp？ no =700& page =7，访问日期：2018年9月2日。

❷ Timothy A. French，The Rise and Fall of the Doctrine of Equitable Subordination As Applied to Nonmanagement Creditors，*Journal of Bankruptcy Law and Practice*，1995，vol. 4，p. 238.

无视从属公司的独立人格；四是资产混同或利益输送。[1]

1. 资本不实

从属公司资本确定、维持和不变是公司正常运转的前提，资本不实将拉低从属公司的偿债能力，降低从属公司的信用等级，危及其债权人的合法权益。因此如果控制公司出资有瑕疵，抽逃出资，以债抵股或者有其他没有依法履行出资义务的行为，均可以减低其从属公司的债权受偿顺位。

2. 违反受信人诚信义务

我国对股东诚信义务的法律规定体现在《公司法》第 20 条第 1 款，该条款强调股东必须依法律、依法规、公司章程行使权利，并且权利的行使不得损害公司及他人的利益。如果股东以控制公司的形式体现，也必须遵守受信人的诚信要求，以防止对控制权的滥用，损害其他债权人的利益。

诚信义务包括忠实义务和注意义务。忠实义务是指控制股东在履行职责时应以公司利益作为自己行动的最高准则，不得追求自己个人最高利益的义务，更不得损害公司的利益。当从属公司利益与控制公司利益发生潜在的或现实的冲突时，控制公司作为从属公司的股东应该以从属公司的利益为重。这样的要求在具有关联关系的控制公司与从属公司之间是很难实现的。而注意义务则要求控制股东、董事和高级管理人员在行使职权时应当发挥一个适当谨慎的人在类似情况下会发挥的熟练、勤勉和注意的程度，尽职尽责管理公司业务。由于注意义务带有道德色彩，所以在司法实务中很难量化其标准，故在美国法中提出“商业判

[1] Phillip Blumberg, *The Law of Corporate Groups*, *Bankruptcy law*, Little , Brown and Company, 1985, pp. 81 - 127.

断规则”[1]，用以判断董事是否履行了注意义务。“商业判断规则”的产生本是规范董事注意义务的，要求董事在履行公司管理的职责时应该尽善良管理人的义务，目前已经将“商业判断规则”的适用主体扩充到控股股东、实际控制人，但“商业判断规则”毕竟是法官作出的事后评判，所以在乔伊诉诺斯案（Joy v. North）一案中，美国第二巡回法院指出：事后审查之方式，实际上是评估公司商业决策正确与否的一种最不好的方法。由于公司为掌握商机，因此无可避免地会根据当时并非十分完整之信息，以作迅速决策。从而，决策当时的时空背景，很难在决策多年后，原版重现于法庭上。出于专业知识上的考虑，司法系统在处理公司事务时，只要决策是公司管理层经过某种程度的勤勉和谨慎后作出的，且不存在欺诈、非法或利益冲突，法官一般都不予干预。[2]

具体到关联公司破产中，从属公司的控股股东或实际控制人（控制公司）违反诚信义务的表现可能为：第一，控制公司与从属公司间进行自我交易；第二，控制公司与从属公司间进行欺诈性交易，损害从属公司债权人的利益；第三，从属公司怠于向控制公司追索债权；第四，控制公司恶意侵占或减少从属公司财产的行为；第五，从属公司对控制公司承担明知不能履行债务的义务等。总之，控制公司作为从属公司的控制股东或实际控制人，必须以服务对象的从属公司利益为宗旨，无论客观上能否实现，但

---

[1] “商业判断规则”是指在作出经营决定上，公司的董事们在了解情况的基础上出于善意和为了公司的最大利益的正直信念而采取行动。参见［美］罗伯特·C. 克拉克：《公司法则》，胡平等译，工商出版社 1999 年版，第 91 页。

[2] 转引自胡晓珂：“论我国《公司法》修改中对董事注意义务规则的完善——兼析业务判断规则对董事注意义务的衡平”，载 http：//www. civillaw. com. cn/article/default. asp？id = 35649，访问日期：2020 年 10 月 18 日。

主观上必须要实现从属公司利益的最大化，否则就违反了诚信义务。

3. 无视公司的独立人格

关联公司的基本特征之一就是关联公司中的成员公司必须具有独立的法律人格，各成员在法律上都是独立的，如果这种成员公司之间彼此独立的局面被打破，关联公司也将因为失去构成的前提条件而不复存在。[1] 然而，实践中，“独立的”从属公司往往被当作控制公司或整个关联公司中的一枚棋子，在关联公司中其经济地位、经营决策权等方面都存在着与“独立”相背离的事实。因此有必要对伪独立的从属公司行为予以改进，此乃适用衡平居次制度的重要原因。

4. 资产混同或利益输送

控制公司与从属公司之间必须有资产混同或者财产输送的行为发生，即必须有侵害从属公司债权人合法利益行为的发生。当然，如果由同一控制公司控制的姊妹公司之间存在该行为，亦可适用衡平居次制度。

（三）结果性要件

结果性要件指控制公司拥有从属公司债权，但此债权应因为控制公司与从属公司之间的不公平交易契约而产生。纵使控制公司对从属公司有再多的不当控制，有再多的过度操纵，但如果控制公司不对从属公司提出破产财产的求偿，就无所谓债权居次的发生，因为本身控制公司就不享有债权。因此该要件也是与揭开公司面纱制度的一个重要区别。在揭开公司面纱制度下，控制公

[1] 杨春平：《中国公司法理论与实务论纲》，中国政法大学出版社 2007 年版，第 113－117 页。

司可以对从属公司不享有债权，只要有侵害了破产从属公司债权人利益的行为，即可请求否认从属公司的独立人格。

在适用衡平居次制度时，必须确定控制公司的不公平行为是否给从属公司或其他债权人造成了损害，然后再根据损害程度的不同确定需要居次的债权范围，使两者相匹配达到合理补偿的效果。如果从属公司或者债权人的利益并没有因为控制公司的不公平行为而受到损害，那么纵使控制公司存在违背诚信义务的情况，衡平居次制度也没有适用的余地。由于控制公司的不公平行为直接影响的是从属公司的利益，通过从属公司利益受损间接地影响其他债权人的求偿利益，所以在认定损害是否存在及其程度时，控制公司拥有从属公司的合法有效债权是必要性条件。因为衡平居次制度以填补债权人或者少数股东的损害为目的，而非以惩罚控制公司为目的，对控制公司的债权作居次处理应当限定在必要的范围之内，不能任意将控制公司的债权劣后处置。

三、衡平居次制度在规制关联公司破产时的程序性考量

（一）举证责任

我国民事举证责任分配的一般原则是“谁主张，谁举证”。即应该由提出诉讼请求的当事人负责收集证据证明侵权人实施了侵权行为，该侵权行为侵害了自己的合法权利并给自己造成损失，此乃举证责任分配的常态。但在特殊情况下，由于原告收集证据的困难，以及原被告在专业知识方面的差异，在正义原则指引下，法律将一般原则的举证责任分配改为例外的适用，由原告提出合理质疑，举出盖然性证据，然后转由被告负责举证该事实行为的不存在。“举证责任倒置，是指将原来由原告负担的举证责任予以

免除，而就该待证事实的反面事实，转由被告负举证责任。”❶ 在我国既有的法律法规中，明确规定举证责任倒置应适用于特殊侵权行为，如关于新产品制造方法发明专利侵权诉讼、关于高度危险作业致人损害的侵权诉讼、因环境污染引起的损害赔偿诉讼、关于建筑物或者其他设施以及建筑物上的搁置物、悬挂物发生倒塌、脱落、坠落致人损害的侵权诉讼、饲养动物致人损害的侵权诉讼、因缺陷产品致人损害的侵权诉讼、因共同危险行为致人损害的侵权诉讼和因医疗行为引起的侵权诉讼共计八种情形。

由于我国没有关联公司破产中适用衡平居次制度的法律规定，因而更没有关于该制度运用的举证责任方面的要求。具体在关联公司破产时，依然坚持适用一般举证责任分配原则的话，对从属公司外部债权人而言非常苛刻。因为控制公司对破产从属公司施行的控制行为都是较为隐蔽的，作为从属公司的普通债权人在通常情况下很难了解，也不可能轻易地收集到控制公司过度控制给从属公司利益造成损失的证据，所以如果法律规定由普通债权人来承担举证责任的话，那么该法律规定就等同于一纸空文，毫无意义。在关联公司破产的举证责任承担上，很多学者均提出了“举证责任倒置”的方法。如台湾学者刘连煜指出：“为强化引进衡平居次法则的效力，似可考虑采用举证责任转换的方式，规定控制公司必须举证其并无不正当行为方足以阻却居次的效果。”❷ 朱慈蕴教授也提出：“在认定母公司是否对子公司过度控制时，应考虑适用举证责任倒置原则。”❸ 在衡平居次制度的具体适用中，

❶ 王国征：《民事诉讼法学》，北京大学出版社 2002 年版，第 117 页。

❷ 刘连煜：“‘公司法修正草案’关系企业专章中‘深石原则’相关问题之研究”，载《公司法理论与判决研究》，法律出版社 2002 年版，第 106 页。

❸ 朱慈蕴：“公司法人格否认法理在母子公司中的运用”，载《法律科学》1998 年第 5 期，第 40 页。

本书认为应当采用我国台湾地区所谓"公司法"对债权居次受偿规定的做法，原告在提请适用衡平居次制度的时，应该对控制公司享有的从属公司债权提出质疑，并证明该质疑的合理性，然后转由被告（控制公司）举证证明其所享有的债权是正当的。因为，从证据取得的可能性看，由原告收集控制公司存在滥用破产从属公司控制权的证据非常困难，原告与被告控制公司相比较，其证据收集能力存在着较大差异。"一般而言，由母公司来准备有关关系企业的往来资料，以便将来法庭上的答辩，比由子公司之债权人负责搜集，当较简易省事"。❶"依布隆伯格教授的观点，认为因母公司对子公司之控制'证据'皆掌握在母公司之内部"❷，故由原告从属公司的债权人提出对控制公司与从属公司之间存在不公平交易的合理质疑，然后再由被告控制公司负责证明控制公司与从属公司之间不存在不公平的交易最为可行。

（二）救济路径——破产债权确认之诉

控制公司利用其控制身份优势给破产从属公司其他债权人造成损害或者为控制公司带来不公正优势是控制公司债权劣后于其他债权人受偿的前提要件，衡平居次制度的适用是对这种损害、优势的补偿或者矫正，并不具有惩罚性。"民事案件中的原告仅以优势证据作为证据要求，作为道德上恶性的欺诈将通过其他规则予以惩罚，将衡平居次视为矫正性而非惩罚性更为合理和实际。"❸

在关联公司破产程序中，破产管理人收集、整理、汇总债权

---

❶ 刘连煜："'公司法修正草案'关系企业专章中'深石原则'相关问题之研究"，载《公司法理论与判决研究》，法律出版社2002年版，第61页。

❷ 朱慈蕴："公司法人格否认法理在母子公司中的运用"，载《法律科学》1998年第5期，第41页。

❸ 潘林："论出资不实股东债权的受偿顺位——对最高人民法院典型案例'沙港案'的反思"，载《法商研究》2018年第4期，第156页。

人的基本信息、债权数额、对从属公司是否存在不公平行为以及有无担保等情况，寻找证据，对所有申报材料进行审查后登记造册，且对控制公司不公正债权的真实性、合法性、正当性以及数额、性质等进行实质审查，确定是否适用衡平居次制度，编制债权表，供利害关系人查阅。破产管理人将债权表提交债权人会议核查，被居次的关联方、其他债权人对适用衡平居次制度情况无异议的，再由人民法院裁定确认。如果控制公司对其债权被确认劣后清偿存在异议，可以作为原告向人民法院提起诉讼，以破产从属公司为被告，从属公司的其他债权人因与诉讼结果有利害关系，可以作为有独立请求权的第三人参加诉讼。

四、衡平居次制度的立法建议

曾经的立法尝试与既有的司法实践，对衡平居次制度的探索从未停止过脚步，已使人们渐渐明晰衡平居次制度的适用范围、适用条件以及结果，只欠法律的正式认可。如果有了法律的明确规定，在实体和程序方面分别明确适用的具体规则，就可以为审判实践提供有效的参考坐标。本书尝试在《公司法》层面进行立法表达。

（一）法律选择

尽管本书对衡平居次制度的论述是在关联公司破产的前提下进行的，主要讨论的是控制公司利用其控制优势对从属公司享有的不正当优势的债权，但衡平居次制度本身的意思表达并不仅仅局限于此，就像揭开公司面纱制度一样。根据博弈论的分析，因破产程序成本较高，存在启用难、审理难的问题[1]，债权人希望搭

[1] 杜万华：《民事商事审判实务演讲录》，人民法院出版社2016年版，第485页。

便车来获取收益，并无申请公司破产的动力。当公司对外清偿债务时，其股东或者控制股东依其股东身份对公司享有债权，只要已经侵害了公司外部债权人的利益，就可以适用衡平居次制度对其劣后清偿。故在执行程序和破产程序中均有衡平居次制度适用的空间。所以，对于在商事领域一项温和的救济措施，不能仅仅局限在破产法领域，而应该比照揭开公司面纱制度，在《公司法》层面进行立法。

2019 年颁布的《最高人民法院关于适用〈中华人民共和国公司法〉若干问题的规定（五）》（以下简称《公司法司法解释五》）明确了不当关联交易的内部责任与外部责任。在不当关联交易中，可能存在两种责任，一是公司的控股股东、实际控制人、董事、监事、高级管理人员等因违反对公司所负有的信义义务而产生的损害赔偿责任，是为内部责任；二是关联交易相对方因与公司进行不当关联交易（如与公司订立损害公司利益的合同）而由此产生的法律责任，是为外部责任。《公司法司法解释五》对这两种责任进行了分别表述，对责任层次进行了厘清。其中第 1 条规定："关联交易损害公司利益，原告公司依据《公司法》第 21 条规定请求控股股东、实际控制人、董事、监事、高级管理人员赔偿所造成的损失，被告仅以该交易已经履行了信息披露、经股东会或者股东大会同意等法律、行政法规或者公司章程规定的程序为由抗辩的，人民法院不予支持。"依据该条规定原告是公司，对其关联交易的审查应当从关联交易实质上的公允性，如交易目的、对价、是否损害公司利益等实体角度进行，而不将是否披露、是否决议等程序事项作为判定是否构成不当关联交易的标准，如此可以更好地保护中小股东的权益，避免大股东滥用控制地位形成"形式上的合法外衣"。

本书建议在《公司法司法解释五》第1条规定的基础上，增加对衡平居次制度的规定。

（二）具体表达

在司法解释中增加对衡平居次制度的规定，综合考量衡平居次制度的适用条件、适用规则，建议表述为：在公司不能清偿全部到期债务时，若关联方存在不公平行为，其对公司享有的债权不得主张抵消，上述债权不论有无别除权或优先权，其应负担的损害赔偿限额内，均劣后于其他普通债权人受偿。前款规定关联方系指公司的股东、实际控制人、董事、监事、高级管理人员等与公司存在关联关系的主体。

第四节 引入实质合并制度的考量

一、我国引入实质合并制度的必要性

破产法的颁布到实施在我国经历了漫长的发展过程，破产法更多地关注企业个体的清算程序。对实质合并制度的探究，更多源自司法实践，且是一个由否定到尝试、认可的渐进过程。

（一）否定阶段

2002年最高人民法院《关于审理企业破产案件若干问题的规定》第79条规定："债务人开办的全资企业，以及由其参股、控股的企业不能清偿到期债务，需要进行破产还债的，应当另行提出破产申请。"这是在法律文件中第一次对实质合并的否定。此外，一些地方高级人民法院的内部指导文件更是对实质合并制度明文禁止。如青海省高级人民法院于2003年8月21日发布的《关

于规范审理企业破产案件的实施意见》第5条规定："申请企业破产时，严禁以任何理由将具有独立法人资格的关联公司或下属企业及其财产列入破产范围连带破产。破产案件必须是'一企一案'，不允许搞'多企一案'。"广东省高级人民法院2003年9月25日制定的《关于审理破产案件若干问题的指导意见》第7条规定："财产混同的多个关联公司同时向法院申请破产的，法院应责令其先予界定各自财产，然后再向法院申请破产。债权人同时申请财产混同的多个关联公司破产的，法院受理后应由清算组依法界定各个关联公司的财产，不应以财产混同为由合并清算。"

（二）尝试阶段

浙江是破产案件数量最多的省份，其最初也对实质合并制度持谨慎适用的态度。浙江省高级人民法院《关于审理涉财务风险企业债务纠纷案件若干问题指导意见（2009年）》第14条规定：涉财务风险企业明显利用关联关系损害其他债权人利益的，可以尝试通过审慎适用关联公司实质合并破产制度，具体可通过审查各关联公司是否存在混同的财务报表、关联公司间资产和流动资产的合并程度、关联公司间的利益统一性和所有权关系等因素，评估合并破产重整是否有利于增加企业重整成功的可能性，确定是否采用合并破产重整措施。采取关联公司实质合并破产重整的，重整计划草案可结合关联债权衡平居次的法理，平衡关联公司破产时各方利益的冲突。该意见强调谨慎适用实质合并，并建议引入衡平居次制度。

（三）法律文件的认可阶段

2012年10月，最高人民法院民二庭召开企业破产法相关司法解释讨论会，就《关于适用实体合并规则审理关联公司破产清算案件的若干规定（征求意见稿）》（以下简称《征求意见稿》）等文件草案在司法解释小组内部进行讨论。《征求意见稿》中将实质合并界定为"是指关联公司破产时，关联公司成员之间的财产和债务合并计算，相互间的债权债务消灭，债权人共同受偿的破产处理程序。""关联公司不当利用企业控股股东、实际控制人、董事、监事、高级管理人员及其直接或者间接控制的企业之间的关系，以及可能导致企业利益转移的其他关系，造成关联公司成员之间法人人格高度混同，损害债权人利益的，人民法院可以适用关联公司实体合并破产规则审理案件"。并将"关联公司成员之间法人人格出现高度混同"解释为"导致关联公司成员丧失财产独立性且无法体现独立意志"，并具体罗列了八种情形：流动资金、货币资产、固定资产等主要经营性财产，在占有、使用、收益、处分等方面难以区分的；财务账簿、会计凭证难以区分，或者混合适用同一账户的等。[1]

《征求意见稿》的规定仅适用于实质合并破产清算案件，并不能适用实质合并破产重整或实质合并和解的情况。《征求意见稿》是在我国关联公司不断发展，关联公司破产案件逐渐增多的情况下，为确保人民法院正确审理关联公司破产案件，以解决破产程序中如何处理关联公司间的债权债务，公平保护关联公司债权人的整体利益等问题而制定，是破产法的一个重大突破，在法律文件中引入了新的制度，尽管没能全面适用于破产法领域的各个方面。

2018 年 3 月 4 日最高人民法院印发的《破产审判工作会议纪要》，其中第六方面对"关联公司破产"进行了专门规定，共计 8 条。《破产审判工作会议纪要》中指出关联公司实质合并的核心要

[1] 最高人民法院："民二庭召开企业破产法相关司法解释讨论会"，http://www.court.gov.cn/shenpan-xiangqing-4606.html，访问日期：2021 年 5 月 22 日。

素为确保全体债权人公平清算和保护相关利益主体的合法权益。适用单个破产程序为基本原则，实质合并的适用为例外；判断适用实质合并规则应该考量的因素包括关联公司成员之间存在法人人格高度混同、区分各关联公司成员财产的成本过高、严重损害债权人公平清偿利益、关联公司之间资产的混同程度及其持续时间、各企业之间的利益关系、债权人整体清偿利益、增加企业重整的可能性等因素；实质合并规则既可以适用破产清算也可以适用破产重整或和解；实质合并的后果为各关联公司成员之间的债权债务归于消灭，各成员的财产作为合并后统一的破产财产，各成员的债权人在同一程序中按照法定顺序公平受偿；并赋予相关利害关系人对受理法院作出的实质合并裁定不服的，可以向上一级人民法院申请复议。该《破产审判工作会议纪要》是在我国经济由高速增长阶段转向高质量发展阶段，转变发展方式、优化经济结构、转换增长动力的攻关期发布的，坚持以供给侧结构性改革为主线的破产审判改革，因此更加强调了破产实质合并重整的适用，而且更加注重相关权益人的保护并规定了救济路径。

在国家层面法律文件精神的指引下，各地方法院也为迎合司法审判的需要，承认实质合并制度可以作为独立法人单独破产原则之例外。

2012 年广东省高级人民法院《关于全省部分法院破产审判业务座谈会纪要》［粤高法（2012）255 号］指出："各级法院应当积极探索关联公司合并破产问题，在充分尊重法人人格独立和股东有限责任的基础上，对于关联公司成员存在法人人格、财产高度混同、利用关联关系损害债权人利益等情形的，可依据管理人或债权人的申请采取关联公司合并破产方式。"

2013 年 7 月 22 日《北京市高级人民法院企业破产案件审理规

程》第 7 条规定："关联公司不当利用关联关系，导致关联公司成员之间法人人格高度混同，损害债权人公平受偿利益的，关联公司成员、关联公司成员的债权人、关联公司成员的清算义务人、已经进入破产程序的关联公司成员的管理人，可以向人民法院提出对关联公司进行合并破产的申请。"再如与合并破产相关的另一个重要问题是债务人企业资产与实际控制人个人资产合并处置的问题，目前这方面明确的法律规定也没有。[1]

2019 年 3 月深圳市中级人民法院发布的《审理企业重整案件的工作指引（试行）》（以下简称《深圳工作指引》）第 45 条规定，关联公司成员之间法人人格高度混同，严重损害债权人公平受偿利益的，或者关联公司实质合并重整有利于增加重整价值，使全体债权人受益的，关联公司成员、关联公司成员的出资人、债权人、已经进入破产程序的关联公司成员的管理人，可以申请对具有重整原因的多个关联公司成员进行合并重整，还可以申请将关联公司成员并入重整程序。强调了适用实质合并规则的核心要件是法人人格的高度混同，并且规定从八个方面认定人格的高度混同。同时强调实质合并规则适用的审慎原则。《深圳工作指引》重点强调的是实质合并规则在破产重整中的适用，也是目前破产审判工作对鼓励、支持、引导具有挽救价值可能的企业进行重整的回应。

在优化营商环境的大背景下，2020 年各地政府办公厅出台的相关优化营商环境的文件中，也纷纷提到"实质合并"规则。如北京市的文件中提出建立完善企业破产制度，制定关联公司破产

---

[1] 浙江省高级人民法院民事审判第二庭："2014 年浙江法院企业破产审判报告"，载王欣新、郑志斌主编：《破产法论坛（第十一辑）》，法律出版社 2016 年版，第 57 页。

规则。[1] 重庆市的文件中要求审慎适用关联公司实质合并制度进行破产。

从上述这些具有代表性的司法文件中可知，司法政策对实质合并的适用态度是随着市场经济的发展变化而变化的，体现了司法实践的努力。但关于实质合并规则尚未有正式的法律文件，对其制度的具体实施细则也没有详细的规定，仍属于摸索和积累经验的阶段。

二、司法实践对实质合并制度的推动

在《企业破产法》运行的十几年时间里，虽然有关实质合并的正式法律规范欠缺，但关联公司合并破产的做法已经在各地法院有效实施，在实践中总结了有效经验。

有学者对我国的实质合并破产案件进行梳理得出结论，实质合并破产案件的数量在逐年攀升；是否适用实质合并制度的区域也与地域经济的活跃程度、审判工作是否勇于探索、创新相关；民营企业适用的场景多于国有企业，也说明民营企业内部治理不尽规范，互联互保情况较多；进入实质合并破产程序的关联公司数量多在10家以下，但2021年海航集团的合并重整涉及321家企业，这也是目前规模最大的破产重整；合并重整的数量占实质合并破产案件的绝大多数，这是因为集团企业通常拥有较为完整的产业链，本身具有良好的营运价值基础以及降低社会震荡的需求所致。[2] 本书重点分析几个有代表性的实质合并案例。

---

[1] 详见北京市人民政府办公厅印发的《北京市进一步优化营商环境更好服务市场主体实施方案》二、主要任务（七）营造更加公平公正的法治保障环境中第2条规定："建立完善企业破产制度……"

[2] 王静、蒋伟："实质合并破产制度适用实证研究——以企业破产法实施以来76件案例为样本"，载《法律适用》2019年第12期，第4-5页。

（一）闽发证券实质合并清算案——以“人格混同”为判定标准

2008 年福州市中级人民法院审理的闽发证券实质合并破产清算案中，法院裁定闽发证券与四家关联公司合并清算的理由有五个方面，第一，虚假出资，其注册资金均来自实际控制人；第二，人员机构混同，“一套人马，两块牌子”；第三，营业混同，关联公司成员实为实际控制人经营部门；第四，资产混同，关联公司成员主要按实际控制人指令与其合作经营业务；第五，负债混同。由此认定闽发证券的关联公司成员不具有独立意志和独立财产，裁定适用实质合并规则进行破产清算。[1] 闽发证券实质合并的核心在于“人格混同”，在“人格混同”的问题上，财产混同虽是判定合并破产的主要标准，但在“财产混同”之外，“名义混同”和“责任混同”也视为“人格混同”的情形之一。[2]

（二）中江系企业合并破产重整案——以“人格混同+债权人利益”为判定标准

浙江中江控股有限公司等共 30 家“中江系”企业均为俞某江实际控制的关联公司，其在公司运营、人事、财务尤其是资金等表征公司法人人格的要素方面具有高度混同，在股权结构、企业控制、经营管理、资产运作、财务管理、人事管理等各个方面趋于一致；案涉 30 家“中江系”企业虽在工商行政管理部门登记为

---

[1] “闽发证券有限责任公司与北京辰达科技投资有限公司、上海元盛投资管理有限公司、上海全盛投资发展有限公司、深圳市天纪和源实业发展有限公司合并破产清算案”，载《最高人民法院公报》2013 年第 11 期，第 30 页。

[2] “闽发证券有限责任公司与北京辰达科技投资有限公司、上海元盛投资管理有限公司、上海全盛投资发展有限公司、深圳市天纪和源实业发展有限公司合并破产清算案”，载《最高人民法院公报》2013 年第 11 期，第 30 页。

彼此独立的企业法人，但公司自身的具体经营行为系因俞某江实际控制的“中江系”企业整体利益而进行且关联公司间以虚构交易等方式进行了大量的不当利益分配；在30家“中江系”企业均已进入人民法院破产程序时，关联公司各自财产无法明确区分，仍因关联公司各自的独立登记形式而分别进行破产程序显然违反破产法“公平清理债权债务”的立法宗旨。[1] 因此，杭州市中级人民法院认为应当将其视为一个法律主体，考虑到“中江系”企业尚具有一定程度的维系整体运营价值，裁定予以合并重整。

在该案中突出了两个特点：一为实质合并的判定标准在“人格混同”的基础上附加考量了“债权人的公平利益”，毕竟企业破产法的基本目标是债权人利益保护，公平和效率是保障债权人利益的衡量标准。而本案的财产区分难度太大，全体债权人的利益遭遇极大损害的预期强烈，将“债权人利益”与“人格混同”同等视为适用实质合并规则的要素。二为涉及关联公司家数较多，考量整体运营价值难度较大，最终裁定适用实质合并重整，是实质合并清算向实质合并重整跨出的重要一步。

（三）江苏纺织工业（集团）进出口有限公司合并重整案——以“人格混同＋资产清理难度＋区分成本过高”为判断标准

江苏省纺织工业（集团）进出口有限公司等六家公司人格高度混同，南京市中级人民法院指定同一管理人。管理人对六家公司清理后认为，六家公司存在人员、财务、业务、资产等人格高度混同的情形，据此申请对六家公司进行合并重整。在由部分债

[1] 杭州锦绣天地房地产开发有限公司管理人与一般人格权纠纷破产民事裁定书，(2012) 浙杭商破字第2－3号。

权人代表、债务人代表、职工代表、审计机构召开的听证会上，六家公司的债务人均认可在人员、业务、财务、资产等方面存在混同，法人人格存在高度混同情形。法院最后认定，江苏省纺织工业（集团）进出口有限公司等六家公司中五家公司未能形成完整独立的组织架构，缺乏独立的财务核算体系，收益难以正当区分，各公司的资产不能完全相互独立，债权债务清理极为困难，最终裁定六家公司合并重整。[1]

该案入选了2018最高人民法院发布的全国法院十大破产典型案例，其典型意义在于裁定关联公司进行实质合并重整的确定理由为：人格高度混同、资产和负债无法区分、区分成本过高以致严重损害债权人利益。[2]

（四）三亚鹿回头旅游区开发有限公司等关联公司合并重整案——以“人格混同＋区分成本过高＋债权人公平利益”为判断标准

三亚鹿回头旅游区开发有限公司等12家公司由国家税务总局三亚市吉阳区税务局在2018年8月申请破产重整，三亚市中级人民法院受理该案后，依据《公司法》第3条、第216条的规定，认定三亚鹿回头旅游区开发有限公司等12家公司是由三亚弘熹公司控制的，三亚弘熹公司为核心控制企业。首先，在三亚弘熹公司法人代表王某红的实际控制下，各公司存在非市场化的利益诉讼，关联公司内资产、权益分配不均，资产负债率差别较大，债权债务无法区分，被控制的16家公司丧失了意志独立性，构成法

---

[1] 江苏省纺织工业（集团）进出口有限公司、江苏省纺织工业申请破产重整破产民事裁定书（2017）苏01破1号。

[2] 江苏省纺织工业（集团）进出口有限公司等六家公司破产重整案——2018最高法发布全国法院十大破产典型案例之四。

人人格高度混同。其次，因为交易复杂、支付资金现象持续时间长、金额巨大、频率较高，具体费用承担类别、项目繁杂琐碎，使得各关联公司的负债、成本、费用等无法区分定性及还原，导致区分关联公司财产成本过高。最后，依据原《民法总则》第6条公平原则的规定，若坚持单独重整，各关联公司债权清偿率具有较大差别，保护了少数债权人的利益，将会损害大多数债权人的实际清偿利益，使得大多数债权人无法得以公平清偿。因此，三亚鹿回头旅游区开发有限公司等17家公司单独重整将损害债权人公平清偿利益。最终，法院裁定对三亚鹿回头旅游区开发有限公司等17家关联公司使用实质合并重整方式审理。❶

该案是最高人民法院发布《破产审判工作会议纪要》后，第一次依据该纪要第32条规定进行审理的实质合并重整案例。该纪要第32条规定："关联公司实质合并破产的审慎适用。人民法院在审理企业破产案件时，应当尊重企业法人人格的独立性，以对关联公司成员的破产原因进行单独判断并适用单个破产程序为基本原则。当关联公司成员之间存在法人人格高度混同、区分各关联公司成员财产的成本过高、严重损害债权人公平清偿利益时，可例外适用关联公司实质合并破产方式进行审理。"依据该规定，是否适用合并破产，主要从关联公司成员之间是否具备法人人格高度混同、区分各关联公司成员财产的成本过高、严重损害债权人公平清偿利益等情形进行审查。

三、实质合并制度的破产法价值

国际及国内法律文件的认可以及司法实践的成功助力，极大

---

❶ 国家税务总局三亚市吉阳区税务局对三亚鹿回头旅游区开发有限公司、海南新佳旅业开发有限公司、三亚东海旭日酒店有限公司、三亚鹿辰实业有限公司等12家公司破产重整申请民事裁定书，(2018) 琼02破2号之二。

证成了实质合并制度在破产法体系中的价值功能，即破产法的公平与效率。

首先，基于效率的要求，在难以区分关联公司资产与债务的情况下，应该适用实质合并制度。关联公司的存在，势必造成资产的混同、业务的混同、管理的混同以及人员的混同等，如果这种混同已经达到了难以区分的程度，或者为了区分属于各个关联公司中独立的财产或债务需要的费用巨大，甚至所消耗的费用已经影响到了债权人受偿的比例，那么为什么还一定要坚持独立审理原则呢？市场经济的基本法律精神要求效率与公平兼顾，在超困难的情况下，仍不能具体情况具体分析，固化的适用“一企一案”原则，既浪费债权人的资金（最终受偿的数额很可能会减少），又浪费时间和审判工作人员的精力，无论哪一样都是对基本法律精神的违背，是一种得不偿失的“坚持原则”的做法。

其次，基于公平的要求。在关联公司之间进行不当利益移转时，必然涉及支配公司的债权人利益和被支配公司债权人利益的协调问题，即法律应该对利益的冲突进行公平性的调节。考虑到母公司为法人的特殊性，被揭开面纱的公司背后是支配公司而不是个人股东，这就涉及母公司为发挥公司集团的整体优势，可能指挥一家或数家子公司，或从公司集团的整体利益出发，或为了其他姐妹公司的个别利益，牺牲某一子公司利益，减少其财产，使各公司债权人面临不同的经营风险。传统的公司法中，母子公司被作为各自独立的法人实体，即使母子公司破产清算，各公司无担保债权人也只能就各公司所剩余财产分别求偿。这样，由于母子公司间出于经济利益的整体性考虑，将财产不当转移，必将导致同一公司集团中不同子公司债权人受偿极为不公平的结果，需要法律进行调整。实质合并制度的适用，即可以达到不同公司的债权人按照同一比例受偿的结果。

四、实质合并制度的模式选择

实质合并制度的适用法则关系到该项制度适用广度的重大问题，该项制度是否能够很好地在现有司法环境中良好运行，不在于“普遍适用”还是“例外适用”本身，而在于能否结合我国的现实土壤来作出相应的选择。鉴于《破产审判工作会议纪要》第32条规定，实质合并制度的适用应当采用“例外适用”的标准，这也与联合国贸易法委员会颁布的《破产企业集团对待办法》立法建议第219条“破产法应当尊重企业集团中各成员的独立法律身份”的规定相一致。

首先，由于实质合并制度的内涵要求忽略关联公司之间的债权、债务关系，无论是针对哪一家公司所产生的债权，均适用同一清偿比例。因此，实质合并的结果影响非常巨大，原本债务清偿率较高的公司可能因为实质合并制度的适用而不得不承受较低的债务清偿率，这样的结果同样不能满足公平性的法律要求。而实质合并制度只有在破产法的框架下才能够适用，破产法又要求对全体债权人应一视同仁，最大化地满足债权人的要求。故当个别公司的债权人利益可能因为该制度的适用而受到损失时，是否继续坚持实质合并制度，不能一概而论，应该分别情况区别对待，以给债权人整体带来的结余或益处是否大于对个别债权人造成的间接损害为宏观判断标准，既不盲从对所有的关联公司一并适用实质合并制度，也不因为个别关联公司债权人的利益受损而否定实质合并制度的适用。

其次，比较考察的结果。1986年《英国破产法》第165条和第167条规定，对跨国公司进行清算时，在法院的许可下，清算人有权力进行合并。❶《新西兰公司法》规定，只要法院认为公平合理的，就可以对跨国公司的破产清算进行合并。《法国破产法》规定，在一定条件下，子公司破产程序的效力可以及于母公司的财产，即实质合并。❷ 这些规定虽然没有明确说明这些国家采取的是何种适用方式，但我们从条文可以推断出，对英国而言，是否进行实质合并是由法官决定的，法官的自由裁量权很大，而法官要作出实质合并的依据无疑是行为要件。由此可见，英国采用的是类似于“例外适用”原则，新西兰与英国相同。法国的规定较为模糊，从法条的行文来看“在一定条件下”，可以看出应该是只有符合条件才适用，也类似于“例外适用”。

最后，法律的适用还应当结合我国本土的法制环境。美国的法官可以通过判例“创制规则”，而我国沿袭大陆法系成文法的传统，法官的工作在于通过必要的司法技术沟通事实与规范，最终作出裁判，其任务主要是法律适用。因此，一些观点认为我国的法律应该重在立法，严格立法，让法官有法可依，否则法官对明显违背法律原则的事实无法作出公正的裁判。实际上这种观点的说服力也是有限的。从一般的角度来看，由于立法者理性有限，法律语言的模糊性以及诸多局限条件，任何立法均在不同程度上带有“不完备”的性质❸，即使是非常简单的常规案件，其在认知的程度上也会体现出裁判者自身的价值判断。从维护法制稳定性

---

❶ 石静遐：《跨国破产的法律问题研究》，武汉大学出版社1999年版，第241页。

❷ 王欣新、周薇：“论中国关联企业合并破产重整制度之确立”，载《北京航空航天大学学报》（社会科学版）2012年第2期，第58页。卢代富：《关联公司破产法律问题研究》，西南政法大学2003年硕士学位论文，第67页。

❸ ［美］卡塔琳娜·皮斯托、许成钢：“不完备法律（上）——一种概念性分析框架及其在金融市场监管发展中的应用”，载吴敬琏主编：《比较（第三期）》，中信出版社2018年版，第111－112页。

的角度出发，成文法作为一个基本的制度框架，为司法裁判提供了规范的原点，司法裁判应当尽可能深入理解立法意旨，以最小化主观价值判断对客观案件事实的影响力，促使立法宗旨在个案中的统一实现。即不完备法律实际上蕴含了对法官结合新社会经济形势，及时将新价值理念纳入司法裁判中的一种默示授权。[1] 故法律并不总会最完美，法官在法律的适用上最大化体现法律的意旨，就应该能够达到法律的效用。具体到实质合并制度，法律没有必要硬性规定凡是关联公司破产就必须实质合并审理，毕竟关联公司的存在是利弊相当的，法律也不能因噎废食，将所有的关联交易破产全部合并审理，运用司法裁判变更已有的权利义务配置。采用“例外适用”的模式更符合我国的现实环境。

五、我国引入实质合并制度的实体法思考

关联公司破产适用实体合并制度在我国破产法的司法实践中已经成为一种日益稳定的实践状态，司法裁定的标准也从单一的围绕是否存在“法人人格混同”，发展到多维度的“债权人利益考量”“区分成本的司法效率和经济效率”等判断标准，实质合并的规则是市场发展变化所需要的，既有利于维护关联公司运营链条的完整性，提高财务处置价值和重整成功的可能性，同时有助于规范我国公司运营，弘扬竞争理论和商业道德。

司法实践同时也催生着各地方政府通过文件的形式规定实质合并的具体规则，为具体判案提供依据。“法院在确定是否进行实质合并破产时考虑的因素往往不是孤立的、单一的，而是若干判断标准的结合。”[2] 虽然最高人民法院《破产审判工作会议纪要》

---

[1] 许德风：“论法教义学与价值判断”，载《中外法学》2008 年第 2 期，第 36 页。

[2] 王欣新：“关联企业实质合并破产标准研究”，载《法律适用》2017 年第 8 期，第 8 页。

对实质合并规则适用作出了统一规范，但仍属于框架性规定，需要立法上予以肯定，确定《破产审判工作会议纪要》关于实质合并规则行为要件的三项要素：将实质合并裁定的标准界定为关联公司之间的人格混同、债权人利益和资产区分成本。

（一）行为表现：人格混同

可以适用实质合并制度的主体之间必须具有关联关系，这种关联关系表现为关联公司之间的高度混同。以母子公司为例，这种高度混同具体体现为：

1. 主要评价指标——人格混同

人格混同的前提首先是各企业都具有法律所要求的独立形式，都是经登记依法成立的、能独立承担责任的法人实体。《九民纪要》对人格混同的认定列举了判断标准，虽然是针对《公司法》第 20 条第 3 款适用的具体解读，也是公司独立人格滥用的一种矫正手段，但对破产实质合并制度的适用也具有较强的参考意义。此外，《九民纪要》第 10 条规定认定是否构成人格混同的综合考量因素包括股东无偿使用公司资金或者财产，不做财务记载的；股东用公司的资金偿还股东的债务，或者将公司的资金供关联公司无偿使用，不做财务记载的；公司账簿与股东账簿不分，致使公司财产与股东财产无法区分的；股东自身收益与公司盈利不加区分，致使双方利益不清的；公司的财产记载于股东名下，由股东占有、使用的；任何混同的其他情形。其中的“股东”在关联公司实质合并制度中可以理解为作为子公司股东的母公司，“公司”可以理解为子公司，在两主体之间的表现方式是一样的。如母公司与子公司共用同一高级职员和董事；或者母子公司之间的员工相同；或者母公司曾经自动承担子公司的法律责任；或者子公司除了与母公司的商业往来之外别无其他商业行为等。

人格混同的另外一种表达就是母公司对子公司的过度控制，致使子公司只是被母公司利用的躯壳，虽具有形式意义上独立的主体身份，但却丧失了法人的独立意思表示。对此可以参照《九民纪要》第11条的规定，具体解读为母公司对子公司过度支配与控制，操纵子公司的决策过程，使子公司完全丧失独立性，沦为母公司的工具或躯壳，严重损害子公司债权人的利益。如母子公司之间或者各子公司之间进行利益输送的；母子公司或者各子公司之间进行交易，收益归一方，损失却由另一方承担的；先从原公司抽走资金，然后再成立经营目的相同或者类似的公司，逃避原公司债务的；先解散公司，再以原公司场所、设备、人员及相同或者相似的经营目的另设公司，逃避原公司债务的。

对可以适用实质合并制度的主体之间关系的考察要比对每一个公司独立性的考察更为重要，甚至可以说，是否能够将关联公司区分开来要比某一实体被冠以合伙、公司或者从属公司的标签的考察更为重要。[1] 而关联公司之间关系的考察重点在于各关联公司之间是否具有真正意义上的独立性。

2. 辅助评价指标——财产混同

财产混同是评判母子公司人格混同的重要辅助标准。因为公司的独立运营需要有独立的财务制度，进行独立的财务核算，只有这样才能够评测出该公司的实际运营是盈利还是亏损。而如果一公司的账务已经不能独立，很难证明该公司具有独立的人格。如子公司的全部运营费用均由母公司来负担，这种负担一定不会是无回报的，往往是母公司在支付子公司全部经费的同时回收子

[1] Joy E. Mason, Departments: Practice Tips: The Impact of Substantive Consolidation in Bankruptcy, *LosAngles Lawyer*, 2004, vol. 27, p. 18.

公司的盈利所得；再如子公司缺乏独立可支配的财产，子公司与母公司共用某一财产，子公司仅可以使用该财产，但不能独自处分，那么子公司实际上就不存在独立的财产，无独立的财产就不可能独立地承担责任；再如母公司支付子公司员工的薪金、承担子公司的盈利及其损失，既然母公司可以负担子公司员工的薪金，那么就证明子公司的员工实际上是为母公司的利益进行工作，因为只有用工方才有义务支付员工的劳动所得，母公司主动支付薪金的行为强有力地证明了母公司与子公司的高度关联；另如母子公司合用一个银行账户，母公司的账务往来与子公司的账务往来混在一起，难以区分；再如母子公司之间进行贷款或贷款时交叉担保，实为将母公司与子公司的资产混为一谈，担保即为财产处分的一种形式，这种不分你我的财产处分也力证了母子公司财产的混同。

母子公司账务上的混同多是利用公司的独立人格，避免缴纳更多的税赋，将子公司作为母公司的工具以逃避税赋，进而增加母公司的收益。既然子公司是母公司的一个工具或者可以将其视为母公司的"一个生产部门"，那么无法避免母子公司之间账务的混同。

（二）表现方式：债权人利益——信赖缺失

就债权人而言，其能够与债务人自愿进行商品交易，主要取决于对债务人资产与商誉的信赖。马新彦老师将"信赖规则"界定为"在依常态法或正统法当事人所实施的法律行为不应具有法律效力的场合，受表意人信赖表意人的意思表示或所表现出来的权利外观，为一定行为或不为一定行为，以致发生信赖损害，为了使受表意人不致因信赖而遭受损害，令当事人承担法律行为有效的法律后果的规则，为信赖规则"。[1] 信赖规则的本质是信赖利

---

[1] 马新彦："信赖规则之界定"，载《法制与社会发展》2002年第3期，第80页。

益损失以期待利益予以补偿。[1]

具体到与子公司进行交易的债权人而言，如果债权人是基于对整个关联公司的集团资信状况的信赖而交易，非基于具体交易对象——子公司的资信信赖，依据信赖规则，债权人因为子公司破产而不能取回的信赖利益，应该由当初发生交易时债权人的期待利益为补偿，即可以由母公司的资产进行清偿。因为债权人有合理的理由认为交易是基于对整个集团资信状况的信任而进行的，如债权人与某一子公司进行交易时，明知该公司与其企业集团之关系，尤其当此债权人坚持要求同一集团内交易方之外的其他子公司担保时，则可以适用实质合并制度。[2] 反之，如果债权人强调，其与某子公司进行的交易，完全是基于该子公司自己的个体资信信赖，并非考虑到关联公司整体的状况，则实质合并制度就不应该适用该债权。因为，能够与其进行交易，必然相信子公司具有清偿能力，那么如果坚持适用实质合并制度，可能会使其他清偿能力较弱的关联公司与之合并，反而降低了该子公司的清偿能力，其子公司的债权人能够得到的偿付不是增长，而是减少。

实质合并能够劣后关联债权、简化程序、减低财产清理和处置成本，进而增加可供分配的破产财产，提高债权人整体层面的清偿率，这是适用实质合并的直接目的。因此在裁判适用该制度时，必须考量事关债权人利益是否得到了公平的实现，理论上实质合并以能够有利于所有的债权人为最优选择，同时承许通过实质合并取得的效益大于其对个别债权人的损害为次优选择。在此利益衡平之上，尊重债权人之间的协商和博弈，亦为经济民主的

---

[1] 马新彦："信赖规则之界定"，载《法制与社会发展》2002年第3期，第85页。

[2] Lawrence Kotler, Claim Purchases Beware: No Good-Faith Defense to Equitable Subordination, *American Bankruptcy Institute Journal*, 2006, vol. 3, p. 148.

体现。[1] 以此，衡平债权人利益应当考虑以下三点：第一，实质合并破产的整体清偿率应该大于绝大多数单体公司破产的清算清偿率；第二，清偿率获得提升的债权人在数量上应该占有绝大比重；第三，应当尊重债权人的意思表示。

（三）程度要求：资产区分成本过高——难以拆分

对母子公司关联关系的考察是判定是否适用实质合并制度的硬性标准，然而并非所有关联公司进入破产程序后都必须适用实质合并制度，只有那些关联关系已经达到了让人无法容忍的程度，而且将关联公司区别开来的可能性基本已经不存在的状况下，才考虑适用实质合并制度。

资产区分成本可以分为几层含义，首先是对资产与负债混同的识别确认成本和纠正后果的成本。识别成本包括对关联公司的财务专项审计、法律调查以及对企业股东、高管人员、财务人员访谈等，查明关联公司间存在资产与负债混同各项具体情况的成本。纠错成本包括进行诉讼、仲裁的费用、时间成本等。这些费用将从债务人财产中支出，直接减少债权人可供分配的财产。其次，因为资产的区分需要时间，在漫长的过程中有可能导致债务人可供清偿的财产贬值、磨损损耗等损失，或因未及时清偿产生的利益和收益损失、通货膨胀与货币贬值损失，因清偿资金的迟延回收而产生的替代使用资金的利益等借贷成本，负债的增加以及因商业机会丧失而导致的损失等，也可以将其称为间接损失。最后，还可能因为债务人企业的土地、厂房、设备、人力等社会资源不能得到优化配置、及时使用，而造成社会财富的损耗和减

[1] 刘思萱："实质合并破产重整的生动样本"，载《人民法院报》2018年2月1日，第5版。

少，社会负担的增加，经济发展的延缓，以及对资产与负债混同的独立区分而发生的对司法与社会资源的占用和耗费等，也可称为社会成本损失。

资本区分成本涉及复杂的财务与法律调查、性质判定、行为纠正、财务调整、资产回收、诉讼和仲裁费等方面发生的工作与费用等成本，可能使债权人的清偿利益受到综合性损失，因为这个损失，使得实质合并程序下关联公司债权人可能获得的清偿低于原本关联公司独自破产获得的平均清偿率，即可判定为资本区分成本过高。

联合国贸易法委员会的《破产企业集团对待办法》中对区分集团成员事务的成本考量时还提到一项参考指标——集团成员是否从事欺诈或没有合法商业目的的活动。所谓欺诈，并非指公司日常经营中发生的欺诈，而是指其活动根本没有正当的商业目的，这可能与创建公司的用意及其创建后从事的活动有关。这类欺诈的实例包括：债务人几乎将其所有资产转移至某个新设立的实体或其自身拥有的不同实体，目的是为了自己的利益而保全和保留这些资产；对其债权人进行阻挠、拖延和欺诈；设立既未能表示当事双方的真实意图，也对当事双方毫无效力，或对当事双方产生的效力不同于合同所表述的效力的虚假合同（也称设局假冒）或者利用投资人自己的资金或后来投资者支付的资金而不是赚取的实际利润支付各投资者的投资利益的欺诈性投资操作即庞氏骗局等欺诈计划。❶

但程度性的考量是难以量化的，即使是相对完善的《美国破产法》中，也没有给出量化的标准。通过考察美国部分法院主张的严格标准，对我国引入实质合并制度具有较强的借鉴意义。在奥

❶ 联合国国际贸易法委员会：《破产法立法指南第三部分：破产企业集团对待办法》，联合国维也纳办事处英文、出版和图书馆科2012年版，第63页。

吉/雷斯蒂沃烘焙有限公司破产（re Augie/Restivo Baking Company, Ltd.）案的判决中阐明，解开母子公司之间的纠结要么是令人绝望的不可能，要么所需要的花费是巨大的，足以消耗掉可用于分配财产的绝大部分或者是全部可分配财产。[1] 一些专家论证，完全厘清母子公司之间的关联的财务账簿以及公司档案，需要花费超过六个月的时间，花费的金额也将高达近200亿美元，而且法院独立进行会计的核算与清理也是一件具有相当难度的工作。[2] 这种经济价值的考量可以作为量化程度性的判断依据，可以作为适用实质合并制度有意义的参考标准，这样的标准也反映了美国法院对实质合并制度在适用上审慎的态度。当且仅当关联公司破产清算程序中穷尽了维护法人独立人格形式的方法仍无法达成破产财产利益最大化目的时才可以适用该制度。当然，“令人绝望的混同”“花费巨大”的判定，在我国引入该项制度的时候，也应采原则性的规定，由主审法官结合案件的具体情况，本着谨慎的态度，判断是否适用实质合并制度。

六、实质合并制度适用的效果分析

实质合并制度在关联公司破产中运用的效果主要表现为对各关联公司的债务人按照同一比例进行破产清偿。具体体现为：

1. 将所有关联公司的破产财产合并

由于适用实质合并制度的对象为关联公司，而且这些关联公司之间的关联关系已经达到了难分难解的程度，厘清关联公司之

---

[1] Joy E. Mason, Departments: Practice Tips: The Impact of Substantive Consolidation in Bankruptcy, *Los Angeles Lawyer*, 2004, vol. 27, p. 19.

[2] Joy E. Mason, Departments: Practice Tips: The Impact of Substantive Consolidation in Bankruptcy, *Los Angeles Lawyer*, 2004, vol. 27, p. 19.

间的财产以及账务基本上不具有实现的可能性。依据《破产审判工作会议纪要》第36条的规定，人民法院裁定采用实质合并方式审理关联公司破产案件的，各关联公司成员之间的债权债务归于消灭，各成员财产作为合并后统一的破产财产，进行统一的管理，登记造册。财产的混同是债之变动的重要形式，而母子公司之间利用其天然的关联关系，相互担保是最为常见的做法。如果母子公司同时破产，破产财产进行合并的结果为，财产的所有权、担保物权或者用益物权的权利归属为一体，拥有担保的关联公司债权人不得以此对抗顺位在后的关联公司之外的债权人，债权债务归属于同一主体是最重要的混同情形。

通过对关联公司间的财产进行合并，使得部分财产上的担保物权与物的所有权合并，实际上否定了关联公司间的相互担保，从而否定了关联公司间的优先受偿权，将原本用于优先清偿的财产归入破产财产池，用于清偿其他无担保的债权人，实际上增加了用于清偿的破产财产数额。而且对不剥离关联公司间财产的费用的节约，也变相地增加了用于分配的破产财产。

2. 对母子公司的债权人在同一程序中按照法定顺序公平受偿

《破产审判工作会议纪要》第36条指出，母子公司的债权人在同一程序中按照法定顺序公平受偿。不同关联公司之间的破产债权人如果按照单体公司破产的模式进行破产分配时，其破产债权的受偿比例是不可能完全一致的。实质合并把不同公司的资产集中在一起，因此不可能使每个债权人的追偿额都增加，只是将所有债权人的受偿额趋于相同，从而造成分配给有些债权人的追偿额增加了，而分配给另一些债权人的追偿额则减少了。实质合并制度的适用必须通过一定的程序才能够得以实现，即需要各单体公司的债权人委员会同意方可。在考量是否适用实质合并制度时，最重要的因素为债权人的破产财产受偿率，故只要是债权人委员会已经同意适用实质合并制度，那么必须承担适用该制度后可能出现的后果，要么清偿率增加，要么清偿率减少，而且必须与其他关联公司的普通债权人适用同一比例的清偿率，即便是在自己的清偿率减少的情况下，其他关联公司的清偿率增加时，仍不得因此改变决定。

对关联公司的债权人适用同一比例的清偿率，该债权人仅指普通的债权人，不是指所有的债权人，也不包括享有优先权的债权人。因为关联公司的实质合并并不会减损担保物的数量和价值，所以不会妨碍物的担保债权人行使别除权，使其债权得以实现。但是如果债权人享有的是信用担保，那么则会受到影响，因为信用担保本质为保证，性质归为债权范畴，其本身不享有优先受偿的待遇。当关联公司同时破产时，实质合并制度的运用将会导致保证债权上的保证效力丧失，从而降格为普通债权人。因为实质合并的结果为各个关联公司的人格归于一体，如果债务人充当自身债务的保证人，在法律逻辑上是解释不通的。

七、我国引入实质合并制度的程序法思考

（一）实质合并程序的启动

实质合并制度是关联公司破产时所使用的特别制度，联合国贸易法委员会的《破产企业集团对待办法》中规定实质性合并的申请主张可以是集团成员或者集团任何成员的债权人，也可以允许任何成员的破产管理人提出。对于法院依职权下令进行实质性合并，建议只适用于程序上合并而非实质性合并。[1] 本书归纳为申

---

[1] 联合国国际贸易法委员会：《破产法立法指南第三部分：破产企业集团对待办法》，联合国维也纳办事处英文、出版和图书馆科2012年版，第64页。

请主义与职权主义相结合的模式。

1. 申请模式

申请模式要求必须有适格的主体向法院提出实质合并的请求，法院依据申请受理并裁定适用实质合并制度的架构。在申请模式中，适格的主体包括破产债务人本身、破产债权人和破产管理人。

首先，破产债务人是最为恰当的申请人。因为，破产债务人对于自身的营业状况、偿付能力以及与其他关联公司之间的关联交易、组织运作模式有着最为清晰地认识，能否满足适用实质合并规则的行为要件，债务人也最为了解。除此之外，债务人进入破产程序的结果并非清算一种模式，还有更为重要的重整制度，如果通过实质合并的方式进行重整规划，既可以减少剥离关联公司间资产与债务的烦琐程序，还可以有效节约重整的成本，使得债务人更为方便地摆脱债务危机。[1] 对破产重整成功性的追求，成为债务人申请适用实质合并制度的原动力。

其次，破产债权人启动实质合并程序也有其合理性。进入破产程序中的债权人，唯一的价值目标即为在公平的前提下获得最大比例的清偿。破产法中的制度设计均为实现此一目的，如破产撤销权制度、破产别除权制度等，同样，实质合并制度的价值功能亦同。债权人请求法院适用实质合并制度，其最大的可能性在于破产债权人已经获悉或初步判断依据单个破产公司的破产财产进行偿付所获得的清偿比例较小，或者清偿比例小于适用实质合并制度所可能获得的清偿比例。作为外部承担公司经营风险的债权人，不可能像公司内部控制人那样，对公司的资产状况以及经

[1] 在美国破产实务中，实质合并制度更多地运用在破产重整中。

营状况了如指掌，但债权人为了保障自身债权的顺利实现，可以通过合同约定，如果是上市公司还可以通过证券市场信息披露等路径，了解债务人的经营状况、财产状况、交易动态等，在客观上把握债务人的经济状况。因此，实质合并制度的适用能够突破单体公司破产时破产财产的范畴，为关联公司破产中清偿率较低的债权人提供一个提高清偿数额的机会，从而促使债权人积极地提出申请。

最后，由破产管理人提出适用实质合并制度。依据《企业破产法》第 25 条的规定，破产管理人应该履行一系列职责，调查债务人财产状况以及管理、处分债务人的财产是其工作的核心，实现破产财产利益的最大化是其工作的重要目标。由于破产管理人在公司被宣告破产以后，全面接管破产公司，有机会、有条件全面、深入地了解破产公司的财产以及经营的实际状况，还能够获悉债务人的关联交易状况，拥有最为完备的信息，是最有条件对实质性合并是否妥当或是否可取作出客观评价的人。此外，实质合并能够减少管理人的工作量，避免没有必要的重复劳动，减少无谓的债权债务认定，管理人具有提出合并破产或重整申请的动力和能力，故由破产管理人启动实质合并程序既有理论支撑，也有现实意义。

2. 职权模式

职权模式是指由法院主动依据职权，在无人申请的情况下直接裁定在关联公司间进行实质合并。由于实质合并制度的适用前提为各关联公司都已经进入了破产程序，此时各关联公司债权人的利益是一致的，都希望能够获得更多的清偿。如果法院依据职权，启动实质合并程序，是在债权人、债务人同意通过破产清算的方式解决它们之间债权债务纠纷的基础上，此时法院公权力的介入，并不会在真正意义上损害债权人的利益。虽然，实质合并的结果可能使原本清偿比例较高的债权人获得的追偿额减少了，但总体上而言，债权人的总体清偿比例在提高。因此，进入破产程序之后的清偿模式的改变，并不会在真正意义上侵害民事主体——债权人的权利。

在2019年广西睡宝床垫集团有限公司（以下简称睡宝公司）、广西金狮城地产有限公司（以下简称金狮城公司）等23家关联公司破产重整案中，柳州市中级人民法院、防城港市中级人民法院在上级法院的协调下分别裁定睡宝公司、金狮城公司等23家关联公司合并重整，整个程序过程两家法院相互配合协作是全国首例以联合审理方式处理的合并重整案件。[1] 该案例的成功也在司法实践层面力证了法院依职权裁定适用实质合并制度模式的可行性。

此外，法院在审理各关联公司的破产案件时，没有必要重复认定关联公司之间的关联关系，以及关联公司之间的债权债务纠纷，剥离关联公司之间混同的财产，这些重复性的工作完全可以通过实质合并的制度解决，既节省人力、物力，更节省财力，最大限度地保护可供分配的破产财产。

（二）实质合并的破产案件管辖

关于关联公司破产案件管辖权的问题，联合国贸易法委员会颁布的《破产企业集团对待办法》中没有设定一个固定的标准，而是给出了几个参考指标，如可以是有权管理母公司的破产程序的法院，也可以按各关联公司的负债数额确定管辖地，还可以是

---

[1] 费文彬："广西'睡宝'绝地重生记"，载《人民法院报》2019年8月16日，第4版。

控制公司所在地的法院。[1] 具体在我国，《企业破产法》第 3 条规定："破产案件由债务人住所地人民法院管辖。"实质合并案件的适用前提是关联公司中控制公司和从属公司同时破产，而关联公司以其特殊的经营方式和经营结构不断得以发展、壮大，使关联公司不可能集中于一个地方，有的跨区县，有的跨地市，有的跨省，如果由同一个法院同时审查关联公司的程序启动标准，可以节约很多费用，所以必须确定有管辖权的法院。

由于关联公司高度混同的结果是以控制公司为核心展开的，控制公司掌管整个关联公司集团的关联关系网络、调控关联交易的发生、分配各关联公司的经营状况，因此审理控制公司破产案件的法院，也最容易获得整个关联公司集团的情况，取得证据相对方便，掌握证据也相对准确，在工作上也更便于协调。因此，本书认为原则上应该由控制公司所在地的法院审查是否需要进行实质合并，并负责实质合并案件的审理，其他法院则根据《民事诉讼法》第 36 条的规定移送管辖。

如果关联公司之间关联关系过于错综复杂，也可依据《民事诉讼法》第 37 条第 2 款的规定，审理破产案件的法院可以报请共同的上级法院，由该上级法院指定其中的某一个法院负责审查关联公司破产适用实质合并制度的必要性，并且由该法院负责关联公司实质合并案件的审理，其他法院依法移送管辖。如果关联公司破产案件的影响范围重大，可能造成的后果对社会影响也较大时，还可以由上级法院直接管辖。

（三）实质合并制度的举证责任

实体法上制定的规则制度必须有程序法的保障，其制度功能

---

[1] 联合国国际贸易法委员会：《破产法立法指南第三部分：破产企业集团对待办法》，联合国维也纳办事处英文、出版和图书馆科 2012 年版，第 24 页。

才能够得以实现。对于实质合并制度而言，行为要件的举证责任是最重要的程序规则，合理地分配举证责任，可以有效地实现财产利益的最大化。举证责任的分配直接关系到当事人的实体权利成功实现的可能性，以程序法保障实体法功能价值的实现，体现法的规范作用。美国法院在适用实质合并制度时要求债权人负有积极举证责任，只有债权人通过积极举证，证明关联公司间存在符合实质合并的各种行为要件时，法院才会适用。有德国学者曾说："证明责任规则对当事人也间接地具有实体法的意义，因为它规定了不能证明的情形中，诉讼外的给付风险和责任风险，因而构成一种次要的实体法归属规范，并也以此辅助性地包含了当事人的行为规范。"❶ 为了避免实质合并制度出现矫枉过正，从而造成新的不公平情形的出现，适用"谁主张谁举证"的民事诉讼举证责任分配规则应更为妥当。

首先，实质合并制度的适用在一定程度上改变了原有的各破产公司的债权债务关系，对实体权利通过公权力的介入进行了重新分配。正因为如此，法院在适用该项规则的时候才应该更为慎重，只有在有充分、翔实的证据支撑的情况下，才能启动实质合并程序。通常来说，某破产公司的债权人愿意进行举证的情形只存在于该破产公司的破产财产较少，通过实质合并才能够获得更多的破产清偿的情况下。该破产公司多数表现为子公司破产的情形，因为母公司利用其控制身份，不当攫取了子公司的合法利益，然而子公司的债权人又很难对子公司与母公司之间的关联关系提出强有力的证明。尽管这样，子公司的债权人仍然可以通过核对子公司的账务，以及提供其与子公司进行商品交易时的合理信赖

❶ ［德］罗森贝克、施瓦布、戈特瓦尔德：《德国民事诉讼法（下）》，李大雪译，中国法制出版社 2007 年版，第 855 页。

等，作为提出申请的合理证据。故应当由实质合并程序的申请人对是否存在实质合并的事由承担举证责任，这既是程序正义的要求，也是对实体正义的尊重。

其次，允许被申请适用实质合并制度的关联公司就申请人提出的证据进行合理的质疑，由法院组织进行质证。民事诉讼的规则要求，被申请人（被告）有权利对申请人（原告）提出的证据进行合理的质疑，提出有利于自己的抗辩。这是民事主体维护自身合法权益的表现。通常母公司会竭力证明子公司与自己是没有干系的，独立的，一切证据均需要法院予以核实。

结　语

经济社会的发展、交易成本的节约产生了公司，公司法律制度同时又为经济的发展保驾护航，并随着经济基础的变动而不断作出优化和调整。为促进公司的健康发展，现代法制创设了公司法人人格独立制度和有限责任制度，有效控制了投资人的风险，进而激发了投资人的投资热情和智慧，最大限度地保护公司利益。然而，随着公司在市场中竞争加剧，为增强公司抵御风险的能力和经济效益，公司又不断地走向联合，关联公司模式悄然而生，而且在全球迅速成长，对现代公司法律制度提出新的挑战。尤其当关联公司集团中一个或几个公司走入破产程序时，对既有的破产法律制度更是一个全新的挑战。

通过本书的论述分析，笔者尝试着回答引言中提出的两个问题。

其一，关联公司破产与单体公司破产的不同之处是什么？由于关联公司之间天然的、复杂的关联关系，由关联关系产生关联交易。关联交易的法律后果本身是中性的，只有当交易实际上对公司来说是不公平的，才能称为非公允性的关联交易。经常性的关联交易对相关公司的利益影响通常是隐蔽而深刻的，故而侵害破产公司债权人利益的关联交易行为也是不易被发现的，尤其在既有的公司法人人格独立制度和有限责任制度的庇护下，利用关联交易受益的公司更可以逃之夭夭，一切的不利风险均转嫁于破产公司的债权人。当关联公司破产时，在破产公司与未破产的关联公司间将产生利益冲突，其中破产公司的债权人与因关联交易而受益的公司股东之间的利益冲突最为突出。而单体公司破产时，其利益冲突集中体现在破产公司的债权人之间。因此，传统的规制单体公司破产的法律制度在关联公司破产时显得力不从心。在关联公司破产时，控制公司可以躲在法人人格独立制度的港口里，借从属公司“独立”之名，行掠夺、侵害从属公司债权人利益之实，亵渎公司法人人格独立制度；当公司股东结构由单纯的自然人结构进化到自然人与法人并存的复合型结构时，有限责任制度所赖以构建的原始基础也大打折扣。因此，在关联公司破产的状态下，有限责任和法人人格的产生前提条件已不再有利于保护最终投资者这一特定政策目标时，就不应局限于原来的观念，必须对它重新进行评价和检讨。不能绝对地将法人人格和有限责任一般性地适用于关联公司，在特定情况下，应通过司法程序重新分配公平和正义，即在个案中追求个别公平和正义。

其二，对待关联公司中某一单体公司破产或者数个公司同时破产时，破产法应该如何保护债权人的利益？如何平衡破产债权人与相关利害关系人之间的利益冲突？当关联公司破产时，由于利害关系人的多元化以及利益冲突的复杂性，在破产程序中应以衡平性规范为指引，以平衡利害关系人的利益关系为目标，公平地分配破产财产，实现破产财产利益最大化。本书通过论证，首先，建议完善我国既有的揭开公司面纱制度。明确规定关联公司破产中如果出现资本显著不足、公司之间人格的高度混同和过度控制三种情形，由此给破产公司的债权人造成了严重损害，应由破产管理人提起揭开公司面纱之诉，要求控制公司对破产的从属公司债务承担连带责任。其次，建议引入衡平居次制度。当且仅当控制公司对破产从属公司所享有的债权是因与从属公司签订及履行不公平的合同交易时产生的，破产管理人可以要求对控制公司的这种债权适用衡平居次制度，位于其他破产债权人之后受偿。最后，建议引入实质合并制度。当母子公司同时进入破产程序，又难以厘清母子公司之间的财产与债权债务关系，或者厘清上述情况所需要的花费严重消耗了破产财产时，法院可以依据申请启动实质合并模式，将母子公司的破产财产一并处理，建立统一的破产财产池，母子公司所有的普通债权人按照同一比例获得清偿。虽然实质合并制度可能改变既有的权利义务配置关系，但基于效率与公平的价值考量，为实现破产法债权人利益最大化的目标，变通的制度模式仍不失为有效的工具。

综上所述，我国关联公司破产的存在，亟须法律制定相应的制度对其予以规范，破产法相应制度的改革也必须立足于我国的本土，给予破产子公司债权人以最大可能的保护，最大限度地清偿债权，真正体现有效力的破产法价值目标。

本书提出了规制关联公司破产的具体制度，衡平保护破产债权人的利益，并对书中观点作出了自己的尝试和努力，由于学术水平和视野的局限性，有些问题的探讨并不深入，对有些问题的看法也未必准确，笔者只是希望能够以本书的探讨引起更多学界同人对关联公司破产中债权人利益保护问题的关注。

参考文献

一、中文著作

［1］许德风．破产法论：解释与功能比较的视角［M］．北京：北京大学出版社，2015.

［2］刘俊海．现代公司法（上）（下）［M］．3版．北京：法律出版社，2015.

［3］朱锦清．公司法学（上）（下）［M］．北京：清华大学出版社，2017.

［4］齐明．中国破产法原理与适用［M］．北京：法律出版社，2017.

［5］王欣新．破产法［M］．北京：中国人民大学出版社，2007.

［6］齐明．破产法学：基本原理与立法规范［M］．武汉：华中科技大学出版社，2013.

［7］杜万华．民事商事审判实务演讲录［M］．北京：人民法院出版社，2016.

［8］孙应征．破产法法律原理与实证解析［C］．北京：人民法院出版社，2004.

［9］汪世虎．公司重整中的债权人利益保护研

究［M］．北京：中国检察出版社，2006.

［10］沈乐平．母子公司法律问题研究［M］．北京：经济科学出版社，2007.

［11］孙爱林．关联交易的法律规制［M］．北京：法律出版社，2006.

［12］甘培忠．公司控制权的正当行使［M］．北京：法律出版社，2006.

［13］李飞．当代外国破产法［C］．北京：中国法制出版社，2006.

［14］李建伟．关联交易的法律规制［M］．北京：法律出版社，2007.

［15］张艳丽．破产欺诈法律规制研究［M］．北京：北京大学出版社，2008.

［16］丁文联．破产程序中的政策目标与利益平衡［M］．北京：法律出版社，2008.

［17］程春华．破产救济研究［M］．北京：法律出版社，2006.

［18］王卫国．破产法精义［M］．北京：法律出版社，2007.

［19］孙笑侠．程序的法理［M］．北京：商务印书馆，2005.

［20］吴越．企业集团法理研究［M］．北京：法律出版社，2003.

［21］邹海林．破产程序和破产法实体制度比较研究［M］．北京：法律出版社，1995.

［22］朱慈蕴．公司法人格否认法理研究［M］．北京：法律出版社，1998.

［23］齐树洁．破产法研究［C］．厦门：厦门大学出版

社，2005.

［24］付翠英．破产法比较研究［C］．北京：中国人民公安大学出版社，2004.

［25］施天涛．关联企业法律问题研究［M］．北京：法律出版社，1998.

［26］联合国国际贸易法委员会．破产法立法指南（中文版）［C］．纽约：联合国国际贸易法委员会纽约办事处，2006.

［27］陈夏红．破产法札记［M］．北京：法律出版社，2021.

［28］陈志武，周年洋．安然：华尔街完美案例［M］．北京：中国城市出版社，2002.

［29］世界银行，东亚太平洋地区私营部门发展局．中国国有企业的破产研究：改革破产制度的必要性和途径［M］．2001.

［30］联合国国际贸易法委员会．破产法立法指南第三部分：破产企业集团对待办法（中文版）［C］．纽约：联合国维也纳办事处英文、出版和图书馆科，2012.

［31］吕伯涛．公正树丰碑［C］．北京：人民法院出版社，2005.

［32］王欣新，尹正友．破产法论坛：第2辑［C］．北京：法律出版社，2009.

［33］李曙光，郑志斌．公司重整法律评论：第4卷［C］．北京：法律出版社，2015.

［34］李曙光，刘延岭．破产法评论：第1卷［C］．北京：法律出版社，2018.

［35］法国公司法典［M］．罗结珍，译．北京：中国法制出版社，2007.

［36］日本公司法典［M］．崔延花，译．北京：中国政法大

学出版社，2006.

［37］乔迪·S. 克劳斯，史蒂文·D. 沃特. 公司法和商法的法律基础［C］. 金海军，译. 北京：北京大学出版社，2005.

［38］罗伯特·C. 克拉克. 公司法则［M］. 胡平，等译. 北京：工商出版社，1999.

［39］弗兰克·伊斯特布鲁克，丹尼尔·费希尔. 公司法的经济结构：第2版［M］. 罗培新，张建伟，译. 北京：北京大学出版社，2014.

［40］理查德·A. 波斯纳. 法律的经济分析：第7版［M］. 蒋兆康，译. 北京：法律出版社，2012.

［41］约翰·罗尔斯. 正义论［M］. 何怀宏，何包钢，廖申白，译. 北京：中国社会科学出版社，1988.

［42］卡尔·拉伦茨. 法学方法论［M］. 陈爱娥，译. 北京：商务印书馆，2003.

［43］大卫·G. 爱泼斯坦，史蒂夫·H. 尼克勒斯，詹姆斯·J. 怀特. 美国破产法［M］. 韩长印，等译. 北京：中国政法大学出版社，2003.

［44］罗伯特·W. 汉密尔顿. 美国公司法［M］. 齐东祥，译. 北京：法律出版社，2008.

［45］保罗·戴维斯. 英国公司法精要［M］. 樊云慧，译. 北京：法律出版社，2007.

［46］托马斯·来塞尔，吕迪格·法伊尔. 德国资合公司法［M］. 高旭军，单晓光，刘晓海，等译. 北京：法律出版社，2007.

［47］丹尼斯·吉南. 公司法［M］. 朱羿锟，等译. 北京：法律出版社，2005.

[48] 布莱恩·R. 柴芬斯. 公司法：理论、结构和运作[M]. 林华伟，魏旻，译. 北京：法律出版社，2001.

[49] 莱纳·克拉克曼，保罗·戴维斯，亨利·汉斯曼，等. 公司法剖析：比较与功能的视角[M]. 刘俊海，徐海燕，等译. 北京：北京大学出版社，2007.

[50] 小戴维·A. 斯基尔. 债务的世界[M]. 赵炳昊，译. 北京：中国法制出版社，2010.

[51] K. 茨威格特，H. 克茨. 比较法总论[M]. 潘汉典，米健，高鸿钧，等译. 北京：法律出版社，2003.

[52] 斯蒂芬·M. 班步里奇，M. 托德·亨德森. 有限责任：法律与经济分析[M]. 李诗鸿，译. 上海：上海人民出版社，2019.

[53] 伯纳德·施瓦茨. 美国法律史[M]. 王军，洪德，杨静辉，译. 北京：法律出版社，2018.

[54] 约翰·罗尔斯. 作为公平的正义[M]. 姚大志，译. 上海：上海三联书店，2002.

[55] 莱因哈德·波克. 德国破产法导论：第6版[M]. 王艳柯，译. 北京：北京大学出版社，2014.

二、中文期刊

[1] 王欣新，蔡文斌. 论关联企业破产之规制[J]. 政治与法律，2008，(9)：29－34.

[2] 王欣新，王健彬. 我国承认外国破产程序域外效力制度的解析及完善[J]. 法学杂志，2008，(6)：10－13.

[3] 王欣新. 破产别除权理论与实务研究[J]. 政法论坛，2007，(1)：31－47.

[4] 张国平. 关联企业的法律特征及其与企业集团的关系

[J]. 南京师大学报：社会科学版，2007，(4)：31-35.

[5] 王欣新. 民法典债权人无偿行为撤销权对破产撤销权的影响 [N]. 人民法院报，2020-09-24 (7).

[6] 王欣新. 关联企业的实质合并破产程序 [J]. 人民司法，2016，(28)：4-10.

[7] 郁林. 关联企业破产整体重整的规制 [J]. 人民司法，2016，(28)：11-17.

[8] 朱黎. 论实质合并破产规则的统一适用：兼对最高人民法院司法解释征求意见稿的思考 [J]. 政治与法律，2014，(3)：153-161.

[9] 徐阳光. 论关联企业实质合并破产 [J]. 中外法学，2017，(3)：818-839.

[10] 贺丹. 破产实体合并司法裁判标准反思：一个比较的视角 [J]. 中国政法大学学报，2017，(3)：70-87.

[11] 葛伟军. 论最低资本与揭开公司面纱：兼谈对法复 [1994] 4 号、法释 [2001] 8 号及法释 [2011] 8 号文件的理解 [J]. 上海财经大学学报，2011，(3)：34-41.

[12] 朱慈蕴，梁泽宇. "资本显著不足"的适用与研判：理论、实证与规则 [J]. 法学评论，2021，(3)：83-94.

[13] 赵旭，李硕. 债权平等转向衡平居次：认缴制下公司不当关联债权清偿顺位的建构 [A] //胡方腾. 法院改革与民商事审判问题研究：全国法院第 29 届学术讨论会获奖论文集（下）. 北京：人民法院出版社，2018：631-644.

[14] 冯燕. 基于新破产法的破产程序探讨 [J]. 浙江学刊，2007，(5)：162-164.

[15] 邢丹. 关联交易中的利益分析 [J]. 社会科学战线，

2011，(10)：236-238.

[16] 王静，蒋伟. 实质合并破产制度适用实证研究：以企业破产法实施以来76件案例为样本 [J]. 法律适用，2019，(12)：3-17.

[17] 王欣新. 关联企业实质合并破产标准研究 [J]. 法律适用，2017，(8)：6-15.

[18] 曹文兵. 供给侧改革背景下实质合并破产制度的构建与完善：以16件关联企业实质合并破产案件为分析样本 [J]. 理论月刊，2019，(7)：103-111.

[19] 黄辉. 公司集团背景下的法人格否认：一个实证研究 [J]. 中外法学，2020，(2)：494-513.

[20] 蒋大兴. 公司法改革的文化拘束 [J]. 中国法学，2021，(2)：84-106.

[21] 赵旭东. 公司法人格否认规则适用情况分析 [J]. 法律适用，2011，(10)：44-47.

[22] 潘林. 论出资不实股东债权的受偿顺位：对最高人民法院典型案例"沙港案"的反思 [J]. 法商研究，2018，(4)：150-160.

[23] 欧盟理事会破产程序规则 [J]. 贺丹，译. 环球法律评论，2008，(1)：118-128.

[24] 韩长印，何欢. 隐性破产规则的正当性分析：以公司法相关司法解释为分析对象 [J]. 法学，2013，(11)：24-35.

[25] 蔡立东. 公司人格否认制度的衡平性 [J]. 吉林师范大学学报，2004，(1)：26-31.

[26] 石少侠. 公司人格否认制度的司法适用 [J]. 当代法学，2006，(5)：3-8.

[27] 白云. 试论公司法人格否认制度及其举证责任分配

[J]. 政法学刊，2008，(5)：52－54.

[28] 邢丹，蒋景坤. 母子公司破产中的利益衡平 [J]. 当代法学，2011，(3)：109－117.

[29] 吴福象，杨诚. "实质重于形式"：论母子公司过度控制权的法益衡平 [J]. 安徽大学学报，2005 (1)：79－83.

[30] 党海娟. 我国破产法引入衡平居次规则必要性和可行性的反思：从最高院发布的一则典型案例说起 [J]. 河北法学，2016，(3)：65－76.

[31] 宋朗. 企业集团"债务连坐"风险及防范：来自471份判决书的经验证据 [J]. 西南政法大学学报，2021，(1)：140－153.

[32] 马新彦. 信赖规则之界定 [J]. 法制与社会发展，2002，(3)：80－89.

[33] 傅穹. 公司低资本化下的诉讼展开 [J]. 西部法学评论，2008，(6)：10－15.

[34] 赵天书. 企业集团破产程序的选择方案：从价值分歧到利益结构 [J]. 中国政法大学学报，2021，(4)：82－93.

[35] 蒋建湘. 协议控制下企业集团相关主体的利益保护：德国契约康采恩法的借鉴 [J]. 政法论坛，2015，(4)：168－177.

[36] 王艳梅. 论中国董事自我交易合同的效力 [J]. 社会科学战线，2021，(8)：235－242.

[37] 郑金玉. 破产程序的法理分析 [J]. 黑龙江省政法管理干部学院学报，2006，(1)：90－92.

[38] 栾甫贵，侯晶. 上市公司破产重整价值判断体系的探讨 [J]. 北京工业大学学报：社会科学版，2017，(4)：22－28.

[39] 赵吟. 连带责任视角下个人与企业合并破产的准入规范 [J]. 法学，2021，(8)：20－37.

[40] 曾思. 资产分割理论下的企业财产独立性 经济功能与法律限制 [J]. 中外法学，2019，(5)：1357 -1376.

[41] 肖彬. 实质合并破产规则的立法构建 [J]. 山东社会科学，2021，(4)：187 -192.

[42] 赵旭，李硕. 认缴制下公司不当关联债权的清偿顺位 [J]. 人民司法，2018，(25)：43 -48.

[43] 贺小荣，葛洪涛，郁琳. 破产清算、关联企业破产以及执行与破产衔接的规范与完善：《全国法院破产审判工作会议纪要》的理解与适用（下）[J]. 人民司法，2018，(16)：45 -52.

[44] 董璐，杨遂全. 我国《破产法》偏颇性清偿制度的疏漏与完善：基于比较分析的视角 [J]. 河南师范大学学报：哲学社会科学版，2018，(3)：71 -78.

[45] 温岭法院课题组. 关于破产撤销权制度实施状况的调研 [J]. 上海法学研究（集刊），2021，(9)：187 -196.

[46] 许德风. 破产视角下的抵销 [J]. 法学研究，2015，(2)：137 -157.

三、外文资料

[1] JACKSON T H. The Logic and Limits of Bankruptcy Law [M]. New York：Harvard University Press，1986.

[2] ORHNIAL T. Limited Liability and the Corporation [M]. London：London & Camberra Press，1982.

[3] WHITE J J. Bankruptcy and Creditors' Rights [M]. Denver：West Publishing Co，1985.

[4] BLUMBERG P. The law of Corporate Groups [M]. Little Brown & Co Law & Business，1985.

［5］ WOOD P R. Principles of International Insolvency ［M］. London：Sweet & Maxwell，1995.

［6］ WHITE M J. The Cost of Corporate Bankruptcy：A. U. S. – European Comparison ［M］. New York：Cambridge University Press，1996.

［7］ GOODE R. Principles of Corporate Insolvency Law ［M］. New York：West & Maxwell，1997.

［8］ The World Bank. Principles and Guidelines for Effective Insolvency and Creditor Rights Systems 2001 ［M］.

［9］ GOEHAUSEN H A. You Said Were Going to Do What to My Loan? The Inequitable Doctrine of Recharacterization ［J］. Depaul Bus. & Commercial Law Journal，2005 （4）：117 – 142.

［10］ KORS M E. Altered Egos：Deciphering Substantive Consolidation ［J］. The University of Pittsburgh Law Review，1998 （59）：381 – 451.

［11］ BLASSES W C. Redefining into Reality：Substantive Consolidation of Parent Corporations and Subsidiaries ［J］. Emory Bankruptcy Developments Journal，2008 （24）：469 – 511.

［12］ BAIRD D G. Substantive Consolidation Today ［J］. Boston College Law Review，2005 （47）：5 – 22.

［13］ MASON J E. Departments：Practice Tips：The Impact of Substantive Consolidation in Bankruptcy ［J］. Los Angeles Lawyer，2004 （27）：18 – 40.

［14］ HERZOG A S，ZWEIBEL J B. The Equitable Subordination of Claims in Bankruptcy ［J］. Vanderbilt Law Review，1961 （15）：83 – 114.

[15] BROWNING S M. No Fault Equitable Subordination: Reassuring Investors That Only Government Penalty Claims Are At Risk [J]. William & Mary Law Review, 1993 (34): 487 – 526.

[16] ZHENG X H. A Tiger Without Teeth: The Antitrust Law of The People'S Republic of China [J]. School of Law University of Hawaii Asian – Pacific Law & Policy Journal, 2008 (10): 32 – 61.

[17] THOMPSON R B. Piercing the Veil: Is the Common Law the Problem? [J]. Connecticut Law Review, 2005 (37): 619 – 637.

[18] TUCKER J M. Substantive Consolidation: The Cacophony Continues [J]. American Bankruptcy Institute Law Review 18, no. 1, 2010: 89 – 190.

[19] STEPHEN G J. Substantive Consolidation in Bankruptcy: A Primer [J]. Vanderbilt Law Review, vol. 43, 1990: 207 – 244.

[20] FARRAR J. Piercing the Corporate Veil in Favor of Creditors and Pooling of Groups – A Comparative Study [J]. Bond L. Rev. 31, 2013 (25. 2): 31 – 55.